学前教育专业系列教材

幼儿园教育活动设计与实践

王　杨　编著

科学出版社

北　京

内 容 简 介

本书基于成果导向教育理念编写，以《3—6 岁儿童学习与发展指南》为指导，以学生掌握写课、讲课、授课、评课能力为重点，以五大领域各类教育活动设计为对象，内容涉及单一领域活动、主题活动、区域活动、作品展示与交流等五类数十个不同活动设计，还展示了上课、评课的方法。本书内容在编写上整体突出主体性、实践性、独特性和代入性等特点。

本书可作为学前教育专业学生的教材，也可作为在职的专职、兼职幼教工作者的参考资料。

图书在版编目（CIP）数据

幼儿园教育活动设计与实践 / 王杨编著. —北京：科学出版社，2023.8
（学前教育专业系列教材）
ISBN 978-7-03-076065-4

Ⅰ. ①幼… Ⅱ. ①王… Ⅲ. ①幼儿园-教学活动-教学设计-幼儿师范学校-教材 Ⅳ. ①G612

中国国家版本馆 CIP 数据核字（2023）第 140038 号

责任编辑：王 彦 王建洪 / 责任校对：马英菊
责任印制：吕春珉 / 封面设计：东方人华平面设计部

科学出版社 出版
北京东黄城根北街 16 号
邮政编码：100717
http://www.sciencep.com
三河市良远印务有限公司印刷
科学出版社发行 各地新华书店经销
*
2023 年 8 月第 一 版 开本：787×1092 1/16
2023 年 8 月第一次印刷 印张：12 3/4
字数：301 000

定价：51.00 元

（如有印装质量问题，我社负责调换〈良远〉）
销售部电话 010-62136230 编辑部电话 010-62130750

前言

《幼儿园教育活动设计与实践》这本书，主要提高学前教育专业学生教育活动设计与实践的能力，这是幼儿教师岗位能力结构中的核心部分。学前儿童知识经验获得可分为两类：一类是在儿童与成人的日常交往中，在生活、游戏、劳动、参观中自然而然获得的简单知识技能；另一类是必须经过专门组织的教学，通过“教”才可以掌握的知识、技能。“幼儿园教育活动设计与实践”这门课就承担了科学保教中“教”的这部分任务。

什么是幼儿园教育活动设计？编者认为幼儿园教育活动设计是追随幼儿的兴趣（或建立前学科知识体系、幼儿的问题、幼儿之间的矛盾等），依据《3—6 岁儿童学习与发展指南》中的目标，选择适宜的教育内容和方法，对幼儿实施教育影响的活动方案。

本书坚持为党育人、为国育才，力求全面提高学前教育专业自主培养质量，着力造就拔尖创新的学前教育人才。本书基于成果导向教育理念，以落实《3—6 岁儿童学习与发展指南》目标为契机，以学生掌握写、讲、授、评课能力为重点，以五大领域各类教育活动设计为对象，采用理论引领实践的方式，内容涉及单一领域活动、主题活动、区域活动、作品展示与交流等五类数十个不同活动设计和上课、评课的方法展示及多个国内外著名课程和活动展示，其目的是让学生掌握设计活动和讲课、评课的一般方法，学会思考如何设计活动和怎样实现活动设计。这样安排学习内容，使“幼儿园教育活动设计与实践”这门课，不再是单一理论上的建构，而是动手动脑、全方位呈现的动态的学习过程。

本书的编写特点主要体现在以下几个方面。

1．主体性：全新的教材内容，带来了教学方法的改变。本书基于学生的学习特点，变革课程教学方式，改变过去由教师单一方面输出的教学方式，倡导师生在实践中共同建构课堂。课堂上，既有教师的精彩讲授，又有学生的实践操作，学生在教师的指导下边实践边反思，课堂因为“双主体”的互动而变得生机勃勃，变“要我学”为“我要学”，把学生能力的提升建立在“以学生为中心”的基础上，体现了成果导向教育理念的核心诉求。

2．实践性：全新的教材内容安排，带来了学生学习方法的改变。本书围绕学生能力的提升来精心选取课程内容，合理调配理论授课和实践操作的课时分配。课下，学生可以根据教材提供的学习线索，大量阅读文献。课上，大量活动设计、上课与评课的实际操作让学生在做中学、学中思、思中明、明中慧。实践不但提高了学生设计教育活动的能力，还为学生在设计教育活动时由“思”变成“做”提供了舞台，极大调动了学生的学习兴趣。

3．独特性：全新的教材内容呈现方式，带来了大量的学习信息。本书的六个学习模块（学习目标、学习任务、知识导学、互动交流、评价反思、拓展提高）把学习内容串联在一起，教材内容不再是成篇的晦涩理论，而是以具体的活动设计、讲课、评课为线索，以点带面展开学习，针对性强，帮助学生解决实际问题。

4．代入性：全新的教材结构，带来了学习过程的突破。每节课都以任务驱动为先导，以理论导学、自主设计和讲课、评课为主体，不同的学习任务配合不同的学习过程，使学生真正参与到设计活动、上课、评课等学习过程中来，产生水到渠成的学习效果。学习过程的代入感能增强学生的成就感和满足感，使学生在愉悦中主动地学习知识、提高专业能力。

本书在编写过程中还关注到两个需求。第一个是关注学生的自主学习意识和专业发展的需求；第二个是关注先进教育理念与教育活动设计交融，并有效融入教材的需求。

本书由王杨撰写全部章节，都艳菇审查实践案例。在编写过程中参考、借鉴并引用了国内外许多专家、学者、同行的研究成果、观点和资料，在此表达示最衷心的感谢！对于教材中引用的资料和案例，编者尽量注明出处，若有遗漏，恳请谅解！

由于时间仓促和资料方面的限制，本书还存在许多不完善的地方，编者热忱地希望各位专家、广大同仁提出宝贵意见！

编 者

…☆…☆…☆…☆基于成果导向理念下的课堂教学模型☆…☆…☆…

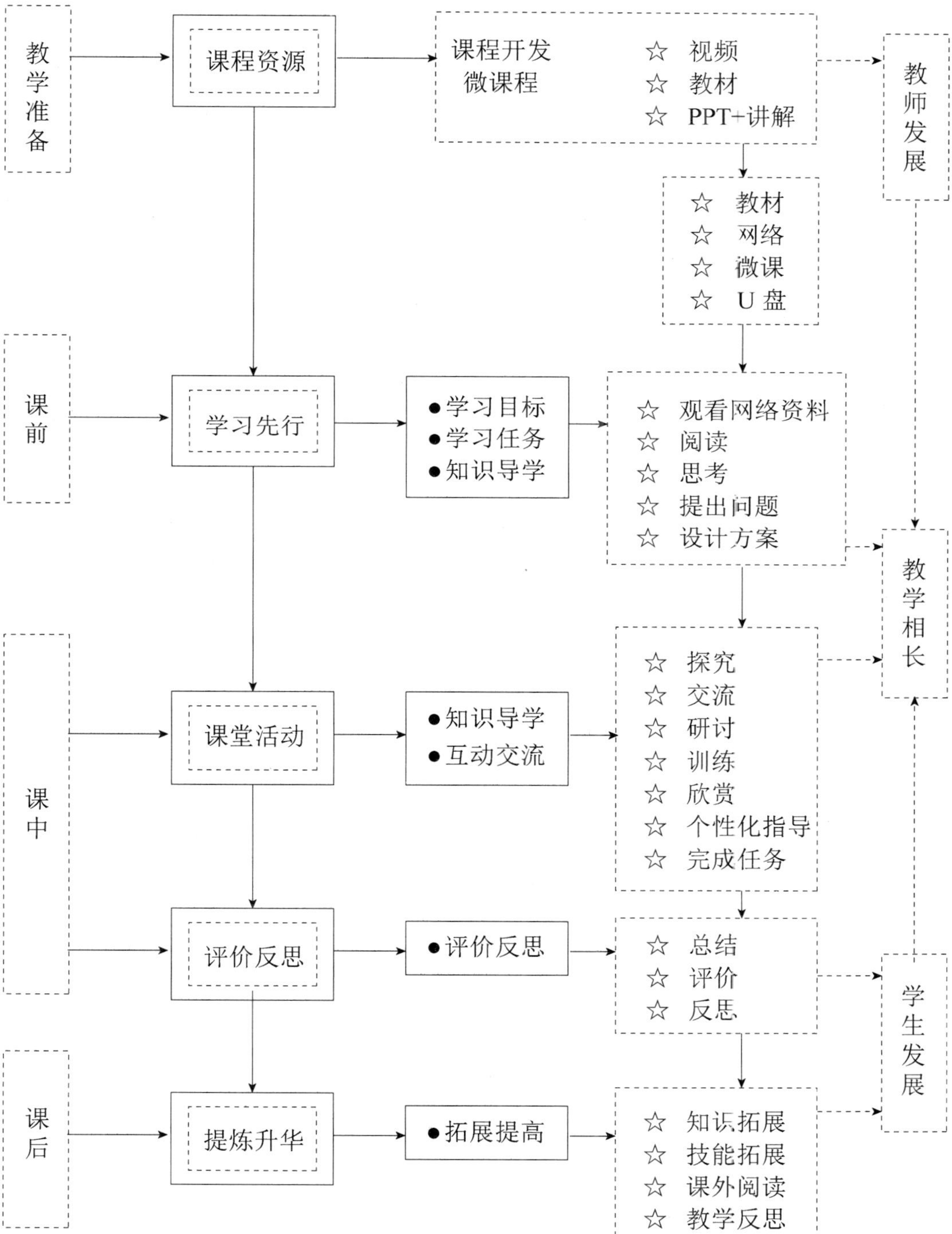

目录

第一章　幼儿园教育活动设计基本理论

培养和造就大批德才兼备的高素质人才是国家和民族长远发展大计。作为中国特色社会主义事业的重要组成部分，学前教育是国家教育体系中最为重要的组成部分。进行幼儿园教育活动设计与实践是幼儿园教育中不可或缺的一环。掌握幼儿园教育活动设计的基本知识和基本理论是进行幼儿园教学活动设计的基础。本章学习内容围绕幼儿园教育活动设计概述、目标及内容、环境的创设、活动方案设计、说课设计、主题活动设计与指导及区域活动设计与指导等展开。通过本章的学习，力争让学生能够理解幼儿园教育活动设计与实践的一般规律，构建科学合理的幼儿园教育活动设计的知识结构体系。

第一节　幼儿园教育活动的目标及内容

幼儿园教育活动的目标及内容学习主要围绕不同层次的教育目标、幼儿园教育活动设计中不同的目标取向及幼儿园教育活动内容的选择与设置三方面进行。幼儿园教育活动目标及内容的学习有助于教师清晰、合理地设计各种教育活动，构建活动框架。

幼儿园教育活动的目标分析

学习目标

（1）列举不同层次的教育目标和幼儿园教育活动设计中的不同目标取向；

（2）能正确制订幼儿园教育活动方案的目标；

（3）积极参与课堂讨论，分享自身设计的活动目标。

学习任务

区分不同层次的教育活动目标，辨别活动方案中目标设置是否合理。

知识导学

一、幼儿园教育活动目标的表述

关于教育活动目标的表述，教育心理学家比较一致的观点是应重点说明学习者行为或能力的变化。1962 年，马杰在《程序教学目标的编写》一书中提出，一个教育活动目标应包括三个基本要素，即行为、条件、标准。行为说明学习者通过教学以后将能做什么，以便教师能观察学习者的行为，了解目标是否达到。条件说明这些行为在什么条件下产生。标准则指出了合格行为的最低标准。

在教育活动目标的表述中，行为动词的选用和表达很重要，主要有三类，分别是编写认知学习目标的行为动词、编写情感学习目标的行为动词、编写动作技能学习目标的行为动词。幼儿园教育活动目标的表述形式多种多样，若从教育活动的主体看，主要有表述教师的行为和表述幼儿的行为两种方式。表述教师的行为，说明教师在教育活动中应做什么；表述幼儿的行为，说明幼儿的行为及行为变化。幼儿园教育活动目标具体包括三种形式：行为目标、展开性目标和表现性目标。

行为目标是可以观察或测量的幼儿学习行为变化的结果。例如，某一音乐活动的行为目标之一是“在老师的伴奏下，能够听懂前奏、齐唱歌曲”。在这个案例中“听懂”“齐唱”都是可以观察的幼儿学习行为变化的结果，并清楚地表明行为的条件和具体的行为内容，非常具体明确。

展开性目标是用行为变化过程来表述目标。展开性目标关注儿童学习过程中各种能力和学习兴趣的培养，而不是特定的行为结果。例如，制作一本连环画形式的故事书《小蝌蚪找妈妈》，即兴创编舞蹈动作、有表情地表达等。

表现性目标是表述幼儿在参与活动后所得到的各不相同的结果。例如，语言领域活动目标为清楚连贯地谈论自己过生日的情景，表达自己愉快的心情。它鼓励幼儿在活动中表现出某种程度上与他人不同的创造性，而不关注事先规定的幼儿行为变化结果。

在幼儿园教育活动目标设计中，各种教育活动目标并不是相互对立的，不同的教育活动目标的表述形式有其各自关注的视角，三者是可以相互结合的。行为目标是基础，展开性目标和表现性目标是行为目标的补充形式。教师在教育活动的设计中，可以根据需要确定表述的形式。

二、不同层次的教育目标

目标是人们在活动中欲达到的境地或标准。由于教育活动的复杂性和长期性，其所要达到的境地或标准包含着多重内涵，具有一定的层次性和递阶性，所以，在教育活动设计中，为能够准确理解和把握教育活动目标，就要对不同层次的教育目标进行分析、厘定。不同层次教育目标从上而下可分为教育目的、教育目标（幼儿园保教目标）、各领域目标、年龄段目标、学期目标、活动目标六个层次。

（一）教育目的

教育目的是指教育所要培养的人的质量和规格的总要求，即解决把受教育者培养成什么样的人的问题。我国现阶段的教育目的是培养德智体美劳全面发展的社会主义建设者和接班人。

（二）教育目标

《幼儿园工作规程》第一章总则第三条规定“幼儿园的任务是：贯彻国家的教育方针，按照保育与教育相结合的原则，遵循幼儿身心发展特点和规律，实施德、智、体、美等方面全面发展的教育，促进幼儿身心和谐发展。”

第五条中明确提出“幼儿园保育和教育的主要目标是：（一）促进幼儿身体正常发育和机能的协调发展，增强体质，促进心理健康，培养良好的生活习惯、卫生习惯和参加体育活动的兴趣。（二）发展幼儿智力，培养正确运用感官和运用语言交往的基本能力，增进对环境的认识，培养有益的兴趣和求知欲望，培养初步的动手探究能力。（三）萌发幼儿爱祖国、爱家乡、爱集体、爱劳动、爱科学的情感，培养诚实、自信、友爱、勇敢、勤学、好问、爱护公物、克服困难、讲礼貌、守纪律等良好的品德行为和习惯，以及活泼、开朗的性格。（四）培养幼儿初步感受美和表现美的情趣和能力。”

（三）各领域目标

《幼儿园教育指导纲要（试行）》（以下简称《纲要》）在第二部分的教育内容与要求中提出：“幼儿园的教育内容是全面的、启蒙性的，可以相对划分为健康、语言、社会、科学、艺术等五个领域，也可作其他不同的划分。各领域的内容相互渗透，从不同的角度促进幼儿情感、态度、能力、知识、技能等方面的发展。”具体目标要求分为以下几点。

健康领域：旨在增强幼儿体质，培养健康生活的态度和行为习惯。

语言领域：旨在提高幼儿语言交往的积极性、发展语言能力。

社会领域：旨在增强幼儿的自尊、自信，培养幼儿关心、友好的态度和行为，促进幼儿个性健康发展。

科学领域：旨在激发幼儿的好奇心和探究欲望，发展认识能力。

艺术领域：旨在丰富幼儿的情感，培养初步感受美、表现美的情趣和能力。

《3—6 岁儿童学习与发展指南》（以下简称《指南》）也根据这五个领域描述幼儿的学习与发展，并按照幼儿每个领域学习与发展最基本、最重要的内容划分为若干方面，提出学习与发展的目标和教育建议。

（四）年龄段目标

由于不同年龄班儿童的身心特点不同，所以对于每一领域，各年龄班的目标要求是不同的。以《指南》中的语言领域为例，其对幼儿各年龄段发展的要求分别如表 1.1.1 所示。

表 1.1.1　《指南》语言领域要求（部分）

3～4 岁	4～5 岁	5～6 岁
1．别人对自己说话时能注意听并做出回应。 2．能听懂日常会话。	1．在群体中能有意识地听与自己有关的信息。 2．能结合情境感受到不同语气、语调所表达的不同意思。 ……	1．在集体中能注意听老师或其他人讲话。 2．听不懂或有疑问时能主动提问。 ……

（五）学期目标

即使是同一年龄班，在不同的学期，各领域目标要求也有不同。以中班“科学”为例，上学期和下学期的目标如表 1.1.2 所示。

表 1.1.2　中班“科学”上学期和下学期目标要求

上学期目标	下学期目标
（1）喜欢探索周围常见的事物与现象，并从中体会到快乐，能有顺序、有目的地进行观察； （2）会比较事物的不同点，会按某些外部特征或某一简单规律对某些事物进行分类； （3）能使用各种常见材料进行简单的小实验，有简单的猜想； （4）能用多种方式与成人、同伴等分享和交流自己探索的过程和感受； （5）知道季节的变化，关心、爱护自己身边的动植物，爱惜周围的环境； （6）知道周围生活中如交通工具等科技产品与人们生活的关系	（1）喜欢探索周围环境，乐于发现，能主动参加科学活动； （2）学习观察方法，初步学会运用多种感官观察、有顺序地观察、比较观察，学习对物体按一定的标准进行简单分类，学习用语言和绘画等方式表达自己的感受与发现； （3）认识自然事物、自然现象和科技产品与人的关系，关心爱护动植物和周围的自然环境； （4）对一些科学现象感兴趣，了解它们在生活中的应用和人们生活的关系； （5）了解季节特征，引导幼儿观察周围自然事物和现象及其变化，使幼儿获得广泛的科学经验，并能在表象水平上形成初步的概念

（六）活动目标

不同年龄班及学期的某一领域的目标还要通过一系列的教育活动的设计和实施才能逐步完成，不同年龄班及学期的某一领域目标还需要分解并落实到一个个具体的教育活动之中。

互动交流

判断下列活动目标的制订是否科学、合理、准确。

1. 小班科学活动：认识水

（1）让幼儿在玩玩做做中感知水的性质，发展幼儿的观察、思维能力，激发学习兴趣。

（2）让幼儿了解水的用途，教育幼儿要节约用水。

（3）学习词汇：无色、无味、流动、浮力。

2. 大班社会活动：认识壮族

（1）使幼儿认识壮族人民的居住地区、服饰、生活习惯和从事的生产劳动。

（2）学习词汇：三月三、壮锦。

（3）教育幼儿尊重少数民族。

评价反思

（1）通过本节课的学习，你是否完全了解了幼儿园教育活动目标？教学活动方案设计中如何辨别活动目标设计是否合理？

（2）举例说明在设计幼儿园教育活动目标时应注意哪些问题。

拓展提高

幼儿园教育活动设计中不同的目标取向

由于对儿童发展、社会需求及对幼儿园教育活动的不同理解，幼儿园教育活动目标的设计会体现出不同的价值观，从而就会表现出不同的目标取向。概括地讲，幼儿园教育活动的目标取向主要有：行为目标、生成性目标和表现性目标。

（一）行为目标

行为目标是以儿童具体的、可被观察的行为表述来设计目标，它指向的是儿童通过教育活动所发生的行为变化，目标设计中关注的是可观察到的行为结果。行为目标具有客观性和可操作性。行为目标强调的是目标的可理解性、可把握性和可操作性，能够指导教育者具体实施教育活动并评价其教育活动效果。

虽然行为目标对于教育活动具有指导作用，但应注意并不是行为目标越具体越好，应在目标的概括化与具体化之间寻求一个合适的“度”。同时行为目标强调的是那些可以观察的、外显的行为变化，但儿童的发展有许多方面是难以转化为这些行为指标的，所以还需考虑其他方面，对行为目标予以补充。

（二）生成性目标

生成性目标是在教育活动过程中生成的目标，如果说行为目标关注的是结果，那么生成性目标关注的则是过程，所以又被称为过程目标、展开性目标。生成性目标是以过程为中心，以儿童在教室内的表现为基础展开，强调儿童、教师与教育情境交互作用过程中所产生的目标。生成性目标注重从儿童获得经验的目的出发构建目标，强调儿童主动活动的过程，关注如何为儿童提供有助于个体自由发展的学习经验，促进其个性完善地发展。与行为目标的具体明确相比，生成性目标具有一定的模糊性和不确定性，所以，对教师的专业素质和能力提出了较高的要求。

（三）表现性目标

表现性目标强调的是个性化，指向的是培养儿童的创造性，所以，表现性目标并不预先规定儿童的行为变化，它关注的是儿童在复杂的教育活动中的个性化和创造性表现，追求儿童表现的多元化，而不是同质性。表现性目标不是事先规定儿童在完成某一学习活动后应该获得的行为，而是指向每一个儿童在与环境的交互作用中所具有的个性化表现，而这种个性化表现是教师无法准确预知的，但它对于儿童个性的充分展示和发展又是有益的。

幼儿园教育活动的内容分析

学习目标

（1）描述说明幼儿园教育活动内容的选择与组织；

（2）能根据幼儿园教育活动内容选择的原则，对活动方案进行分析与评估；

（3）积极参与课堂讨论，分享自身对教育活动内容的评价。

学习任务

任选一种思维导图的形式，以幼儿园教育活动内容为主题，设计思维导图。

知识导学

一、幼儿园教育活动内容的内涵及分类

（一）幼儿园教育活动内容的内涵

教育活动内容是实现教育活动目标的载体和对象，与教育活动目标紧密相连。幼儿园教育活动内容是指为实现教育目标，要求儿童学习、获得知识技能和行为经验及价值观念的总和。教师在明确教育活动目标设计的基础上，还需要对教育活动内容的含义、类别等加以详尽分析，并合理编排教育活动内容，以保证教育活动内容的落实。教育活动内容是指一整套以教学计划的具体形式（课表和课程）而存在的知识、技能、价值观念和行为，它们根据各种社会需要为学校设计规定的目的和目标。

（二）幼儿园教育活动内容的分类

依据布鲁姆的教育目标分类系统，教育目标分为认知学习领域目标、动作技能领域目标和情感态度领域目标三个方面。相应地，教育活动内容也可分为认知的学习、动作技能的学习和情感态度的学习。

关于认知学习领域目标，美国心理学家加涅在《学习的条件》一书中，把认知学习分为言语信息、智慧技能、认知策略、动作技能和情感态度五类。言语信息是指儿童通过学习以后，能记忆事物的名称、符号、地点、时间、定义及对事物的描述等具体事实，能够用语言将这些事实表述出来。智慧技能是指儿童通过学习获得了符号与环境相互作用的能力，包括较简单的辨别技能、形成概念、学会使用规则、获得高级规则等。认知策略是指儿童调节自己的注意、学习、记忆和思维等内部过程的技能。

智慧技能和言语信息不同，言语信息与知道“什么”有关，而智慧技能与“怎样”知道有关。言语信息的学习是从不知到知，由知之甚少到知之甚多的过程；智慧技能的

发展则是从简单到复杂，从低级到高级的过程。认知策略和智慧技能也不同，智慧技能指向于外，是人们运用符号解决问题、处理外部世界的能力；而认知策略指向于内，是人们自我控制和调节、处理内部世界的能力。认知策略的培养应在言语信息、智慧技能获得的基础上进行，并且要与具体的学习内容相结合，与解决问题的技能相结合。

动作技能指通过练习巩固下来的、自动化的、完善的动作活动方式，包括操作规则和肌肉协调能力。例如，在舞蹈活动中，教师编排舞蹈“葡萄丰收”，在幼儿学习跳舞的过程中，巩固垫步，并从“臂测”过渡到“目测”的方法，学会“S”形穿插的队形变换。

情感主要是指一个人的感情指向和情绪体验；态度是一个人对待某一事物的倾向性。情感态度类的学习内容通常与认知学习和动作技能学习密不可分，它可以渗透在各种活动之中。例如，在设计社会活动“我是中国人”的活动内容时，教师除了设计让幼儿知道中国人的外部特征，中国在地图上的位置，中国的人口数量、民族种类、汉字等认知类的学习内容外，还可以包含激发儿童作为中国人的自豪感，初步培养儿童的爱国主义情感等情感态度类的教育内容。

认知学习、动作技能学习和情感态度学习并不是孤立的，而是相互联系、相辅相成的。在教育活动中，教师一方面要学会分析不同学习内容的特点，另一方面还要明确它们之间的关系，以全面完成各项教学任务，使幼儿在知识、技能、情感、态度等各方面都能获得发展。

二、幼儿园教育活动内容的选择原则

教育活动内容的选择是一项复杂的工作，选择的依据要考虑多重因素，兼顾社会发展、幼儿园工作、幼儿、家长等各方面的需要，以保证活动内容的科学性和适应性。这样在幼儿园教育活动中才能丰富幼儿的知识经验，促进幼儿身心的和谐发展。所以，在选择幼儿园教育活动内容时必须坚持下面几种原则。

（一）能反映时代发展特征，有利于幼儿的后续学习和长远发展

从教育活动内容的选取来看：首先，教育活动内容必须能反映当代社会文化的发展进步，体现时代性；其次，教育活动内容要由浅入深、由易到难，以循序渐进为原则，为幼儿今后的学习和发展奠定良好的基础。

（二）能符合幼儿的年龄特征，配合幼儿的生活经验和认知水平

《纲要》提出：“在幼儿生活经验的基础上，帮助幼儿了解自然、环境与人类生活的关系”。所以，幼儿园教育活动内容的选择必须以幼儿的生活经验为基准，遵循各年龄段幼儿的一般规律。例如，在认识水的活动当中，小班幼儿处于直觉行动思维阶段，仅局限于玩水的活动；中班幼儿的想象思维快速发展，就要适当加入“溶解”“沉浮”等反映水的性质的探究和理解；大班幼儿的抽象逻辑思维开始萌芽，还应加入对水的“三态”变化过程的研究、对水的功能的认识及环保等方面的内容。

（三）能对应和覆盖教育活动的目标要求

教育内容是教育目标实现的有效载体。教育活动目标是教育活动内容选择的一项重要依据，内容的选择与编排必须与教育活动目标相对应。能对应和有效实现教育活动目标的内容应当是有助于幼儿获得基础知识和基本技能的内容、有助于发展幼儿认知能力和积极情感态度的内容、有助于幼儿掌握有效学习方式和社会性交往的内容。例如，大班“认识十二生肖”的教育活动有三项教育目标：①让幼儿了解十二生肖，培养对生肖知识的兴趣；②发展幼儿绘画、制作的技能技巧；③训练幼儿思维的敏捷性。为了使教育内容对应和覆盖教育活动目标，就需要根据大班幼儿的水平选择如下一些内容开展活动，使活动内容能与目标相对应：①讲述关于十二生肖的故事并进行启发提问；②组织幼儿集体谈话，加深幼儿对属相的认识；③布置“生肖角”（可以有生肖陶泥、生肖糖纸、生肖工艺品等），并组织观赏，认识同类事物的不同形态；④制作“生肖游戏卡”；⑤手工制作生肖陶泥；⑥举行“生肖知识问答竞赛”等。

（四）能引发和满足幼儿的兴趣和需要

幼儿的年龄特征决定了兴趣是直接支配他们学习的最大内在动力，幼儿的兴趣和需要是选择教育内容不可忽视的因素。《纲要》中提出要“善于发现幼儿感兴趣的事物、游戏和偶发事件中所隐含的教育价值，把握时机，积极引导”。当活动的主题是幼儿所喜欢、感兴趣的内容时，幼儿就会调动全部的智慧、情感、意志去研究、探索、发现、尝试，并有效地感知外部世界，构建新的认知。

（五）能考虑季节、节日及周边环境资源等因素

在幼儿园教育活动内容的选择和安排中，还必须考虑到季节、节日、资源等因素。例如，春天的桃红柳绿，夏天的蛙鸣蝉噪，秋天的硕果丰收，冬天的寒冷冰雪。另外，在内容的选择上还要按照本地区、本园、本班的具体情况灵活安排，重视教育活动内容与周围社会生活的联系，善于从所在地区的自然环境、历史背景、社会设施及资源中挖掘与选择教育活动的内容和材料，体现地方性、乡土性。

（六）能体现科学精神与人文精神的融合

幼儿园教育活动内容的选择，应当提倡科学精神和人文精神的融合。科学精神追求思考怎样的内容是儿童的认知发展所需要的；人文精神思考的内容是是否根植于幼儿的日常生活和兴趣。因此，教育活动内容的选择既要培养幼儿具有健全的头脑，又要为培养幼儿具有丰富的感性体验和生活热情服务。

三、幼儿园教育活动内容的组织

活动内容的组织是影响教育活动效果和幼儿发展的重要因素之一。因此，教育活动内容的组织也就成为教育实践者和教师工作的核心任务之一。由于当前的幼儿园课程和教育活动内容已经打破了原有的学科逻辑结构，呈现以学科及领域整合为特色的

主题框架结构，因此，对于教育活动内容的组织也将以主题线索的教育活动作为讨论的前提。

（一）从兴趣入手

幼儿、情境及师幼互动交往的动态性，使活动过程充满了不确定性因素，充满了无法预知的衍生性和创造性。此外，教育活动是根据幼儿的兴趣需要而设置的，生成性是教育活动的本质价值，而幼儿的兴趣正是生成的前提和基础。但是，在实际的幼儿园教育活动中，有时也会存在虚构兴趣、使兴趣成为教育活动的点缀等现象。所以，兴趣应当是在活动设计之初就已深思熟虑的，而兴趣的出发点和立足点都应当是幼儿自身的发展。

（二）从经验入手

作为一个主动的学习者，幼儿是在与周围环境相互作用的过程中获得经验的，幼儿的学习也离不开他们的经验基础。这种经验既包括幼儿在认知水平和学习动机水平上的已有经验，也包括幼儿在社会文化背景和日常生活中的已有经验。因此，教育活动内容的组织也必须考虑以幼儿的经验为基点，所设定的活动内容应贴近他们的生活经验范围，符合他们的认知水平，唤起他们的表达和表现欲望，进而获得可能的发展。

（三）从教材入手

教材是课程转化为教育活动的中介，也是教师选择教育活动内容的主要依据之一。教材能够提供给教师一个内容范围及教育活动的具体内容，但要把它真正变为适合儿童需要、促进儿童发展的活动内容，需要教师的再次筛选、加工和设计。教师从教材入手进行教育活动内容的组织时应注意以下两点：第一，尽量从不同的层面对一个活动内容或作品素材进行挖掘和设计；第二，从幼儿的视角出发，分析教材内容所蕴含的核心经验，从而设计出幼儿所需要的活动内容。

（四）从联系入手

在设计和安排教育活动内容时，从联系入手包括两层含义。第一层含义是指须关注活动内容中所涉及的概念之间纵向发展的联系，确保由已知到未知，由整体到部分，由一般到个别的不断分化。第二层含义是指注意教育活动内容之间的横向联系，从横向方面加强活动内容所涉及的相关概念之间的联系及知识、技能、情感各部分内容之间的协调衔接，以促进幼儿学习的融会贯通，并保证幼儿的协调发展。

互动交流

以小组为单位，分享以幼儿园教育活动内容为主题的思维导图。

评价反思

（1）通过本节课的学习，你是否完全理解幼儿园教育活动内容的选择原则与组织要点？教学活动方案设计中如何辨别活动内容选择是否合理？

（2）面对不同年龄班的幼儿，你应如何选择幼儿园教育活动内容？

（3）请你谈一谈在选择幼儿园教育活动内容中遇到了哪些困难，你是如何解决的。

拓展提高

幼儿园教育活动内容的编排

教育活动内容的编排是对已选定的学习内容进行组织安排，使它具有一定的系统性或整体性。近几十年来，关于教育活动内容编排有各种不同的观点和主张，比较有影响的有三种观点。

（一）布鲁纳提出的螺旋式编排教育活动内容的主张

布鲁纳提出应根据学生的智力发展水平，让学生尽早有机会在不同程度上去接触和掌握某门学科的基本结构，以后，随着学生在智力上的成熟，围绕基本结构不断加深内容，使学生对学科有更深刻和有意义的理解。

幼儿园教育活动内容非常丰富，包含动物、植物、常见自然现象、社会生活等方方面面，并渗透在各年龄班儿童的教育活动之中，教师可以采取螺旋式来编排这些活动内容。例如，在幼儿园的科学教育中，各年龄班都有“认识四季”这样的活动内容，以帮助儿童形成初步的有关四季特征及季节更替的知识概念。按照螺旋式编排的思路，小班儿童“认识四季”的活动内容可以安排“宝宝不怕冷”“大风和秋叶”等，使小班儿童初步感受四季的明显特征；中班儿童的活动内容则可以安排“云彩和风儿”“美丽的菊花”等，使儿童对不同季节的特征、不同季节动植物的生长等有更进一步的认识；而到了大班，其活动内容则更深化，可以安排“四季妈妈的四个娃娃”“动物怎样过冬”等活动内容。由此我们看到，围绕“认识四季”这一活动内容，各年龄班具体的活动内容和要求呈现螺旋式上升的态势，从而使儿童逐步加深和拓展对于四季的认识和有关概念的形成。

（二）加涅提出的直线编排教育活动内容的主张

加涅从学习层级论的观点出发，把教育活动内容转化为一系列习得能力目标，然后按这些目标之间的心理学关系，即从较简单的辨别技能的学习到复杂的问题解决技能的学习，把全部教育活动内容按等级排列。

幼儿园数学教育的活动内容基本是以直线编排的形式组织的，一般分为数、量、形、时空、感知集合与分类等。例如，在编排“认识几何形体”教育活动内容时，不同年龄班有着不同的教学内容和要求。

小班的活动内容和要求是：①认识并区分圆形、三角形和正方形；②能用圆形、三角形和正方形进行组合拼搭。

中班的活动内容和要求是：①认识长方形、椭圆形和梯形；②能按平面图形角和边的数量正确区分、辨认不同的图形；③初步理解平面图形之间的简单关系；④用六种平面图形进行组合拼搭。

大班的活动内容和要求是：①认识并区分球体、正方体、长方体和圆柱体；②寻找、区分、理解平面图形和立体图形间的关系；③学习几何图形的二等分和四等分，知道整体和部分间的分合关系。

从小班、中班到大班的教育活动内容和要求出发由简入繁、直线上升、逐步提高。

（三）奥苏贝尔提出的渐进分化和综合贯通教育内容的主张

渐进分化指该学科的最一般和最概括的观念应首先呈现，然后按细节和具体性逐渐分化。综合贯通则是强调学科的整体性。奥苏贝尔认为渐进分化和综合贯通是相互联系、辩证统一的。目前，一些幼儿园对传统的分科教学进行改革，提出了"幼儿园综合主题课程""幼儿园活动整合课程"等，在这些课程模式中，许多教育活动内容的编排就体现了奥苏贝尔的主张。例如，在"幼儿园活动整合课程"中，小班下学期安排了"扮家家"的课程单元，具体包括"最喜欢和家人在一起""亲密家人大集合""我家有几人""我家的房间"等24个教育活动；到了中班下学期，安排了"我家和我家附近的"这一课程单元，具体包括"我家在这里""上幼儿园途中""发现公园""照片拼图"等24个教育活动。

这些教育活动从纵向看体现了渐进分化，使儿童对家及周围环境的认识逐步分化和扩展；而从横向看体现了综合贯通，围绕每一个课程单元，设计了24个教育活动，通过语言、科学、艺术、数学等不同活动，帮助儿童掌握有关家和周围环境的人、物品、标志、设施、环境等方面的知识，培养儿童热爱家人、与社区其他人员友好相处等良好的情绪体验：纵横相连，形成一个整体，以全面完成幼儿园的教育任务。

第二节　幼儿园教育活动方案及说课设计

幼儿园教育活动设计，是根据幼儿园教育的目标，在一定教学理论和原则的指导下，选择一定的教学内容和方式，对幼儿实施教育影响的方案。幼儿园教育活动设计，作为幼儿园教育的重要组成部分，对幼儿的成长发育有着非常大的直接性影响。

幼儿园教育活动的方案设计

学习目标

（1）解释说明幼儿园教育活动方案设计的步骤；

（2）根据幼儿园教育活动方案制订步骤，设计幼儿园教育活动方案；

（3）愿意进行活动方案设计，初步形成设计活动方案的能力。

学习任务

任意选择幼儿园小、中、大班，设计幼儿园教育活动方案。

知识导学

幼儿园教育活动方案设计是教师根据幼儿身心发展需要，预先对活动进行深思熟虑的规划和组织的全过程，这一过程包括确定活动对象、选择活动内容、做活动前准备、确定活动目标、设计活动过程五个方面。

一、确定活动对象

幼儿园教育活动方案设计的活动对象为3～4岁、4～5岁、5～6岁的幼儿。

二、选择活动内容

选择活动内容要考虑活动对象的年龄特点。首先，因为教育对象是幼儿，教学成果最终也会作用于幼儿，所以选择教学内容时，一定要考虑是否适合幼儿的年龄特点。其次，考虑本次活动对象发展的实际水平，是否可以接受教学内容，通过这个内容的学习，幼儿可以得到什么发展，或是学到什么新的知识和技能。

三、做活动前准备

活动准备对于活动的成功与否有着很重要的作用，它是帮助幼儿理解、学习、掌握知识或发展能力、激发兴趣的重要手段，也是解决活动难点的策略之一。

活动准备包括两方面。一是幼儿已有知识经验准备，包括教师、幼儿前期学习知识和经验的准备；物质准备。二是活动材料的准备，包括信息技术手段的准备、教具、学具的准备等。

四、确定活动目标

活动目标是指教学活动预期所要达到的结果，是整个活动的出发点和归宿。制订活动目标要考虑三个方面：

第一，从视角考虑，以幼儿为主体确立目标；

第二，从维度考虑，以认知、行为和技能、情感和态度三个维度确立目标；

第三，从使用的词汇考虑，学会、初步掌握、能够掌握、理解、模仿、创编等提出的词汇不同，对检测活动结果和幼儿学习结果是不同的。

制订目标不仅要考虑以上三个方面，同时也要把握四个原则：

第一，要具体、可操作、便于检测；

第二，要明确，三维目标清晰到位；

第三，要适宜，能够在整个活动中完成，并且适合幼儿的发展；

第四，要全面，能够整合多个领域。

制订活动目标还要找出活动重难点。活动重点，是活动中最基本、最关键的内容，也是活动中幼儿需要掌握的部分。活动难点，是活动过程中幼儿不易理解、难掌握的部分。确立重点、难点要做到两看。一看活动内容，根据目标确立重点、难点。二看幼儿，幼儿是学习的主人，确立重点、难点一定要分析幼儿原有的前认知水平、知识层次、心理特征，活动中可能遇到的困难、发展方向等。教师要准确把握活动的重点与难点。

五、设计活动过程

活动过程是完成教学目标的载体，它由一个个环节构成，每个环节应紧紧围绕教学目标层层展开设计。活动过程设计可以将两个或两个以上有相互关联的领域活动内容进行综合，杜绝形式上的拼凑，以此丰富活动过程。活动过程设计流程包括开始部分、基本部分、结束部分。

第一，开始部分：活动导入——创设情境，激发幼儿学习兴趣。

第二，基本部分：讲授新课——体现教学目标、教学重点，难点，形成教学的结构思路，在活动中的每一个环节，教师可以点出所使用的教学方法或学法；操作练习——采用什么方法对幼儿强化训练，使幼儿掌握。

第三，结束部分：活动小结——帮助幼儿梳理、提炼、归纳、总结；活动延伸——提出希望和延伸学习的要求。

在幼儿园教育活动方案设计中要能够体现出：过程与目标的一致性；内容与幼儿生活的贴近性；教学方法的创新性；重难点的突出性；教学环节的合理性；教学策略的有效性。

具体的幼儿园活动方案设计格式如表 1.2.1 所示。

表 1.2.1　幼儿园活动方案设计格式

活动对象	小、中、大班	设计教师	
活动名称			
活动目标			
活动重点			
活动难点			
活动准备			
活动过程			
活动延伸			

互动交流

（1）你选择的活动对象。

（2）你所设计的活动名称。

（3）阐述所选的班在《指南》中的目标论述。

（4）写出活动方案（格式见表 1.2.1）。

评价反思

（1）通过本节课的学习，你是否对幼儿园教育活动方案设计有了清晰的理解？有人认为在大教育观的影响下，“带孩子玩就是上课”，这种观点是否正确？为什么？

（2）请你谈谈在设计教学活动方案的过程中遇到了哪些困难，你是如何解决的。

拓展提高

经典案例赏析

班级	小班	活动主题	趣味开心农村（生活区、益智区）
设计思路	游戏以“开心农场”主题为背景，设计并制作了挖屉屉、种花、浇水、捉小虫、找蛋宝宝等富有童真的情境性内容。幼儿在操作中能初步感受“趣味开心农场”的内容，各种材料的提供既能体现玩法多样性又能发展小班幼儿的手眼协调能力，小肌肉动作和对粗细、大小等概念的初步感知		
游戏材料	皱纸、粗细不同的管子、不织布、纸芯筒、报纸、颜料、扭扭棒、铲子、水壶、铝箔纸、镊子、各种颜色的假花、仿真鸡蛋壳、玩偶小鸡		
游戏目标	（1）在摆弄“趣味开心农场”的材料中，体验照料农场的快乐。 （2）选择自己喜欢的材料工具，练习手眼协调和小肌肉动作，同时对大小、粗细有初步感知		
制作方法	（1）草地：选择五个大小尺寸一样的纸板箱，用裁好的绿色和深绿色的皱纸，逐一粘贴于箱子表面，全部平铺后，形成一块“草地”。 （2）毛毛虫：用扭扭棒将皱纸一圈一圈围住，形成一条一条的“毛毛虫”。 （3）屉屉：将废旧报纸揉搓成一团一团，随后浸泡在深咖啡色颜料里，数小时后捞出晾干，即形成逼真的“屉屉”。 （4）背景图：在大块 KT 板上用炫彩棒绘画农场里常见的动物，选择鲜艳的颜色和可爱的卡通造型		
游戏玩法	（1）夹毛毛虫：幼儿们可以选择使用镊子或宽头的夹子在草丛里夹可爱的“毛毛虫”，把“毛毛虫”夹到红色的篮筐里面 （2）挖屉屉：幼儿在草地上找到动物的屉屉，然后拿小铲子挖起动物的屉屉，并放进小桶里面。 （3）插花：幼儿可以将各种颜色并且花柄粗细不同的花，插进不同粗细的花茎里面，在草地上种下美丽的花朵，对粗细有初步的感知。 （4）给鸡妈妈找蛋蛋：幼儿们可以打开鸡蛋壳，找到在鸡蛋壳里的小鸡，并把小鸡送到鸡妈妈的身边，让幼儿们感受找到鸡宝宝的快乐。 （5）浇水：幼儿可以用洒水壶给小花浇水，或者用喷壶给小花喷水。这些操作，能够发展幼儿的手部肌肉群，同时让幼儿体验照顾小花小草的快乐。 （6）放蛋蛋：幼儿将大小不一的鸡蛋放入对应的蛋巢中，初步感知大小匹配和一一对应		

资料来源：上海市静安区永兴路幼儿园，由王智一、胡频、周雪芳教师设计。

幼儿园教育活动的说课设计

学习目标

（1）解释说明幼儿园教育活动说课设计的步骤；
（2）根据幼儿园说课设计的步骤，设计幼儿园说课内容；
（3）愿意进行教育活动说课设计，初步形成快速说课设计的能力。

学习任务

任意选择幼儿园小、中、大班，进行教育活动说课设计。

知识导学

说课是教师在一定的场合下，分析教学内容、陈述教学目标、讲解教学方法和教学过程的一种有计划、有目的的教学研究活动，即在备课的基础上，于授课之前面对领导、同行或评委、专家，用口头语言，讲清楚“教什么？怎么教？为什么这样教？”的教学思路。说课对于教师来说有着非常重要的意义：说课有利于提高教研活动的实效、教师备课的质量、活动的有效性、教师的专业素养。说课设计分为五步思考：分析“素材”、确定活动形式、根据不同活动形式设计教育活动目标、设计活动过程、说课流程。

一、幼儿园教育活动说课设计思考

第一，分析“素材”。“素材”是指活动内容。说课者首先要对所选定的活动内容进行分析，主要从“素材”目的性、“素材”适合的年龄班及“素材”的教学难点、重点三个方面进行分析。分析“素材”主要从活动的难度、技巧、要达到的目的等方面展开。

第二，确定活动形式。确定说课设计主要的活动形式，包括单一领域活动、综合活动、主题活动。

第三，根据不同活动形式设计教育活动目标。教育活动要参照单一领域活动、综合活动、主题活动等不同活动形式目标进行设计。

第四，设计活动过程。教育活动要参照单一领域活动、主题活动等不同活动形式和设计要求，进行设计。

第五，说课流程。说课的流程包括活动名称、设计思路、活动目标、活动准备、教法学法、活动过程。

二、幼儿园教育活动的说课流程

幼儿园说课设计是按照说课内容的要求来撰写的。说课内容一般有“五个说”，即说设计思路、说活动目标、说活动准备、说教法学法、说活动过程。

（一）说设计思路

说设计思路包括四方面。一是对活动内容的特点、地位和作用进行分析，所选择的活动属于哪个领域、哪个范畴的教学内容，活动内容对幼儿发展起到的作用是什么；二是明确《纲要》中对这一领域总目标的要求和年龄段目标要求；三是本年龄段幼儿在这一领域中的学习和思维特点；四是对本班幼儿现有水平和目前发展需要进行分析。

（二）说活动目标

说活动目标是说清楚本节教学活动目标及确立的依据。说活动目标主要从认知、情感态度、行为技能三个方面表达，同时还要根据目标说出重点、难点及解决方法。

（三）说活动准备

首先说活动前的经验准备，包括家长工作、资料收集、丰富经验的活动等；其次说活动中的物质准备，包括活动有关玩具、教具等材料和环境创设等；最后要说出活动准备的依据及分析活动准备的情况。

（四）说教法学法

说教法学法是简明扼要地介绍在教学活动中你所采用的教学方法，以及采用这些方法的目的。说教法学法需要说清楚你所选择的这些教学方法的理论依据是什么，为什么使用这些方法。幼儿采用哪些方法进行学习，同样需要说清楚理论依据及目的。

（五）说活动过程

说活动过程就是说整个活动过程的整体安排及依据，即介绍活动各环节的衔接、教学结构、教具使用、提问、幼儿操作练习等环节。流程要体现出内容分析、教法设计和学法指导。说活动过程包括以下三个部分。

第一，开始部分：导入教学，创设情境，激发幼儿学习兴趣，或者说选择什么方法进入活动情景，或者说采用的导语或提问语是什么。

第二，基本部分：讲授新课，体现活动目标，活动重点、难点，形成教学活动的结构思路；在每一环节中的每一个步骤的操作，教师可以点出所使用的教学方法或学法。操作练习，采用什么方法对幼儿进行强化练习或梯度提升，使幼儿掌握并提高。

第三，结束部分：内容小结，帮助幼儿梳理、提炼、归纳、总结本次活动内容，并且进行活动延伸。

互动交流

请根据大班数学教学活动“5 的组成”为主题设计说课内容，要求如下。

（1）准备一节数学活动。

（2）时间：10 分钟。

（3）请按照下列步骤完成说课任务。

① 说课选择的活动对象。

② 说课的活动名称。

③ 设计思路。

例如，大班幼儿具有初步计算能力，为了进一步提高幼儿计算能力，为幼小衔接做好准备，设计“5 的组成”这一教学活动，注重从感知入手，从具体到抽象，通过游戏活动的方式，激发幼儿学习兴趣，达到培养幼儿的观察能力和动手动脑能力的目的。

（4）活动目标。

（5）活动准备（采用的直观教具及学具）。

（6）活动过程。

A．说活动流程

B．说具体环节

评价反思

（1）通过本节课的学习，你是否掌握了说课的方法及步骤？举例说明说课与教育活动设计有什么区别。

（2）请你谈谈在说课的过程中遇到了哪些困难，你是如何解决的。

拓展提高

幼儿园说课与备课

（一）幼儿园说课类型

说课，作为教学研究活动的一个有机组成部分，可以细化为几种基本的类型：

（1）从服务课堂教学的先后顺序来看，说课一般可分为课前说课和课后说课；

（2）从改进优化课堂教学设计来看，说课也可分为预测型说课和反思型说课；

（3）从教学业务评比的角度看，说课又可分为评比型说课和非评比型说课；

（4）从教学研究的角度看，说课还可以分为专题研究型说课和示范型说课；

（5）从说课的主题角度看，说课可以分为授课者说课和评课者说课等。

（二）说课与备课的关系

说课与备课之间的相同点：

第一，都是教师的活动，都需要明确教学的目标和目的；

第二，把握教材的重点和难点；

第三，根据教材内容，安排正确的传授方法和教学手段，以期达到理想的教学效果等。

说课与备课的不同点如表 1.2.2 所示。

表 1.2.2 说课与备课的不同点

比较项	说课	备课
性质	教研活动	教学活动
对象	教师（专家）群体	幼儿
目的	认识教学规律，提高教学理论水平和教学设计能力	面向学生，做好教学设计，优化教学过程，提高课堂教学效率
要求	说出：做什么、怎么做、为什么这样做	写出：做什么、怎么做

（三）说课与上课的关系

说课与上课之间的共同点：

（1）在课前说课中，所展示的教学流程、教学内容、教学方法、教学手段等，都会在上课时得到充分体现；

（2）在课后说课中，说课者进行反思活动时所涉及的内容，多是上课时师幼活动的再现。

说课与上课之间的不同点如表 1.2.3 所示。

表 1.2.3 说课与上课的不同点

比较项	说课	上课
性质	教研活动	教学活动
对象	教师（专家）群体	幼儿
目的	认识教学规律，提高教学理论水平和教学设计能力	面向学生，做好教学活动，提高课堂教学质量
要求	说出：做什么、怎么做、为什么这样做	教出：教什么、怎么教

（四）怎样才能说好课

（1）熟悉大纲，钻研教材，掌握本课所处的地位和作用，明确重点和难点。另外要不断学习，拓宽自己的知识和视野，了解相关领域最新动态，这样才能使说课更具深度。

（2）平时多读教学理论书籍，研究心理学、教育学等相关理论，为说课打下理论基础。

（3）认真写好说课稿。

（4）增强自信心，要消除紧张心理，使自己发挥最佳水平。

说课误区包括以下几点。误区一：没有衔接，缺乏层次性。误区二：“背”或“读”教案。误区三：对象混淆。误区四：理论依据空、大，与具体内容油水相分。误区五：平均用力，重难点不分。误区六：结构呆板，缺乏创新。误区七：教学目标空洞没有落实。

幼儿园教育活动的反思与评价

学习目标

（1）列举幼儿园教育活动反思与评价的方式；
（2）运用幼儿园教育活动反思与评价方法，对幼儿园教育活动进行评价；
（3）初步养成对教育活动进行及时反思的好习惯。

学习任务

任选幼儿园小、中、大班教育活动示范课，评价教育活动开展情况。

知识导学

一、幼儿园教育活动的反思

（一）幼儿园教育活动反思的内涵

活动反思要对活动整体效果给予评价和定位，再做具体阐述。活动反思不仅包括活动后的反思，也包括活动前、活动中的反思，反思要全面，但不需要像说课一样面面俱到，每一环节都去反思；但要反思这节活动中有价值的东西、有调整的地方、有创新的举措。活动中策略的使用，幼儿学习效果的体现要具有代表性，可以在反思中着重阐述活动中的亮点部分；同时要一分为二地分析活动中的不足。教师要注意，在反思时，最好将优势和不足分为两个基本点来说，尽量不要综合阐述。

（二）幼儿园教育活动反思的角度

幼儿园教育活动反思主要从活动内容的选择、活动目标的确定、活动情境的创设、活动过程的设计、教学方法的选择、教学策略的使用、资源的选择、幼儿学习兴趣、教学效果、教学思想这几个角度进行。

第一，从活动内容的选择角度反思所选择的内容是否适宜，是否适合幼儿年龄特点和实际发展水平。

第二，从活动目标的确定角度反思活动目标是否适当，并对其进行思考和调整。

第三，从活动情境的创设角度反思是否和谐，创设了怎样的情境，收到了什么成效。

第四，从活动过程的设计角度反思思路是否清晰，各环节是否紧凑、环环相扣、层层递进。

第五，从教学方法的选择角度反思方法是否灵活，采取了什么教学方法，在哪个环节中使用的，幼儿得到了什么发展。

第六，从教学策略的使用角度反思策略是否得当，采取了哪些教学策略，解决了幼儿学习中的什么困难。

第七，从资源的选择角度反思教具、学具的提供是否科学合理，对幼儿学习是否发挥了最大限度的作用。

第八，从幼儿学习兴趣角度反思幼儿的学习兴趣是否被充分调动。

第九，从教学效果角度反思教学效果是否良好。

第十，从教学思想角度反思是否体现了《纲要》精神，体现了哪些新的理念等。

总之，幼儿园教育活动的反思有利于提高幼儿园教育活动实施的有效性。在幼儿园教育活动实施过程中，通过反思，幼儿园教师可选取与其相适应的教育活动实施取向，改进其教育行为，从而提高教育活动实施的有效性。

二、幼儿园教育活动的评价

（一）幼儿园教育活动评价的内涵

幼儿园教育活动评价是幼儿园教育评价中的一个重要组成部分，是一个收集教育活动相关方面的信息，并依据一定的客观标准或评价者的立场、观点对活动过程诸要素及活动效果作出衡量、判定或赋予其价值意义的过程。它涉及对教育活动目标、教材内容、活动过程、形式与手段、环境与材料及活动效果等的评定。

（二）幼儿园教育活动评价的内容

由于教育活动的过程是一个由教师与幼儿共同参与和相互作用的过程，充满了动态性、多变性、偶然性和潜在性，也就使得教育活动的评价既涉及对教师的评价，又涉及对幼儿的评价，因而它更具复杂性、多元性和挑战性。

1. 对幼儿的评价

对幼儿的评价包括对学习的评价和对发展的评价两个部分。

第一部分是对幼儿学习的评价，包括参与度、情感态度、学习方式、互动程度、能力、学习习惯共六个方面。

第一，是幼儿对活动的参与度。主要评价在活动过程中幼儿的注意力集中程度，即在学习、探索活动中的积极性、自主性、能动性的程度。

第二，是幼儿的情感态度。主要评价幼儿在活动过程中的情绪状态，包括在活动中表现出来的学习态度、情感语言、动作等方面。

第三，是幼儿的学习方式。主要评价幼儿在活动中的学习风格及采用的倾向性学习方式和策略，包括其学习方式的多样性、个别性、独特性。

第四，是幼儿在活动中的互动程度。主要是对幼儿在活动过程中与他人（幼儿和教师）互动交流情况的评价，包括活动中与他人的合作交流与互动的次数、形式及有效性。

第五，是幼儿在活动中的能力。主要评价活动中幼儿在能力发展上的表现，包括：活动的语言表达能力，敢于提问、分析判断等思维能力，动手操作能力及创造性表达能力。

第六，是幼儿的学习习惯。主要评价活动中幼儿对学习、探索活动的坚持性，克服困难的勇气和毅力，善于倾听他人、接纳他人意见及与他人友好合作、交流协商。

第二部分是对幼儿发展的评价。对幼儿学习能力和发展水平的评价通常包括运动能力、倾听阅读、语言表达、技能展示、适应集体、交往合作、关爱情感、认识自己、自理能力、数形时空、基本常识、探索操作等。

2. 对教师“教”的评价

对教师“教”的评价，就是评价活动设计是否有利于增加幼儿学习方式的开放性和多样性；教师设置的教育教学内容、采用的组织指导策略、创设的环境条件是否能调动幼儿学习的积极性，促进幼儿主动、有效地学习等。从教师的角度来评价教育活动，主要包括对教育活动的目标、内容、方法手段、组织形式、资源利用、环境创设等方面的评价，以下主要从活动目标、活动内容和活动方法评价三个方面进行阐述。

首先，活动目标的评价。目标是活动的起始环节，是开展教育活动的出发点和归宿。它规定了教育活动预期所要获得的某种效果，它是教育活动内容选择、方法运用、效果评价的依据和准则，对活动目标的评价要求目标的表述方式、表述内容、表述指向等方面具有统一性。

其次，活动内容的评价。《纲要》中明确指出教育活动内容的选择要体现以下原则：“（一）既适合幼儿的现有水平，又有一定的挑战性。”“（二）既符合幼儿的现实需要，又有利于其长远发展。”“（三）既贴近幼儿的生活来选择幼儿感兴趣的事物和问题，又有助于拓展幼儿的经验和视野。”所以，对活动内容的评价可以从以下几方面进行。一是具有适宜性、有效性。评价活动内容是否依托教育目标，是否符合幼儿的年龄特点，是否尊重幼儿的学习兴趣和需要，并能从幼儿的角度来选择他们喜欢的、感兴趣的内容。二是具有针对性、挑战性。能够从不同的教育活动内容特点出发，即突出内容的专门化、个别化、综合化。三是具有多元性、整体性。对活动内容的设计能够体现将各领域的关键经验进行有机的、自然的整合，同时要体现将各个领域的内容围绕某个领域，并结合其他领域内容统合到某一主题中。四是具有自然性、开放性。幼儿园强调将学习内容与幼儿的多方面经验连接在一起，所以更注重学习内容的广度和连接点，从而引发幼儿愉快地、自主地、创造性地、有效地学习。

最后，活动方法的评价。对活动方法的评价主要看教师在活动方法、手段及情境创设的设计上是否体现了幼儿的年龄特点、活动方式和学习方式上的差异性；是否能促进幼儿在已有水平上的有效学习等，即主要表现在活动方法的适宜性、有效性上。适宜性是通过教师的教学方式体现出来的。例如，在托班“小刺猬背果子”活动中，教师采用了情景游戏法组织幼儿学习，在小刺猬背果子中感受了“多”与“少”，比较了“大”与“小”。有效性可以从对幼儿经验的提升和对提问策略的把握两方面着手。一是对幼儿经验的提升，幼儿经验不仅包括认知经验，也包括情感、技能、合作交往、学习方式等方面的经验。二是对提问策略的把握，提问形式要体现多样性、灵活性、目的性、艺术性。

3. 对活动环境与材料的评价

教育活动是教师在一定的目标和内容预设前提下进行的活动，其中对环境的创设是一个很重要的方面。因此，环境创设要具有相宜性和启发性、多样性和开放性。

相宜性是指必须与活动的目标定位、内容主题相适宜，还表现为环境与材料的呈现方式是与幼儿的年龄特点和主题内容相吻合和一致的，而不是只为追求新奇与丰富。例如，在“教师节，老师、阿姨在干什么”的主题活动中，教师创设了“看录像”的环境，通过这一环境可以让小班幼儿更真切地感受和了解到当自己在午睡时，老师正在为自己盖毯子；当自己在做游戏时，厨房阿姨正在汗流浃背地烧饭……这样的环境设计不仅符合小班幼儿具体形象的认知特点，也能够帮助他们加深对主题内容的理解和感受，体会到老师、阿姨对自己的关心及她们工作的辛劳。只有适宜的环境和材料才能充分发挥其在幼儿认知、情感、个性、社会性方面发展上的启发作用和价值。

在对活动环境与材料进行评价时除了要考虑相宜性和启发性，还要考虑多样性和开放性。在活动中，教师应尽可能地调动和布置多种资源和环境，更多样而开放地设计和使用环境与材料。例如，在“我长大了”主题活动中，教师布置了一组幼儿小时候的照片物品、绘画作品等环境，借助这些环境和材料来激起幼儿的回忆交流，引发幼儿讨论“我的本领从哪来”“我还想学会什么本领”等。

互动交流

以小组为单位，选择五大领域教学活动示范课一节，评价教学活动的开展情况。

评价反思

（1）通过本节课的学习，你是否完全理解幼儿园教育活动的反思？在反思过程中应该注意哪些问题？

（2）举例说明在幼儿园教育活动中如何开展活动评价。

（3）请你谈一谈在幼儿园教育活动评价中遇到了哪些困难，你是如何解决的。

拓展提高

推荐阅读：

（1）潘月娟. 学前儿童观察与评价［M］. 北京：北京师范大学出版社，2015.

（2）刘占兰，廖贻. 聚焦幼儿园教育教学：反思与评价［M］. 北京：北京师范大学出版社，2007.

第三节　幼儿园主题活动的设计与指导

幼儿园主题活动是指在一段时间内围绕一个中心内容（主题）来组织的教育教学活动。幼儿园主题活动的特点是打破学科之间的界限，将各种学习内容围绕一个中心有机连接起来，让学习者通过该单元的活动，获得与中心有关的较为完整的经验。

幼儿园主题活动的概述

学习目标

（1）描述说明幼儿园主题活动的内涵及特点；
（2）运用幼儿园主题活动特点，分析幼儿园主题活动；
（3）愿意参与小组讨论，交流学习心得。

学习任务

任选幼儿园小、中、大班主题活动方案，与小组同学分享讨论。

知识导学

一、幼儿园主题活动的内涵

早在 20 世纪 30 年代，主题活动在中国幼儿园课程体系中就占有一席之地，我国著名的儿童教育家陈鹤琴先生倡导的“五指活动课程”就是代表性的主题活动课程。主题主要是指课程的某一单元、某个时段所要讨论的中心话题，通过对这些中心话题的讨论及对中心话题中蕴含的问题、现象、事件等的探究，使幼儿获得新的、整体的、联系的经验。虽然主题活动是一个比较模糊的概念，目前还没有一个统一的说法，但大家对此已经形成了共识。

主题活动重视各学科之间的横向联系，不再以单一的学科为主线，而是将各门学科融合到同一个主题的范围之下，设计成一系列的主题活动，以主题为核心，辐射开来，在几天或是几周的时间内进行集中的学习，力求达到对各个领域教学活动的整合，给予幼儿整体的经验。

幼儿园主题活动就是在一段时间内，教师与幼儿围绕具有内在脉络或价值关联的中心内容（即主题）来组织的教育教学活动。无论是幼儿园主题综合活动、幼儿园主题探究活动，还是幼儿园主题教育教学活动，都指的是幼儿园主题活动。

幼儿园主题活动的特点就是打破了学科之间的界限，将各领域的学习内容围绕一个中心问题或事件确定主题展开的基本线索，依据这些基本线索确定三题的基本内容，并创设相应的教育环境，组织开展一系列教育教学活动，让幼儿通过该主题教育活动获得与主题有关的较为完整的知识和经验。它是我们在教学活动中设想的一种新型活动；它具有自己独特的特点：有核心、有主体，并且有连续性和发展性；它是一种充分展示智慧和个性的学习活动，一种真正有意义、有价值的学习活动。在活动中，幼儿从被动学习变为主动学习，由接受性学习变为探索性学习，幼儿的兴趣得以激发，潜能得以开发。

二、幼儿园主题活动的特点

（一）综合性

主题活动以横向组织原则来整合课程内容和活动，这与传统的以纵向原则来组织课程的学科教学有着根本的区别。主题活动打破了学科之间的界限，在不同学科相互作用、相互结合的基础上得以产生，使幼儿在问题解决过程中学习，进而达到促进幼儿全面发展的目的。

（二）开放性

相对于学科课程而言，主题活动能更灵活地安排学习时间、空间。时间上，主题活动的延续时间可长可短，可间隔零散安排，也可利用连续较长的时间；空间上，主题活动可从幼儿园延伸到家庭、社区。另外，主题活动材料的丰富性与多元化特点也体现出其鲜明的开放性。

（三）活动性

主题活动需要幼儿充分地动手、动口、动脑。活动性特点意味着要让幼儿更多地直接接触自然、接触社会，积极主动地参与活动过程，掌握学习内容；还意味着主题活动与游戏、参观、劳动、制作、表演分不开，因为只有这样，幼儿才学得主动积极、兴趣盎然。

（四）探究性

幼儿园主题活动极其重视培养幼儿初步的探究意识、能力和态度。主题活动的探究是幼儿在教师的引导下，对感兴趣的主题进行主动探索和解决问题的过程。

（五）直接经验性

幼儿园主题活动创设了有利于幼儿自发、主动探究的活动氛围，为幼儿的主动参与和合作提供了更多的机会和途径。幼儿在教师的引导下，在主动探究和合作中解决主题活动中复杂的综合性问题，从而提升了解决问题的能力，获得了良好的交流、交往技巧。幼儿园主题活动一般选择以幼儿的兴趣点为话题，这样的话题贴近生活，更具有实用性，能够学以致用，当幼儿运用自己所学知识解决生活中的实际问题时，学习兴趣会更浓，主动性会更强。

幼儿园的主题活动是以幼儿生活为基础，以游戏和活动为基本形式，以幼儿自主探究学习为主要方式的综合性活动。它以一定的教育主题为核心，将健康、语言、社会、科学、艺术等领域的教育内容有机地整合在一起，通过幼儿对周围事物的深入观察、主动探索、自主体验、有益尝试等实践活动，实现综合性的教育目标，促进幼儿的全面和谐发展。

互动交流

以小组为单位，选择幼儿主题活动设计方案，分析讨论方案设计是否符合主题活动特点。

评价反思

（1）通过本节课的学习，你是否对幼儿园主题活动的内涵有了清晰的理解？如何解释幼儿园主题活动和幼儿园教育活动二者之间的关系？

（2）你是否完全了解幼儿园主题活动的特点？举例说明幼儿园主题活动的特点及在教学活动中的应用。

拓展提高

主题活动对于幼儿发展的价值

（一）满足幼儿好奇心与求知欲

1. 内容源于幼儿的兴趣

幼儿活动的主题来源于幼儿的生活，来源于幼儿的兴趣。幼儿往往具有强烈的好奇心与求知欲，他们对那些在成人看来平常的现象、事物却能产生强烈的兴趣和探究欲望。主题活动建立在幼儿兴趣的基础上，通过对幼儿兴趣的把握、引领、提升去展开和推进，以进一步满足幼儿的好奇心和求知欲。

2. 自主探究的学习方式

幼儿园主题活动强调幼儿不再是知识的被动接受者，而要在活动中，通过自主探索真正成为学习的主人。因而，幼儿生活中的一切都可以成为幼儿研究和探索的目标。教师在活动中应激励幼儿自主发现问题，提出问题并寻求问题线索；鼓励幼儿主动通过各种方法解决问题，自由地表达、表现。这种自主探究学习方式，要求幼儿从周围生活中发现感兴趣的问题并自主地解决这一问题，从某种意义上说，整个学习过程本身就满足了幼儿的好奇心与求知欲。

3. 动态的环境及丰富的材料投放

在实施幼儿园主题活动过程中，通过创设一个个能够让幼儿参与并与之相互对话的生活学习环境，提供丰富多样的可以激发满足幼儿探究欲望的活动材料，使主题活动的价值在幼儿与环境的互动中得以实现，更好地促进幼儿的发展。从主题的开始确立到主题的展开，与主题相适应的环境创设、操作材料的投放不断地随着主题的推进而动态变化。这就更好地发挥了环境和材料的潜在教育功能。

（二）使幼儿主动学习，学会学习

幼儿园主题活动是幼儿围绕一个主题，进行自主观察探索周围事物和现象，主动学习的过程；是教师适时适度地支持和引导幼儿自发生成、自愿参加、自由表现及表达的过程。它并不过多关注幼儿是否得到了正确的答案，而是更关注幼儿在原有经验基础上再提高和再创造的过程。在主题活动中，幼儿有充分的自由和机会去实践不同的学习方式，培养主动学习的能力，真正地学会学习。

（三）提高幼儿的综合素质

幼儿园主题活动可以通过各种要素的整合，发展幼儿多方面的能力，促进幼儿综合素质的提高，具体包括合作沟通能力、初步的逻辑思维和统计归纳能力、语言表达能力、动手能力、解决问题能力、创造能力。

（四）促进幼儿个性化发展

幼儿园主题活动在活动的内容、互动的方式和组织形式及时间空间的各个方面并不是封闭的、单一的，而是开放的、多元的，因而能够促进幼儿个性化发展。

幼儿园主题活动强调关注幼儿生活，幼儿所接触的事物通常包含着多个学科领域。他们需要的是对事物有一个较为整体、较为全面、较为生活化的认识，而不是精深却相互割裂的认识，用一个形象的说法：他们要了解的是一个可能不够精细、有些模糊，但活生生的大象，而不是放大镜下的象鼻子、象耳朵、象牙、象腿。

幼儿园主题活动的构建

学习目标

（1）归纳说明幼儿园主题活动网的类型、材料及环境创设、构建原则与依据；

（2）运用幼儿园主题活动的构建内容，分析不同主题活动；

（3）积极参与小组讨论，分享不同类型的主题活动。

学习任务

任选思维导图的一种形式，以幼儿园主题活动网为主题设计思维导图。

知识导学

一、幼儿园主题活动网构建概述

（一）幼儿园主题活动网设计的依据

主题活动网是一种由许多与大主题相关的小主题编织而成的网，幼儿园主题活动网的设计要考虑幼儿多方面发展的需求及主题展开的方式方法。主题网的呈现使实施者能统揽主题活动的发展脉络，有利于实施者对主题活动有一个概括性的认识，对于主题实施的各个方面有一个总的概念。

一方面，设计主题活动的主题网要关注《指南》中的具体目标，以此为依据会使主题目标确立得准确而全面，会使活动更贴近幼儿本年龄段的发展水平；另一方面，要关注本班幼儿的兴趣重点，以幼儿的兴趣重点来设计主题，以此调动幼儿参与活动的积极性，使主题更加贴近幼儿。

（二）幼儿园主题活动网的要素关系

构建主题活动网的要素主要有大、小主题和各种具体活动，在大主题中包含了小主题，小主题中还有一系列的具体活动，如图 1.3.1 所示。

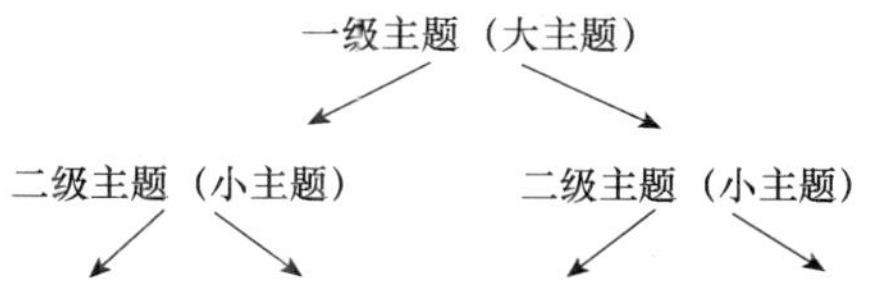

图 1.3.1　幼儿园主题活动网

大主题是整个主题活动的一级主题，小主题是在一级主题下衍生出来的二级主题、三级主题乃至四级主题。下一级主题必须是上一级主题的具体化，必须由上级主题衍生出来，并且下一级主题必须能够支撑上一级主题。在选择二级、三级主题时，要结合五大领域及主题目标，做到有效整合五大领域，促进幼儿全面发展。

（三）幼儿园主题活动网的构建形式

1. 树形设计主题活动网

树形设计是主题活动设计中主题网常见的一种形式，一般以事物的关联性来确立主要分支的小主题。例如，“伞的世界”这个主题（图 1.3.2），就是以认识伞、伞的功能、伞的联想、伞的创作与游戏四个预设内容来展开主题。树形主题活动网主要是对主题内

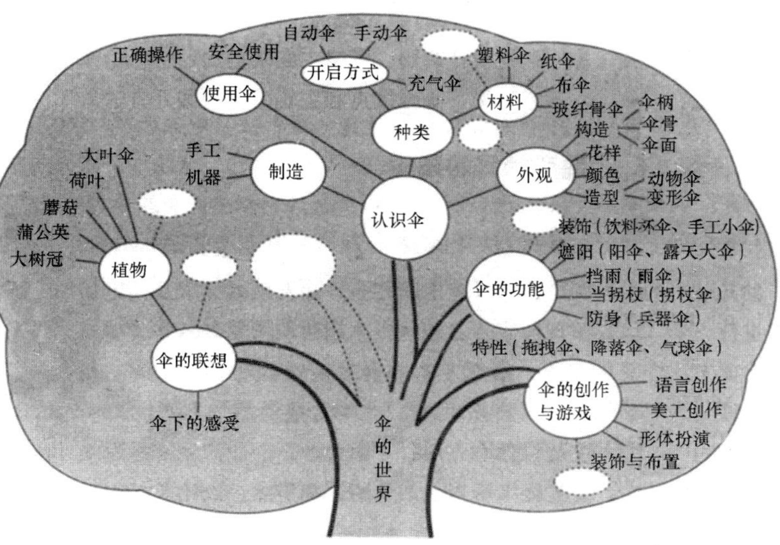

图 1.3.2　树形主题活动网——“伞的世界”

容进行分析，以主要内容为主线采用生长的方式呈现，主要以教师预设为主，主题树中空白的地方是为幼儿生成的活动留有余地。

2. 蛛网式设计主题活动网

蛛网式主题就是以蜘蛛网为隐喻，将整个主题结构形象化为网状结构，将多个领域进行有机整合，使内容相互融合、层层递进，形成环环相扣、相互依赖的整体，最大化地推动幼儿发展。同时，也让教师一目了然，便于掌握各主题活动的综合度。例如，小班主题活动“小兔乖乖”（图 1.3.3）。

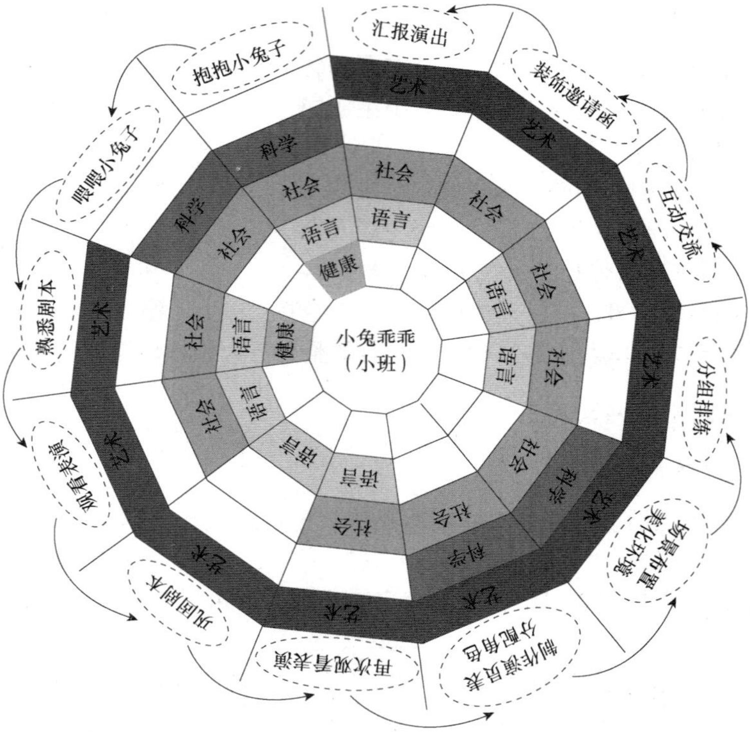

图 1.3.3 蛛网式主题活动网——“小兔乖乖”（小班）

3. 发散形设计主题活动网

发散形主题活动网是以一个总的知识点出发，相关联的每一个小知识点都可以作为一个主题进行探究。在教学过程中，各主题间可以相互交叉、相互融合，如“纸的用途真大”主题内的“绘画”，就可以与“玩法”主题内的“绘画”融为一个主题进行，不要求一个接着一个主题孤立地进行（图 1.3.4）。发散形主题活动网中的知识点只是一种提示，教师可以有自己的构思。制订主题活动网时要考虑到课时量，内容不要过多，也不要过少。其中，种类、用途部分以认知为主，适宜放在课堂教学时段；玩法、环保部分以操作为主，适宜放在区域活动时段和体育活动时段进行。

4. 表格式设计主题活动网

表格式主题活动网可以清晰地总览主题的全貌、主题目标、主题的展开脉络、主题

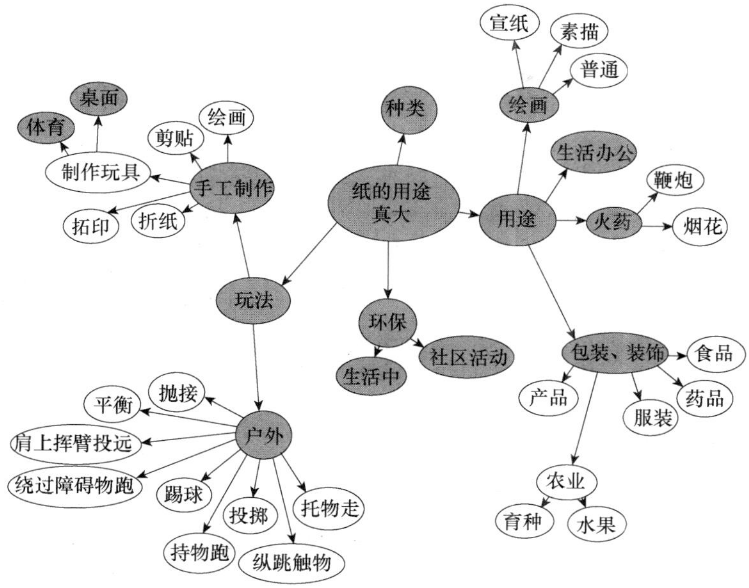

图 1.3.4 发散形主题活动网——“纸的用途真大”

环境创设及家园互动等，教师可以在表格式主题活动网的基础上，直接选择设计具体活动，是比较方便实用的形式。例如，主题活动“奇妙的身体”（表 1.3.1）。

表 1.3.1 表格式主题活动网——“奇妙的身体”

<table>
<tr><td>主题名称</td><td>奇妙的身体</td><td>年龄段</td><td>中班</td></tr>
<tr><td>主题分析</td><td colspan="3">幼儿从出生开始就对自己的身体充满好奇，他们如果能正确建立自我认知的概念，学会喜爱自己，尊重自己，懂得关怀别人，他们的世界自然充满爱和愉悦。本主题从幼儿脸型开始，展开寻找答案的旅程，通过感官的探索、小实验、创意活动等，让幼儿从操作中认识自己。老师要以开放的态度，引导幼儿建立正确的性观念，以及学会保护自己。通过绘画表达情绪，发展情商。</td></tr>
<tr><td>目标制定</td><td colspan="3">1．探索眼、耳、口、鼻、手脚的功能及保护方法；
2．提升自理能力，学习独立穿脱衣服；
3．知道自己是独特的，懂得欣赏别人、学习与交往。</td></tr>
<tr><td rowspan="14">主题活动展开</td><td rowspan="6">可爱的脸</td><td>独特的我</td><td>语言、社会、艺术</td></tr>
<tr><td>眼睛真有用</td><td>科学、艺术</td></tr>
<tr><td>耳朵真神奇</td><td>科学、艺术、健康</td></tr>
<tr><td>神奇的鼻子</td><td>科学、艺术、健康</td></tr>
<tr><td>嘴巴的本领</td><td>科学、艺术、健康</td></tr>
<tr><td>数一数</td><td>科学</td></tr>
<tr><td rowspan="4">身体动起来</td><td>我的小手真有用</td><td>语言、社会、艺术</td></tr>
<tr><td>我的小脚本领大</td><td>健康、语言、科学、艺术</td></tr>
<tr><td>动一动</td><td>健康</td></tr>
<tr><td>相同和一双</td><td>科学</td></tr>
<tr><td rowspan="4">爱护自己</td><td>保护五官</td><td>语言、健康</td></tr>
<tr><td>男女有不同</td><td>科学、社会</td></tr>
<tr><td>会动的关节</td><td>健康、艺术</td></tr>
<tr><td>生命只有一次</td><td>社会、艺术</td></tr>
</table>

续表

主题活动展开	会哭会笑	笑笑哭哭	艺术、语言
		名画欣赏	艺术
		学说相声	语言
		颠倒歌	语言

在主题活动图的构建过程中，无论是树形、蛛网形还是发散形、表格形，都要留有一定的生成空间，允许幼儿异想天开，在师幼互动中共同进步、共同成长，共同体会主题活动的知识性与趣味性。当然，在绘制主题活动网时，也可以设计一些简单的图案或几何图形，这样更清晰、美观，但切记不要太花哨。

二、幼儿园主题活动材料收集与环境创设

主题活动中的环境创设是把墙面环境的创设与实施的主题活动课程有机结合起来，从而使主题墙动起来、活起来，真正地实现主题墙饰与幼儿之间的良性互动。著名的瑞吉欧教育模式提出了“墙壁会说话”的观点。“墙壁会说话”是一种全新教育思想和教育方法的具体体现，它是对我们以往环境创设的挑战，它让我们对环境创设的目标、原则、策略进行了新的审视。

《纲要》中指出：“环境是重要的教育资源，应通过环境的创设和利用，有效地促进幼儿的发展。”然而，在现实的环境创设中，存在教师创设多，幼儿参与少，布置的内容过多重视作品的精练、漂亮、完整，教师过多参与策划、设计、制作活动的普遍现象。由于这种创设是从教师的设想和愿望出发的，没有考虑到幼儿的兴趣、需要和现有发展水平，幼儿的思维和行为依附于教师的思维和行为，这种环境创设就失去了影响和促进幼儿发展的教育价值。

幼儿园区角格局要依据宽泛的活动内容来安排。封闭区域和开放区域的结合、独立区域和组合区域的结合，设置要自然流畅、丰富生动。例如，图书区和数学活动区通常呈封闭状态，让幼儿有相对安静和独立思考的活动空间；运动区、表演区则设置在相对开放、空旷并远离安静区域的场地。同时，同类或相似且容易组合的区域通常安排在相邻的位置，以便材料资源和游戏成果的沟通与共享。例如，美工区和建筑区这类关系比较密切的区域通常安排在一起，在游戏过程中会自然而然地将美工区制造的房子、车子等作品纳入建筑区的主题游戏中。

为推动游戏的发展和区域间的组合，首先，老师可以有意识地调整或取消区域间的隔离栏，暗示和鼓励幼儿在区域之间的流动和组合，这不仅可以深化游戏内容，而且可以促进幼儿间的交流和沟通。其次，改变以往活动区桌子、椅子、柜子、围栏等单一而平面式的摆放格局，将桌面、地面、墙面、悬挂等组合为全方位的立体空间，呈现高低有别、错落有致的游戏场景。再次，活动区域始终呈开放的状态，并提供区角的操作材料，内设操作区、材料存放区、作品展示区，既满足幼儿对活动空间和操作材料的需要，又可通过作品展示鼓励幼儿的活动积极性和完成作品的任务意识。最后，主题墙要注意与幼儿的互动、家长和孩子的互动，高度要与幼儿视线平行。

三、幼儿园主题活动设计的来源与依据

（一）幼儿园主题活动设计的来源

主题是幼儿园主题教育活动的核心，它既表明幼儿将要参与的系列活动，又表明他们将从中获得的关键经验；同时又是老师选择组织学习内容、展开教育过程、创设教育环境的方向标，因此主题是幼儿园主题活动设计的起点和灵魂。一般来说，幼儿主题教育活动中的主题多数来源于幼儿自身、幼儿的社会生活、自然环境和自然事物、科学现象与科学概念、文艺作品五个方面。

1. 幼儿自身

幼儿自身主要包括幼儿的身体和心理两方面。幼儿的身体主要指身体的特征与功能，身体的发展与变化，身体的健康、安全与保护等；幼儿的心理指幼儿的兴趣、爱好、情绪、情感性格、能力等。据此可设计的主题有“从头到脚”“我健康，我快乐”“我的身体会唱歌”“奇妙的身体”“认识我自己”“长大的我”“我的本领”“我高兴，我不高兴”等。

2. 幼儿的社会生活

幼儿的社会生活主要包括与幼儿生活息息相关的各种事物和周边的环境，如服装、玩具、食物、通信、小区超市、商店、公园、医院、交通工具标志、消防、节日庆祝活动、民俗、新闻与偶发事件等。与此相关的主题有“××我的家乡”“亲亲一家人”“蘑菇真好吃”“好吃的食物”“过大年”“瓶瓶罐罐”“九九重阳节”“中秋月儿圆”“欢乐嘉年华”等。

3. 自然环境和自然事物

自然环境和自然事物包括幼儿接触到的大自然的各种事物和现象，如动物、植物、江河湖泊、沙、石等自然事物，春、夏、秋、冬等季节，风、雨、雪、雾等天气变化，科学技术及人们的生活等事物和现象。可选择的主题包括“拜访大树”“秋天的果实”“好玩的水”“我和空气做游戏”“热与冷”“冬爷爷来了”“动物同乐会”等。

4. 科学现象与科学概念

幼儿学习的科学概念是一种“前科学概念”，就是依据自然现象，了解这种现象产生的原因，从而形成初步的“前科学认识”，形成“前科学概念”。考虑到幼儿身心发展的水平与特点，幼儿园中开展的科学主题主要在中、大班，涉及的主题有“有趣的旋转”“沉与浮”“纸的妙用”等。

5. 文艺作品

文艺作品是儿童生活中常见的精神食粮，也是幼儿喜欢的事物。文艺作品以艺术化的方式反映社会生活和人们的思想意识，具有思想的凝练性和情感的丰富性，因此，作为幼儿园主题教育活动的主题，有助于幼儿理解生活、感受生活、丰富情感体验。例如，童话故事、儿童歌曲、儿童诗歌、儿童画，以及幼儿生活中常见的艺术作品。

综合而言，在选择活动主题时，教师可依据自己班级幼儿的兴趣和需要，以及本班幼儿的发展水平及年龄特点，保证课程内容的连贯性。值得注意的是，不管是何种类别的主题，都应尽量提供幼儿体验和参与的情境，有效促进幼儿的学习迁移，使幼儿经历有意义的学习。因为只有有意义的学习才能实现儿童新、旧经验之间的联结和构建，才能真正发挥主题教育活动的价值。

（二）幼儿园主题活动设计的依据

主题的开发与选择反映了幼儿园课程开发的水平，也是教师课程能力的主要体现。适当的主题既能够反映课程的目标，又能够引起幼儿的兴趣；反之，则流于形式。因此，开发主题内容、选择主题活动是主题教育活动设计的重要环节。幼儿园主题活动设计的依据主要包括以下几方面。

1. 主题要与幼儿园课程体系相匹配

幼儿园课程体系是实现幼儿身心健康发展的关键，也是幼儿园教育活动的根本，选择主题，要考虑主题与幼儿园学期课程目标相契合，与学期课程内容相一致。主题教育活动要成为幼儿园学期课程的主要组成部分，不能游离于课程体系之外，或者是附加的教育活动内容。

2. 主题要贴近幼儿的生活

选择的主题要从幼儿的生活中来，与幼儿的经验相联系，不能脱离幼儿生活；选择主题要考虑主题是否是幼儿感兴趣的，是否是幼儿需要的，是否蕴含丰富的教育资源，是否能够展开多样化的活动等方面。

3. 主题选择要具有适宜性

选择的主题要与幼儿、环境、地域、文化等相适宜，要考虑地域差异、环境差异、文化差异，要反映幼儿生活的社区和环境的特点，要能充分利用本土资源和条件，使活动主题本土化，具有地域文化特色。

4. 主题选择要有时代性

幼儿的生活也是随着时代的发展而不断发展的。随着时代的进步和科技的发展，新的事物、新的现象和新的作品层出不穷，这也正是幼儿喜闻乐见的。因此，在选择活动主题时，教师要时时关注时代变化，关注幼儿感兴趣的新事物、新现象，将其作为主题开发与选择的主要内容。

互动交流

根据所选思维导图形式，以幼儿园主题活动网为主题设计思维导图，并进行汇报分享。

评价反思

（1）通过本节课的学习，你是否完全理解幼儿园主题活动设计的依据与原则？以幼儿园大班为例，你会如何进行主题活动设计？

（2）举例说明如何进行幼儿园主题活动环境创设。

（3）请你谈一谈幼儿园主题活动各类型之间有何区别，各自的优点有哪些。

拓展提高

主题活动网构建方式

（1）教师预设主题活动网。教师预设的主题活动网必然是教师经过精心准备的、带有较强目的性的，是与幼儿近阶段的学习目标相一致的。

（2）师幼共同建构主题活动网。幼儿也有自己构建主题活动网结构的能力，每进入一个主题的幼儿都会根据自己的问题和发现去探究拓展与延伸活动，教师可以尝试师幼互动，以图文并茂的形式、以孩子喜欢的方式、用孩子们理解的语言共同建构主题活动网图。这样更能调动幼儿参与主题活动的积极性、主动性。

在构建主题活动网的过程中可以先将一级主题与幼儿的前期经验及发展需要相结合，并整合领域活动、日常生活等各方面的资源，设定二级主题。然后可以通过头脑风暴或准备几十张小纸片，由教师在每张纸上写出与主题相关的任何一个词，如果是师幼共同构建的主题活动网图，幼儿可以在纸上画出与主题相关的内容，或由教师代为记录。再将这些内容按照二级主题进行归类，为每一类设定一个标题，如果一个二级主题中包含的内容太多，可以再进行分类。随后教师交流讨论，对各级主题及内容加以整理和充实。最后绘制主题图，以主题为中心将各级主题及内容绘于纸上。至此，一个主题活动网图就完成了。

幼儿园主题活动的设计

学习目标

（1）列举说明幼儿园主题活动设计的步骤；

（2）根据幼儿园主题活动设计的步骤，设计幼儿园主题活动；

（3）愿意进行主题活动设计，初步形成快速设计主题活动的能力。

学习任务

任意选择幼儿园小、中、大班，设计主题活动方案。

知识导学

主题是教育教学活动中的中心议题，在课程内容的组织中通过主题将不同内容共同指向核心问题——中心议题，也就是说主题活动是在一段时间内围绕一个中心议题（主题）来组织的教育教学活动。幼儿园的主题活动一般以预设主题为主，依据《指南》为总目标，并依据主题活动原则选择和确定主题，在选择和确定主题后，我们可以按照这四步设计主题活动：确定活动对象、选择主题活动内容、做活动前准备、主题活动的设计步骤。

一、确定活动对象

幼儿园主题活动对象多为3～4岁、4～5岁、 5～6岁的幼儿。

二、选择主题活动内容

选择主题活动内容应以幼儿自身为中心，以符合幼儿年龄的特点和兴趣爱好来挖掘相适宜的主题。以健康领域为例，主题活动可从幼儿身体和心理发展两个方面展开。以幼儿自身为中心可设计的主题有“牙齿小卫士”“多吃蔬菜身体棒”“情绪大作战”“我长高啦”等。

三、做活动前准备

首先，熟悉和掌握主题活动在《指南》中的目标论述；其次，主题活动在各年龄班中的侧重点不同。以“健康成长”为主题，小班主题所探讨的内容可以是幼儿成长中的故事，如“小脚与鞋子”“长头发与短头发”等；中班主题所探讨的内容要贴近他们的生活，如“长大的我”“高兴了与生气了”等；大班主题所探讨的内容应时时关注幼儿感兴趣的事物、现象，以此作为主题开发与选择的主要内容，如“健康的牙齿”等。

四、主题活动的设计步骤

（一）主题设计缘由

主题设计缘由是主题设计的开端，是对主题形成的认识和整理。它包括：主题的来源——主题源于现有课程体系，或源于幼儿的兴趣，或源于班级中现有的“内容”“材料”等；主题内容——主题所包含的五大领域内容和相关主题话题；主题价值——幼儿通过所设计的主题活动可获得哪些知识经验。

（二）确定主题活动目标

确定主题活动目标主要指确定主题的总体目标，是在《指南》确定的各年龄段教育目标和学期目标之下的月、周教育目标。主题活动目标应具有较强的可操作性和相对独立性，主要体现为以下特点。第一，具有鲜明的主题特征。主题活动目标是以主题为线索和载体，把教育要求和内容穿插其中。第二，体现整合性。主题活动目标是五大领域内容的有机整合。第三，符合本年龄段的年龄特征，体现在内容的深度和广度上与幼儿的知识经验和能力相符合。第四，目标不要太多太细，要宏观概括，一般不超过 10 条目标。

例如，“昆虫总动员”主题活动的总目标：

• 通过收集有关蜜蜂、蝴蝶、蚂蚁、苍蝇和蚊子的资料，对昆虫有初步的了解，感受大自然中各种昆虫的神奇与美好，培养探索昆虫奥秘的兴趣。

• 亲自饲养昆虫，在饲养的过程中观察并了解昆虫的外形特征及生活习性，学习记录观察日记，养成做事细致、耐心、有条理的好习惯。

• 在探索活动中感知各种昆虫的不同特点、种类与变化，知道昆虫与其他动物、植物、人们生活的关系，能够在探索活动中有新的发现和认知。

• 能够区分生活中常见的益虫和害虫，知道要保护益虫；认识并会使用捕捉昆虫的工具，了解几种昆虫标本的制作方法。

• 通过音乐、歌曲、动作、模仿、制作等形式表现大自然中不同的昆虫特征，多角度、多方面了解昆虫，提高语言表达能力与创造、想象能力。

主题活动目标按主题活动的进程一般可以分成三个层次，即主题活动的总目标、主题活动各阶段目标、各阶段中具体活动的目标。确立总目标是至关重要的，总目标是活动的灵魂与价值的体现，因此在拟定总目标时要体现本主题活动能让幼儿获得什么核心经验，促进他们哪些方面的发展，再确定主题活动的总目标。阶段目标和具体活动目标是指幼儿参加某一阶段或某一次具体的主题活动的方向和应达到的要求。阶段目标和具体活动目标要围绕总目标展开，在分解主题活动总目标的基础上，制订阶段目标和具体活动目标。

（三）设计主题活动网

主题活动网是主题的框架结构，从主题活动网就可以看出整个主题的脉络、走向，看出整个主题涵盖的内容。主题活动网是与主题有关的知识经验或概念，经过归纳整理，建立起某种关系和联系，并以网状的形式将这种关系和联系直观形象地呈现出来。

主题活动网的结构：一般情况下主题活动网分一级主题、二级主题和三级主题，也有细化为四级主题的，随着每个主题的层层打开，主题得以实现。下一级主题必须是上一级主题的具体化，或者必须由上一级主题衍生出来，并且下一级主题必须能够支撑上一级主题。注意：主题活动网分为预设和生成两部分，预设用实线、实框，框内写文字，同时每个主题还要留出生成的内容，用虚线、虚框表示。二级主题留虚框，三级主题也要留出生成的框，体现我们的主题活动要追随儿童的兴趣，不断在活动中生成、发展理念。

（四）具体教育活动设计

具体的活动设计参照单一领域活动设计，其设计流程和单一活动设计类似。

互动交流

（1）你选择的活动对象。

（2）你所设计的主题活动名称。
（3）阐述所选的班在《指南》中的目标论述。
（4）主题设计缘由。
（5）主题活动目标。
（6）主题活动网络。
（7）写出一节教育活动方案。

评价反思

（1）通过本节课的学习，你是否清晰了解主题活动设计？你认为主题活动与领域活动最大的区别是什么？

（2）你是否完全掌握主题活动设计步骤？主题活动必须通过“上课”这种形式完成的说法对吗？为什么？

（3）请你谈谈在设计主题活动的过程中遇到了哪些困难，你是如何解决的。

拓展提高

陈鹤琴的“五指活动”

（一）“五指活动”理论

课程结构应该具有整体性，应促进学前儿童整体的有机发展。为此，陈鹤琴以人的五个连为一体的手指做比喻，创造性地提出了课程结构的“五指活动”理论。他认为，五指活动包括以下五个方面。

（1）健康活动：饮食、睡眠、早操、游戏、户外活动、散步等。
（2）社会活动：朝夕会、周会、纪念日、集会、每天的谈话、政治常识等。
（3）科学活动：栽培植物、饲养动物、研究自然、认识环境等。
（4）艺术活动：音乐（唱歌、节奏、欣赏）、图画、手工等。
（5）语文活动：故事、儿歌、谜语、读法等。

这五个方面是相互联系的，就像人的五个手指，共同构成了具有整体功能的手掌。学前教育课程的全部内容包括在这五指活动之中，但是这五个方面是有主次之分的。五指活动内容按现在的理解就是五大领域。因五大领域包含的点较多，教师较难选择。于是，将课程的教育内容扩大至十三个方面，分别是社会、语言、数学、科学、音乐、体育、美术、品德、习惯、游戏、环境、劳动、家园。每一个方面都要选择若干有代表性的活动，提供参照活动的时间安排，这样，教师在一周中就能大致把握节奏，心中不慌不乱。

（二）陈鹤琴的教育理论与幼儿园主题活动设计

陈鹤琴的教育理论对幼儿园主题活动的设计和实施有着深远的影响，其主要体现在以下几个方面。

1. 主题活动的设计应该“生活化”

幼儿园主题教育活动的选材可以是生活当中显而易见的。生活是完整的，在多姿多彩的生活中，幼儿无时无刻不在经历着生动而有趣的变化。我们所设计的主题活动能否“还孩子生活的本来面目，给孩子生活的原貌，让他在生活中学习”呢？陈鹤琴先生曾说：“大自然、大社会是最好的活教材。”主题教育活动就应该从幼儿的生活入手，让幼儿在大自然、大社会中吸取营养，这无疑是一个有效的途径。

2. 主题活动的设计要“幼儿化”

陈鹤琴说“儿童生来就是好玩的”，为此要进行“游戏性的教育，儿童既然喜欢游戏，我们就可以利用游戏来支配他的动作，来养成他的习惯”。因此，我们要充分利用孩子这种独特的认知方式来设计我们的主题活动。允许幼儿通过自己的探索来完成主题运行的全过程，充分发挥幼儿的主体性，尽可能满足幼儿的多方面发展需要。

3. 主题活动的设计要突出“社会化”

当今社会已经越来越向着社会化、多元化的方向发展，这也给我们主题活动的设计提出了一个很好的思路。周围生活中有广泛的教育资源，尝试将幼儿园的主题活动真正与家庭、社区结合起来，会让我们主题活动的核心价值更容易实现。

4. 主题活动设计的“整体化”

根据陈鹤琴先生的整体教育观，我们倡导整体化的主题活动设计，目前，幼儿园的教学虽然分五个领域来教学，但是各领域之间并不是完全割裂的。首先，要注意教育内容的整合，使各个领域、各科知识、各种技能互相渗透、有机融合。我们可以从一个主题出发，依据幼儿当下的兴趣与需要，结合幼儿园教育动静交替的原则，组织丰富多彩的活动，通过运用多种感官、多种形式及多种途径帮助幼儿建立对事物的整体认知与了解。不同年龄段的幼儿在开展相同主题内容时，目标与探究深度是不同的，主题拓展范围也要体现层次性。其次，要加强各种教育组织形式的整合，如集体活动、小组活动和自由活动的整合，户内与户外活动的整合，一日生活中各个环节的整合，等等。

幼儿园主题活动的实施

学习目标

（1）描述说明幼儿园主题活动的实施途径与策略；
（2）运用主题活动实施途径与策略，组织幼儿园主题活动；
（3）愿意开展主题活动，体验进行主题活动带来的快乐。

学习任务

任选幼儿园主题活动方案，说明如何进行活动实施。

知识导学

一、幼儿园主题活动的实施途径

在开展幼儿园主题活动时，主要通过集中教学、区域活动、个别教育、家园共育等不同的教育形式来完成主题活动的目标，但也要考虑每个主题的特殊性，通过不同的途径和手段，综合运用各种形式的活动，让幼儿充分调动多种感官参与活动，并在感兴趣的活动中去感知、体验、发现、了解、研究、获得。

（一）集中教学

在主题活动的实施过程中，当大部分幼儿有比较集中的新问题或困惑时，幼儿经验积累到一定程度需要梳理、归纳提升、交流分享时，教师可以考虑采用集中教学的形式，发挥集体教育功能，提高教育的效率。在集中教学的活动组织中，教师在满足幼儿兴趣需要的同时也要采用灵活多样的方法，做到既不代替幼儿思考、不控制幼儿的行为，又善于在关键时刻给予幼儿支持和帮助，确保主题活动中幼儿参与的积极性、主动性不受到影响。例如，在开展主题“水”的活动，其中的“沉与浮”的内容时，在幼儿已经通过自主实验和探究获得了哪些物体可以沉下去，哪些物体是浮起来的经验后，教师可通过集中教学活动，让幼儿共同探究怎样让沉下去的东西浮起来，浮起来的东西沉下去。这既调动了幼儿探究的兴趣，又帮助幼儿梳理了沉浮的知识，让这个主题得到了拓展和延伸。

集中教学活动不仅局限于课堂内，而且可以带领幼儿走入社会大课堂，通过社会实践活动，发挥多种教育功能的作用，也为幼儿创设实践、表现的机会与条件。

（二）区域活动

区域活动是开展主题活动必不可少的一环，主题活动延伸的区域活动，一般来说更容易被幼儿接受，也能为幼儿提供更多的学习机会。区域的主题一般有三种类型。

第一，对主题活动内容的复习，满足幼儿持续的好奇心，照顾不同学习进度的幼儿，使他们能在区域活动中继续自己的兴趣。例如，在“动物王国”主题活动中，在美工区投放“小兔吃萝卜”的手工制作材料，在益智区投放老虎的拼图等都是对主题活动内容的复习。

第二，与主题相关但发展幼儿不同智能领域的活动。例如，在“动物王国”主题活动中，在数学区投放喂兔子的胡萝卜、顽皮的兔子等材料是针对幼儿的数学学习投放的材料。

第三，其他形式和内容的活动。幼儿可以根据自己的兴趣延伸出的活动，如“动物王国”主题活动中在美工区投放恐龙的家园手工操作材料。

（三）个别教育

在主题教育活动中，随机的个别教育也是非常好的途径。例如，在“昆虫总动员”主题活动中，可以利用大自然这个不可多得的天然大“课堂”，在户外游戏时，当有幼儿观察到蚂蚁正在搬食物时，教师就要把握有利的教育时机，进行随机的个别教育。

（四）家园共育

家长资源是主题教育活动中不可忽视的一个重要资源。家长的及时参与、支持是主题活动开展的有效保证。因此，在主题活动的实施中，我们要把握好家园共育这一途径，可以在主题开始前让家长充分了解和认识主题活动对幼儿发展的重要性及自己在主题活动中的重要作用；还可以在主题的展示阶段向家长进行主题开放活动，让家长真正走进主题活动。例如，在“春节”主题活动中，通过贴春联、拜年、采办年货、吃团圆饭等幼儿喜欢的形式，让幼儿感受浓厚的亲情和浓浓的年味。

无论是集中教育还是随机的个别教育，都要做到相互渗透，让主题活动成为一个开放、互动的有机整体。还要通过区域活动、角色游戏、社会实践、日常生活等多种途径，调动幼儿园、家庭、社会等各方面的力量，共同配合完成。

二、幼儿园主题活动的实施策略

在主题活动实施时，不同主题可以采用不同的策略，对保持幼儿继续探索的欲望和热情很重要。幼儿园主题活动的实施策略主要有幼儿活动兴趣激发策略、情感态度与价值观培养策略和促进幼儿获取学习方法、经验和技能的策略三方面。

（一）幼儿活动兴趣激发策略

幼儿活动兴趣激发策略包括情趣性策略、真实性策略、挑战性策略、选择性策略、悬念设置策略五方面。

1. 情趣性策略

情趣性策略指教师为幼儿创设有趣味的活动情境，使他们在身临其境的活动氛围中产生兴趣的方法、手段。例如，为引起幼儿对“看图解题”的兴趣，可设计一个有特定情境的“寻宝”探险活动，让幼儿像一位真正的探险家那样，爬过“山地”，跨过“小溪”，走过“森林”，克服重重困难，一步一步解开图中之谜，最后解开谜题寻得“宝贝”。

2. 真实性策略

现在的幼儿已不再满足于“做假戏”，而是更看重“假戏真做”的真实效果。例如，在“认识超市”的主题活动中，大班幼儿更喜欢自己去真正的超市购物，那老师就可以通过组织社会实践活动“超市购物”，让幼儿在真实的情境中感受和体验主题活动的乐趣。在主题活动实施过程中，教师一定要使幼儿能够体验真实的情境、真实的物体与材料。

3. 挑战性策略

幼儿对富有挑战的活动更感兴趣。例如，在“攀爬竹梯”活动中，大班幼儿更多地选择一头由三四个轮胎搭建的，离地面高 90～120 厘米的竹梯，而一头只由两个轮胎搭建的竹梯却无人问津。因此，教师在考虑幼儿是否对活动感兴趣的同时，还应考虑活动对幼儿是否具有挑战性。

4. 选择性策略

幼儿对自己能够选择的活动会表现出极大的兴趣。教师可根据幼儿的学习风格、特点、爱好等设计不同类型、不同难度、不同性质的主题活动来供幼儿选择。例如，在“小朋友生病了”主题活动中，教师提供了电脑、电话、报纸，信封、信纸、图片等，让幼儿根据自己的意愿，选择网上发电子邮件，打电话问候，制作鲜花、礼品、贺卡等方式，以满足孩子们多元的表达方式。

5. 悬念设置策略

设置悬念是设计主题探究活动得以进行的“催化剂”。教师可以通过设置问题产生悬念。例如，在老师设计的“小狗追太阳”综合活动中，教师设置一个又一个和故事相关的问题，如小狗为什么要追太阳？小狗听了老鹰伯伯的话爬上山头会追到太阳吗？小狗听了老牛伯伯的话走到草地尽头会追到太阳吗？……正是这些问题引发一个又一个的悬念，促使了活动一步步深入发展。

（二）情感态度与价值观培养策略

情感态度与价值观培养策略包括情动-感受策略、体验-理解策略、智慧-审美策略三方面。

1. 情动-感受策略

情动-感受策略指教师通过创设情境直接刺激幼儿感官，打动心灵、激发情感，产生体悟的一种指向目标的活动设计策略。情境创设包括艺术情境、人为情境的创设和现实情境的利用等。例如，在带领幼儿开展的为期三天的野营活动中，教师把自己的教育目标全方位地渗透在他设计的“野营”生活活动中。孩子们在不知不觉中不但增长了见识，体验了对爸爸妈妈爱的情感和独立生活的滋味，而且学会了换角度思考问题，遇到困难时团结互助，体现了“情动于中而形于外”。

2. 体验-理解策略

体验-理解策略指教师通过设计一定的活动，引发幼儿的行为意向，强化幼儿的感受和理解的策略。例如，在“我们的城市”“美丽的乡村”等主题活动中，幼儿通过自己的所见所闻，体验了农村孩子的生活现状和淳朴浓郁的乡情。孩子们通过自己的亲身体验，了解了与他们同龄的农村孩子的生活学习状况，由内心引发的同情使他们自发地组织了“义卖”“捐赠”活动，把自己的玩具、图书与别人分享。这样的活动设计所达到的目的是任何口头的说教无法比拟的。

3. 智慧-审美策略

智慧和审美的活动能够激发幼儿积极的情感，调动整个身心对当前活动的积极参与。例如，在“认识电”的主题活动中，教师通过让幼儿操作、修理电动玩具，让幼儿展开想象“我发明的电器是什么样子的”并了解用电的安全常识……很多难题就在孩子们的捣弄、拼装、拆卸过程中解决了。再如，开展幼儿美术欣赏教学活动，教师引导幼儿欣赏和感受美术作品，了解对称、均衡等形式美的初步概念，感受作品的形式美和内容美，从而丰富他们的美感经验，培养幼儿审美情感和审美评价能力。

（三）促进幼儿获取学习方法、经验和技能的策略

促进幼儿获取学习方法、经验和技能的策略包括经验迁移策略和精细加工策略两方面。

1. 经验迁移策略

经验迁移策略指教师启发幼儿运用自己已经获得的经验背景、动作技能、情感态度等解决另一问题的策略。经验迁移策略包括：了解幼儿的原有经验；帮助幼儿形成假设和作预测；教师要积累能够帮助幼儿进行经验迁移的技巧，引发幼儿对过去经验的回忆。

2. 精细加工策略

精细加工策略能够帮助幼儿在活动中将新获得的经验和信息存储到长时间记忆中，使新获得的信息和原有的经验加以联系，以此来增加新信息的意义，帮助幼儿应用已有的认知，使新信息合理化。

互动交流

以小组为单位，选择幼儿园主题活动方案，分析与讨论如何实施。

评价反思

（1）通过本节课的学习，你是否完全理解幼儿园主题活动的实施途径与策略，谈一谈如何践行主题活动策略。

（2）举例说明如何进行幼儿园主题活动的实施。

拓展提高

幼儿园主题活动实施的基本原则

（一）以游戏为基本活动的原则

游戏是幼儿的基本活动，在游戏过程中，幼儿能够以自己喜欢的方式探索世界、建构知识、获得发展。主题活动应力图将幼儿园活动还原为幼儿的生活状态，通过生活和游戏活动促进幼儿发展。主题活动实施的过程中，与主题相关的各种活动尽量以游戏的形式进行，让幼儿在游戏中快乐生活、快乐学习。

（二）以教师为主导与以幼儿为主体相结合的原则

主题活动应将发挥幼儿的主体性作为一条基本原则，旨在使教师主动引导幼儿积极参与教育教学过程，从主题的确定到环境的布置，再到活动过程的安排，都围绕幼儿的兴趣和需要展开。活动过程中应注重让幼儿在动手操作中自主建构，保障幼儿的“娱乐”价值。同时，为了更好地发挥游戏的教育价值，使游戏活动满足教育要求，主题活动在实施过程中应特别注意发挥教师的主导作用。

（三）预设性与生成性相结合的原则

以游戏为基本活动的主题活动组织形式及以幼儿为主体的活动方式直接决定了主题活动鲜明的动态性和开放性。活动过程中，新的教育契机不断出现，为了更好地利用这些教育契机，主题活动应在活动设计过程中采取预设性和生成性相结合的原则，即在主题确定之初，教师要根据主题设立明确的教育目标和活动计划。但是，在计划实施过程中，教师要根据幼儿的表现及时对教育目标进行调整，敏感地抓住幼儿活动中出现的教育契机，不断丰富教育目标和活动，实现目标与活动的互动，扩展活动的教育价值。

（四）教育内容的系统性原则

各种事物及与之相关的各种知识之间都存在一定的关联性，认识并掌握这种关联性的过程，就是幼儿思维发展与认知结构形成的过程。为了帮助幼儿更好地认识事物之间的关系，形成良好的认知结构和思维品质，教育过程中应对各种教育内容进行组织，体现不同内容之间的相互关系和结构体系。

主题活动应力求将教育内容按一定的结构和体系进行组织，引导幼儿通过各种活动，体验、认识并掌握活动中所蕴含的各种知识，同时了解事物之间的关系，帮助幼儿逐渐掌握认识新事物、获得新知识的智力活动方式。

（五）家长、社区参与原则

主题活动应把幼儿的发展看作幼儿园、家庭、社区等教育资源共同作用的结果，在活动组织过程中努力整合各种教育资源，形成教育合力。活动设计者和实施者应充分考虑各种资源的教育价值，将幼儿园、家庭、社区的各种人力和物力资源都纳入幼儿园的主题活动体系之中，根据活动实际进行选择。

总之，主题活动应把生活中的每一个环节、每一次活动、每一种资源都看作活动的重要组成部分，充分挖掘其中的教育价值，将其整合到课程之中。

第四节　幼儿园区域活动的设计与指导

幼儿园区域活动是幼儿一日活动中必不可少的内容。幼儿园区域活动是教师根据教育目标和幼儿发展水平，有目的地创设活动环境、投放活动材料，让幼儿按照自己的意愿和能力，以操作为主要的方式，进行个别化的自主学习活动。区域活动以其相对宽松的活动气氛，灵活多样的活动形式，丰富的操作材料，深受幼儿喜爱。

幼儿园区域活动的概述

学习目标

（1）列举幼儿园区域活动的类型及功能；
（2）区别不同活动区域的功能作用；
（3）体验开展不同区域活动带来的学习快乐。

学习任务

任选一种思维导图形式，以幼儿园区域活动的类型和功能为主题，设计思维导图。

知识导学

一、幼儿园区域活动的内涵及与其他活动的关系

（一）幼儿园区域活动的内涵

区域活动又称活动区活动、区角活动、活动角等。区域活动作为一种教育思想，发端于西方，由蒙台梭利首次提出，20 世纪 90 年代初引进我国，随着幼儿教育改革的不断深入，幼儿园区域活动已经越来越受到关注。

关于区域活动的含义，众多学者从不同角度提出了自己的观点。华爱华教授认为，区域活动是一种让幼儿根据自己的水平和需要选择材料进行个别或小组性的操作活动。黄瑾教授认为，区域活动是教师利用游戏特征创设环境，让幼儿以个别或小组的方式，自主选择，操作、探索、学习，从而在和环境的相互作用中，利用和积累、修正和表达自己的经验与感受，在获得游戏般体验的同时，获得身体、情感、认知及社会性等各方面发展的一种教育组织形式。

（二）幼儿园区域活动与教学活动、游戏活动的关系

教学活动和区域活动都是幼儿园课程的组成部分，它们共存于幼儿一日生活之中，并以不同的活动形式实现幼儿全面发展的目标。区别在于区域活动强调环境和材料对幼儿的引领，教师指导表现为间接指导；教学活动强调活动的目的性、计划性，教师指导以直接指导为主。

有些区域活动也是游戏活动，如角色游戏中的娃娃家、小医院，建构游戏中的积木、插塑游戏，音乐歌舞游戏、故事表演游戏等也是游戏活动。此外，像生活区中的系扣子、串珠子、用筷子，数学区中的连线卡、数字描红、测量记录等，从本质上看学习的成分更多一些。这些材料诱发的活动都属于学习活动，而非游戏活动。所以，区域活动中既

包括学习活动，也包括游戏活动。

二、幼儿园区域活动的类型及常见区域

（一）幼儿园区域活动的类型

区域活动的分类并没有统一的模式，本书从功能出发将其分为学习性区域活动和游戏性区域活动。学习性区域活动是以具体物为对象的实物操作活动，目标偏重于发展幼儿对客观事物及未知事物的好奇心及动手操作探索的愿望、行为与能力。学习性区域活动主要包括生活区、表达表现区及探索区。游戏性区域活动是基于幼儿对已有生活经验的模仿与创作而展开的，它不仅以物为操作对象，而且在很大程度上以同伴为对象进行交往活动，目标侧重于发展幼儿的创造性想象及人与人之间的交往能力。游戏性区域活动主要由角色游戏区、结构游戏区、表演游戏区等组合而成。

在幼儿园区域活动中，以上两大类功能的区域活动相互补充，互为统一。

（二）幼儿园常见区域及其功能

幼儿园常用的区域及功能主要包括以下内容。

建构区的主要功能是利用积木、积塑插件等培养幼儿的空间知觉，发展幼儿的空间想象力、动手操作及交流合作能力。

美工区的主要功能是通过撕、贴、剪、画、捏、做等美术操作表现活动，发展幼儿的动手操作能力及欣赏美、表现美和创造美的能力。

角色扮演区通过模仿各种社会活动，扮演某一社会生活角色，帮助幼儿学习各种社会性行为，发展交往能力，培养幼儿的主动性、独立性和创造性，促进幼儿的社会性发展。

益智区的主要功能是通过棋类活动、拼图活动等益智类游戏活动，发展幼儿的思维能力及动手操作能力。

科学区的主要功能是通过各种科学小游戏及数学操作活动，从小培养幼儿对科学探索的兴趣，发展幼儿数学能力和动手操作等能力。

语言区的主要功能是通过对图书、图片、头饰、手偶等的观察、操作、拼摆等活动，发展幼儿的观察能力和语言表达能力。

生活区的主要功能是通过各种生活模仿性操作与练习，发展幼儿编、系、扣、穿、夹等基本生活操作能力，提高手部及手眼协调能力。

音乐表演区的主要功能是通过各类表演活动，发展幼儿的音乐感受力及音乐表现能力，体验音乐活动的乐趣。

互动交流

根据你选择的思维导图形式（圆圈图、气泡图、双重气泡图、树状图、流程图、多重流程图、括号图、桥状图等），以幼儿园区域活动的类型和功能为主题，设计思维导图，进行汇报分享。

评价反思

（1）通过本节课的学习，你是否完全理解幼儿园区域活动的类型及功能？在组织区域活动时要注意什么？

（2）以常用的区域活动为例，说明教师应如何开展不同区域活动。

拓展提高

幼儿园区域活动的特点

1. 自由和自选

在开展区域活动时，通常教师会让幼儿自由选择自己喜欢的区域，自己决定跟谁一起玩、玩什么、怎么玩。幼儿只要不破坏环境、不吵架、不打架，没有安全问题，教师一般不会给予太多的限制，所以，幼儿会感觉到与集体活动完全不一样的自由感。

2. 自主交往和操作

因为教师对区域活动的控制和指导较少，所以，在区域中的幼儿有更充分的机会融入环境，与区域内的同伴自由交流和交往，或者自主地操作材料和玩具，通过与他人、与材料的互动获得实实在在的发展。

3. 教师间接指导

区域活动强调的是幼儿的自由、自主活动，所以，教师的主要任务是为幼儿创设适宜的环境、提供适宜的材料，通过物化目标的材料引领幼儿的活动，或者通过与幼儿的共同游戏间接实现对幼儿的指导。

4. 个性化学习和发展

一方面我们承认幼儿发展的个体差异，另一方面又无法通过集体活动满足其个体差异，而区域活动一般都是小组活动或个别活动，较为突出的就是幼儿的自主操作、自由互动，每个幼儿都可以根据自己的兴趣和需要选择区域和活动材料，进行符合自己发展进程的各种各样的活动。所以，区域活动应该是幼儿喜欢的、能满足其个体需要的、促进其个性化发展的活动。

幼儿园区域活动的提出应该归功于意大利著名儿童教育家蒙台梭利。蒙台梭利是第一个明确提倡在幼儿园中运用区域活动进行教育的实践者，蒙台梭利强调“环境是第三任教师”，教师要为幼儿创设“有准备的环境”，这应该很切合我们现在的区域环境理念。蒙台梭利将教室主要分为 7 个部分：日常生活练习区、感官教育区、数学教育区、语言教育区、科学教育区、文化教育区和艺术教育区。在这 7 个区域中，分别投放不同层次、不同内容和不同发展水平的活动材料，每个幼儿都可以根据自己的兴趣和内部需要自由地选择区域和材料进行活动，教师不直接干预幼儿的活动，只是在幼儿需要时提供帮助。

幼儿园区域活动的内容

学习目标

（1）列举幼儿园区域活动的空间布局、材料投放、规则制订的内容；

（2）运用幼儿园区域活动的空间布局、材料投放及规则制订的内容，设计开展区域活动；

（3）愿意开展幼儿园区域活动，初步形成设计幼儿园区域活动的能力。

学习任务

任意选择幼儿园小、中、大班区域活动方案，分析区域活动的空间布局、材料投放及规则制订的合理性。

知识导学

一、幼儿园设置区域的注意点

（一）按照幼儿的兴趣和需要设置

幼儿感兴趣的、需要的才是好的活动区。例如，小班幼儿刚入园时需要情绪安抚，娃娃家之类温馨的区域就比较适合；又如，大班的幼儿对世界充满了好奇，科学探索游戏就很适合投放给他们。

（二）按照阶段性发展目标设置

《指南》按照年龄为幼儿设立了详细的阶段性发展目标，教师在设置活动区时应该考虑这些因素。例如，小班幼儿自理能力亟待提高，相应的生活区就十分必要；大班幼儿处在幼小衔接的关键期，阅读区、益智区等培养学习兴趣的区域就很重要。

（三）区域是动态可变的

幼儿园的区域设置应该根据季节、时间、事件等随时变换。例如，夏天大家爱吃烧烤，就可以在角色区创建烧烤店，到了冬天则换成火锅店。种类确定后，区域数量主要依据活动空间（幼儿园教室）和幼儿人数而定，可以创设4～7个活动区。鉴于班级区域活动空间对幼儿行为的影响，幼儿园以每班30名幼儿、活动室空间90平方米、每个学生平均3平方米最理想。

二、幼儿园区域活动的空间布局

（一）相关邻近原则

幼儿园区域活动的空间布局采用相关邻近原则方便儿童流动，便于他们将相邻区域内的道具结合起来开展复杂活动，区域之间的相互干扰也不会很大。例如，将自然角与阅读区、益智区、美工区相邻设置，可以将自然角里的观察活动与阅读活动、科学认知、艺术表现有机融合。

（二）动静分开原则

动静分开原则即将有声响的区域和安静的区域、干的区域和湿的区域分开，避免相互干扰。例如，角色区及表演区要与阅读区和益智区相分离。

（三）相对封闭原则

相对封闭原则指各区域之间有适当的“封闭性”，避免因“界限”不明确而产生消极影响。一般情况下，表演区、角色区等动区的空间可以设计成开放式或半开放式，有利于幼儿向外延伸活动。阅读区、益智区、美工区等静区的空间则需要相对封闭，不被干扰。

（四）方便通畅原则

方便通畅原则是指幼儿在活动室内的“交通路线”力求畅通无阻。

（五）避免“死角”原则

避免“死角”原则是指空间布局及区隔物的选择要便于教师的视线穿透，保障教师能够纵览全局。同时，幼儿应该知道穿过一个空间及到达一个区域的最快方式。避免教室里有活动死角。

（六）区域兼备原则

区域兼备原则是指班级内最好设置既有集体活动场地，又有区域活动空间的环境。集体活动场地尽量设置在班级的中间，区域活动空间设置在四周。

三、幼儿园区域活动的材料投放

皮亚杰说过：“儿童的智慧源于材料。”区域活动的教育功能主要通过材料来表现，我们理应科学地选择与投放区域材料，以材料来吸引儿童，促进儿童成长。

（一）六大常规区域投放材料

1. 益智区

益智区可以投放三种材料：数学概念类材料，如几何图形，认识时钟；图形拼搭类材料，如七巧板、拼图；嵌板棋类材料，如嵌板、棋子。

2. 美工区

美工区可以投放四种材料。第一种，绘画材料：各种纸张，如手工纸、铅画纸、宣纸等；不同类型的笔，如铅笔、蜡笔等；各种颜料，如丙烯颜料、墨水等。第二种，手工类材料：纸类材料，如有图案的纸、折纸等；泥工材料，如黏土、模具、泥工板等；废旧材料，如纸盘、雪糕棒、纸袋等；自然材料，如树枝、树叶、松果等。第三种，美术作品欣赏材料，如不同风格的名画、戏剧脸谱、泥塑作品、青花瓷瓶、有纹饰图案的动物标本、各种传统艺术作品（如皮影面人、风筝、蜡染等）。第四种，辅助工具，如双面胶、白乳胶、订书机、打孔机、压花机、刻刀、调色板、印台、印章、围裙、抹布、小垃圾桶等。

3. 语言区

语言区可以投放两种材料。第一种，语言讲述类材料，包括录播类材料（如录音笔、录音机等）、操作类材料（如故事箱、小型沙盘等）、表演类材料（如指偶、头饰等）。第二种，图书区的材料，包括阅读材料（如多种类型图书，如绘本等）及编辑、修补材料（如胶水、剪刀等）。

4. 科学区

科学区可以投放两种材料。第一种，生活现象的常用材料：会变的水，如瓶子、颜料、笔等；浮力现象，如乒乓球、硬币、水盆等；水的过滤，如沙子、漏斗、水等；神奇的磁铁，如磁铁、各种零件等；光影现象，如手电筒、平面镜等；摩擦起电，如纸屑、梳子等；物体的导电性，如电池、铜丝等；声音的传播，如纸杯、绳子等。第二种，科探区的常用工具：玩水工具，如各种容器、瓶子、漏斗、勺子、海绵、塑料管、水盆及辅助工具等；玩沙工具，如各种容器、模具、铲子、沙漏、筛子、辅助工具等；连接工具，如透明胶、双面胶、橡皮泥、曲别针、订书机等；观察工具，如放大镜、显微镜等；测量工具，如各种尺子、体温计、水温计、空气温度计、量筒、各种漏斗、滴管、各种容器等；木工工具，如不同直径的钉子、螺丝、螺帽、儿童螺丝刀等。

5. 建构区

建构区可以投放三种材料。第一种，专门的建构材料、积木，如原木、泡沫积木、PVC 管等；插塑，如乐高、雪花片、管道积木等。第二种，废旧材料，如纸箱、易拉罐、卷纸芯、牛奶盒等。第三种，辅助材料，如动物模型、交通工具和标志模型、花草树木等。建构区可以将辅助材料与其他材料结合使用来搭建。

6. 角色区

角色区可以投放四种材料。第一种，娃娃家：各类娃娃和玩具，小号的家具和家用电器，如小床、桌椅、电视机、小厨房和炊具等。第二种，餐厅：提供餐厅工作人员的服饰，如厨师的帽子、衣服和围裙，服务员的工作服，厨房、餐桌椅、各种仿真的食物等。第三种，超市：超市收银员、管理员的标志牌、代币材料或取款机、货架、各种商品、购物篮、收银台等。第四种，医院：医生和护士服、听诊器、体温计、各种药盒、输液器、桌子、小床等。

（二）幼儿园区域活动材料投放原则

幼儿园区域活动材料的投放主要遵循适宜性原则和层次性原则。

1. 适宜性原则

投放适宜的材料，是指材料要与幼儿的年龄特点、思维特点、兴趣爱好、发展水平相适宜，能引发幼儿高效的活动、积极的发展。例如，小班幼儿以具体形象思维为主，教师要投放的材料应该大小适宜、颜色鲜艳、形象生动、富有趣味性；中大班的幼儿逐步向抽象逻辑思维过渡，规则意识逐步增强，提供的材料可以具有挑战性，且增加一些规则性、变化性和创造性。

2. 层次性原则

层次性原则是指根据每个年龄段幼儿能力水平的不同，有层次地投放不同材料。基于此，教师要投放适合各年龄段幼儿最近发展区的活动材料。

第一，不同年龄段的幼儿投放材料的层次。例如，益智区的拼图材料，一般情况下，小班的拼图可以有 5～12 块，中班可以增加到 12～24 块，大班可以增加到 24～36 块甚至更多，拼图的底色也可以由简单到复杂。

第二，相同年龄不同发展水平的幼儿投放材料的层次。同一年龄段的幼儿各种能力存在差异，面对相同年龄段不同发展水平的幼儿，教师投放的材料也要有不同的层次，以利于所有的幼儿都能在自己的水平上得到发展。例如，生活区的夹东西材料：对能力较弱、手眼协调能力较差的幼儿，可以尝试用夹子来给小动物装饰，还可以让孩子练习夹乒乓球；对于能力较强的幼儿，提供的夹子可以小一些，夹的物品也可以小一些，还可以增加一点难度，如提供软毛球让孩子练习用筷子。这些材料在同一个年龄段可以同时出现，以满足不同发展水平幼儿选择的需要。此外，当幼儿能熟练操作相同的材料后，教师还要不断提高所提供材料的层次。

四、幼儿园区域活动的规则制订

（一）幼儿园区域活动的基本规则

幼儿园区域活动的基本规则是指保证区域活动顺利开展的，适用于各个区域的最基本的规则，主要包括以下三个方面。

1. 进区规则

进区规则包括进区时间及进区人数的规定。进区时间一般在 40～60 分钟，可用音乐提示幼儿开始或结束的时间。进区人数，可根据班级实际情况、每个区域适合的人数，设计进区卡。插卡形式一般有两种：一种是总区卡，所有的区域都在这里插卡；第二种是在各个区分别插卡。两种插卡形式的共同点是区域能进几个人，就预留几个插卡口。

教师帮助幼儿明确每个区域可以容纳的人数，先来的先玩，人数满了，就不能再进去，可以等待或者另选区域。

2. 区域活动中的规则

区域活动中的规则，一般包括以下几条。第一条，取放材料的规则，如进入区域后有序地选取材料。第二条，操作材料及开展游戏的规则，如轻拿轻放，珍惜爱护操作材料，按照各区域要求和规则进行操作或开展游戏。第三条，人际交往的规则，如不能抢夺他人玩具、小声说话、学会协商合作等。

3. 收拾整理规则

收拾整理规则包括：当结束乐曲响起时活动结束，幼儿马上开始整理；谁玩的材料谁整理，共同游戏的材料共同整理；物归原位、摆放整齐等。

（二）幼儿园区域活动规则的制订

区域活动规则并不是教师一步到位地制订出来让幼儿遵守的，而是在区域活动中逐步完善、逐步到位的。当规则制订出来，就要加强宣传教育，以各种方式提醒和暗示幼儿了解规则，形成遵守规则的好习惯

其一，教师在区域环境创设时，制订规则。这些规则往往是保障幼儿活动安全、卫生和秩序的重要前提，因此教师要求幼儿务必遵守。例如，使用玩具要注意安全、卫生；进入图书区要保持安静，不得喧哗；玩水区要注意不要将水洒泼到别人身上等。

其二，在活动过程中，产生规则。当区域活动中出现幼儿无法自行解决的问题时，需要教师介入，了解情况，与幼儿一起协商，共同议定规则，通过议定或修改规则来解决问题。例如，在区域活动中一个幼儿正在玩她喜欢的娃娃，另一个幼儿也想玩，跑过来就抢。教师可以针对这一情况提出："这样做对吗？那应该怎样做呢？"幼儿会自然地参与讨论，并理解这样做不可以，遇到这种情况，应该选择去玩其他玩具，或者耐心等待或者与幼儿协商一起玩。

对于物归原位、不破坏玩具、不影响环境、不干扰他人及听到区域活动结束的音乐时要自觉收拾材料停止活动等基本规则，教师都可以通过共同探讨的方式制订。当然，在活动过程中，幼儿也会自己协商，从而制订规则，推动区域活动的顺利开展。例如，玩区域活动时，小朋友把椅子拖来拖去，发出很大的声音。这种行为对吗？应该怎么做？孩子们通过讨论，就知道活动中应做到"三轻"：说话轻、走路轻、取放东西轻。因此，适宜的规则是区域活动有序开展的重要保障，是规范幼儿行为的准则，对于增强幼儿的自律行为、规则意识和责任感具有重要意义。

互动交流

根据你选择的幼儿园区域活动方案，从区域活动空间布局、材料投放及活动规则三个角度分析，以小组的方式进行 PPT 汇报。

评价反思

（1）通过本节课的学习，你是否完全理解幼儿园区域活动空间布局的原则？以幼儿园大班为例，你会如何进行空间布局？

（2）请你谈一谈在幼儿园区域规则制订中遇到了哪些困难，你是如何解决的。

拓展提高

区域活动培养儿童规则意识的方法

1. 暗示法

暗示法即通过环境的创设，将规则蕴含在区角环境之中，通过环境来暗示幼儿规则。这种方法具有潜移默化的影响，能够让幼儿在不知不觉中遵守规则，养成规则意识和习惯，如用“小脚丫”“插红花”的方式告诉幼儿标识用完了，区角里的人就满了。例如，为了使幼儿遵守积木区的规则，教师在积木区入口处的地板上贴上几双小脚印，鞋跟朝向积木区的地毯（因幼儿进区时从容，出区时匆忙，这样放鞋方便穿着）。另外，鞋印要画得有趣，即将一双双摆放正确的鞋画成两个相向而笑的人脸，以提醒幼儿：当你的鞋放成一对好朋友姿势时，左右脚便不会穿错。这样，鞋印不仅是积木区满额人数的标志，而且成了训练幼儿生活技能的无言之师。

2. 图示法

图示法即将规则设计成图案、图形、图表、符号形式，提示幼儿区角活动规则。例如，阅读区墙上的“安静”图示、美工区的“请勿乱丢垃圾”图示。

3. 提示法

提示法即教师或幼儿及时提醒幼儿遵守规则的方法。幼儿因为注意力集中在活动中，往往会遗忘规则，不能自控。这就需要教师及时提醒，或者其他幼儿及时提供帮助。例如，在“你是我的小老师”益智区的夹珠珠活动中，小朋友们都专注地玩着，嘟嘟也走进来参与了此活动，可没过一会就听见小朋友们你一言我一语：“嘟嘟，你不能用手抓，要用筷子夹。”“我偏不！”嘟嘟满不在乎地说。“如果你再这样我们就不让你和我们一起玩。”“老师说在夹珠珠时一定要用筷子夹，不能把珠子扔来扔去。”“可是我不会。”只听嘟嘟说。“那我们来教你，你这么拿筷子，这么抓，你看我。”“好吧！”嘟嘟笑着说，”你是小老师。”就这样，刚开始的争吵声消失了。

幼儿园区域活动的设计

学习目标

（1）解释说明幼儿园区域活动设计的步骤；

（2）根据幼儿园区域活动设计的步骤，设计幼儿园区域活动；
（3）愿意进行区域活动设计，初步形成设计区域活动的能力。

学习任务

任意选择小、中、大班，设计区域活动并形成活动方案。

知识导学

幼儿园区域活动的设计主要是制订区域活动方案的过程，制订幼儿园区域活动方案，需要了解区域活动方案的具体内容，一份完整的区域活动方案应从以下六部分设计，即确定活动对象、选择区域活动内容、做区域活动前准备、确定区域活动目标、设计区域活动过程、进行区域观察记录。

一、确定活动对象

幼儿园区域活动对象多为3～4岁、4～5岁、5～6岁的幼儿。

二、选择区域活动内容

幼儿园区域活动的主要内容包括生活劳动区、语言区、科学区、美工区、建构区、装扮区、运动区等。具体各个区域“做什么”应依据近期的区域活动或开展的主题活动确定，通过关注幼儿的兴趣点，生成内容并根据各区域开展情况，及时进行调整、丰富和变化内容。

三、做区域活动前准备

幼儿园区域活动前的准备主要从三方面展开，包括环境准备、材料准备和规则准备。

首先，环境准备。教师应依据《纲要》及《指南》中各领域、各个年龄段的发展目标来创设。第一，要根据幼儿的发展特点选择恰当的区域种类及数量。第二，根据班级空间特点，进行合理的空间布局。第三，区域的创设还要考虑班级主题活动及幼儿的年龄特点、兴趣需要等。

其次，材料准备。活动材料准备应符合幼儿的身心发展特点，保证活动形式丰富多样，投放材料与区域活动内容相对应，并提供给幼儿自主选择、操作和游戏的具体材料。区域活动材料要丰富多样，并能反映、发挥、促进幼儿某领域发展方面的价值。

最后，规则准备。建立区域活动中的幼儿活动规则非常重要，它是幼儿有效进行区域活动的保证。区域活动的规则一般有：第一，进区人数的控制，在幼儿园中控制进区人数往往通过进区卡完成；第二，轻拿轻放不破坏活动材料；第三，幼儿可以轻声交流和谈话，但不能大声喊叫，表演区除外；第四，用完的物品归回原处。

四、确定区域活动目标

区域活动目标不似集体教育目标那样具体、可操作，但区域活动仍然要求教师心中有目标。区域活动目标应参照幼儿园区域活动总目标，即创设与利用良好的活动环境，引导幼儿依靠自己的兴趣、能力去感知、思考、探索、尝试获得知识的方法和途径，体验成功的快乐，培养幼儿自主独立、自信、创造等良好品质。

目标一般隐含在操作材料之中。首先，操作材料的投放要有目的性，在材料投放上教师应该根据幼儿年龄、兴趣、能力等要求进行；其次，目标定位隐含在幼儿习惯养成上；最后，目标定位符合幼儿的年龄特点，根据集体教育目标来指导和投入区域操作材料。

五、设计区域活动过程

区域活动过程区别于集体教育活动，因为它不是由一个个环节构成的，因此，在设计区域活动过程时，要做好三部分工作。

第一，开始部分，即幼儿进入区域活动的初始阶段。在这个阶段，教师要集中介绍区域和提出活动要求。不同的区域要求是不一样的。例如，阅读区的要求是安静、不打扰别人看书。美工区的要求是小心用剪刀，保持桌面及衣服干净。

第二，基本部分，即幼儿的自主活动阶段。教师引导幼儿自主选择活动区，进行分区活动。在这个过程中，教师进行观察记录并适时进行指导。

第三，结束部分。结束部分一般有两个任务：任务一是教师组织幼儿收拾整理活动区材料，任务二是教师组织幼儿交流、讨论、分享区域的经验。

六、进行区域观察记录

区域活动主要是由幼儿自由活动构成的，因此教师的作用更多体现在活动前的准备和活动过程的观察与记录。教师在区域活动中的观察记录表如表 1.4.1 所示。

表 1.4.1　区域活动观察记录表

<table>
<tr><td>班级</td><td colspan="2"></td><td>指导教师</td><td></td></tr>
<tr><td>目标</td><td colspan="4"></td></tr>
<tr><td>项目</td><td colspan="2">材料</td><td colspan="2">观察与记录</td></tr>
<tr><td rowspan="4">区域环境及材料</td><td>×区</td><td></td><td colspan="2"></td></tr>
<tr><td>×区</td><td></td><td colspan="2"></td></tr>
<tr><td>×区</td><td></td><td colspan="2"></td></tr>
<tr><td>备注</td><td></td><td colspan="2"></td></tr>
<tr><td>教师反思</td><td colspan="4"></td></tr>
</table>

互动交流

（1）你选择的活动对象。

（2）你所设计的区域名称。

（3）阐述所选的班在《指南》中的目标论述。

（4）写出区域设计方案。

① 活动前所做的准备工作。

环境准备：

材料准备：

规则准备：

② 设计本次区域活动过程。

开始部分：

基本部分：

结束部分：

评价反思

（1）你认为哪些内容可以放在区域活动内完成？

（2）教师在设计区域活动中应注意哪些问题？

拓展提高

幼儿园区域活动的设计原则

1. 发挥区域活动满足幼儿兴趣和需要的优势

幼儿园区域活动的区域种类多样化，并以游戏性区角为主，学习性区角为辅。促进幼儿自主学习，满足幼儿多样化的兴趣和全面发展的需要是区域活动的首要价值。首先，要充分利用室内外空间实现区域种类的多样化，区域要涉及幼儿发展的各个领域。其次，区域的种类应以游戏性区角为主，适当设置与领域学习配合的区角。游戏是幼儿园课程的基本活动，应充分发挥区域活动的游戏功能，为幼儿自发、自主地游戏提供场所与机会，而不是把所有的区角都变成领域学习的工具。

材料投放要有助于发挥每一个区角的独特教育价值。首先，材料要满足幼儿个性全面发展的需求，要充分利用家庭与社区资源来丰富各区角的材料。其次，要尊重幼儿发展的个体差异，包括文化差异和发展水平的差异等。再次，材料要有可探究性，能激发幼儿的兴趣与好奇，以开放式材料为主，封闭式材料为辅，注意材料的新奇与挑战性。最后，材料要具有引导性，能够提示幼儿操作方法，提示幼儿自我检查或自我记录。

2. 有助于师幼实现平等对话的互动关系

在设计阶段，教师是区域的规划者、材料的提供者。区域的规划、材料的提供、每一个区域的布置要能够为幼儿的自主学习提供可能性。区域种类的设置以游戏性区角为主，材料的提供要注重幼儿的兴趣与需要、注重个别差异、探究性和引导性等特征，每一个区域保证幼儿可以独立使用，这些都是师幼平等对话的物质基础。

此外，设计过程也要成为平等对话的过程。教师要允许幼儿参与环境创设和材料收集的过程，和幼儿一起设计、准备和制作材料，引导幼儿通过自己动手和求得他人的帮助去获取区域活动中需要的材料；对于初步创设好的环境，允许孩子改变某些外观，如座位的安排，灯光的使用等。

幼儿园区域活动的观察记录与介入指导

学习目标

（1）解释说明幼儿园区域活动观察记录的方法、介入指导的方式；

（2）根据幼儿园区域活动观察记录的方法，开展幼儿活动观察记录；

（3）积极参与幼儿活动观察记录，体验观察记录带来的学习快乐。

学习任务

任意选择幼儿园小、中、大班中的区域活动，进行观察记录。

知识导学

一、幼儿园区域活动的观察与记录

（一）确定观察内容

幼儿园区域活动观察的内容主要包括对活动区的观察和对幼儿的观察。对活动区的观察包括：各个活动区的使用频率；活动材料的数量和难易程度；幼儿间的冲突与环境的关系；事故与环境的关系。对幼儿的观察包括：幼儿的兴趣；活动参与情况；社会交往水平；认知发展水平；遵守规则情况。

（二）选择观察的方法

观察方法包括扫描观察法、定点观察法和追踪观察法。

扫描观察法即对班里的全体幼儿平均分配时间，在相等的时间里对每个幼儿轮流进行扫描观察。扫描观察法适合于了解全体幼儿的游戏情况，一般在游戏开始和结束的时候选用较多。运用此方法，一般采用行为核对表、等级量表记录。

定点观察法即观察者固定在游戏中的某一地点进行观察，见什么观察什么，主要来此点的幼儿都可以作为观察对象。此方法适合于了解一个主题或一个区域内幼儿游戏的情况，一般在游戏过程中使用。运用此方法，一般采用实况记录法。

追踪观察法即观察者事先确定一到两个幼儿作为观察对象，观察他们在游戏中的活动情况。被观察的幼儿走到哪里，观察者就追随到哪里，固定人而不固定地点。追踪观察法适合于观察了解个别幼儿在游戏全过程中的情况，了解其游戏发展的水平，或者更详细的信息。运用此方法，一般采用实况记录法和图示法。

（三）选择记录的方法

常用的记录方法主要包括上述提到的表格记录法、实况记录法、图示记录法等。

表格记录法包含两种形式。第一种，行为核对表，它主要用来核对幼儿在游戏中是否出现重要行为，观察者预先将准备观察的项目列出，当幼儿出现此项目行为时，就在该项上画“√”。运用行为核对表进行的游戏观察比较系统，记录信息更快捷。第二种，等级量表，它不仅仅是简单地显示幼儿出现或未出现的行为，观察者还可以自己决定幼儿呈现的游戏行为的等级，并评价这些游戏行为的质量。

实况记录法是指用语言文字真实记录儿童游戏或游戏中发生的情况及事件，要详细记录的内容共五点。第一，记录内容应包括幼儿的姓名、性别，记录的日期、游戏背景及对事件的客观描述和观察的结果等。记录的焦点应放在对游戏中所见所闻的描述上。第二，观察者应详尽记录幼儿所说的话，保留原始对话的情趣。第三，观察者应注重按幼儿行为或生活发生的自然进程进行记录，保留游戏情节发展的顺序。第四，采用线索提示的方法，能够让观察者更有目的、有效地记录。第五，系列记录与事件记录相结合。

图示记录法，它主要弥补了文字的不足。观察者可以用符号或图形方式来记录所观察的结果，简单方便。第一，观察者可以在游戏正式开始之前，运用此方法大致记录游戏环境，在游戏开始后可根据需要加以描绘和补充。第二，在记录时，观察者要如实地按比例绘制平面图，真实地反映各个区域所在的方位及各区域在活动室中所占的空间大小。第三，观察者可以按需要将活动室中各个区域所使用的家具、分隔、边界等尽量描绘清楚，以便对游戏环境作出更客观、有效的分析评价，找出其中存在的问题，帮助教师合理地创设环境。通过图示记录法，我们可以了解场地布局是否合理、幼儿人数的分布及幼儿的交往情况。

二、幼儿园区域活动的介入与指导

（一）幼儿园区域活动的介入

当幼儿在活动中发生以下情况时，教师需要介入指导：第一，幼儿遇到困难、挫折，产生放弃游戏的意愿时；第二，幼儿在互动中产生认知冲突时；第三，活动过程中产生不安全的因素时；第四，幼儿主动寻求帮助时；第五，活动过程中出现不利于游戏开展的过激行为时；第六，活动中出现消极内容时。

（二）幼儿园区域活动的指导

幼儿园区域活动的指导又称干预，主要指导思想是“授之以渔”，可通过以下三种方式，进行介入指导。

第一，参与式介入，它指教师以游戏者的身份介入儿童游戏，一般采用的有平行式介入法、交叉式介入法。平行式介入法是指教师在幼儿附近，和幼儿玩相同或不同材料情节的游戏，目的在于引导儿童模仿，教师起着暗示的作用。例如，教师发现幼儿将娃娃搂在怀里亲亲、拍拍，并反复重复此动作，这时教师也在幼儿附近搂着一个娃娃，一边说一边做：“妈妈给你洗洗脸、梳梳头，一会儿再喂你吃饭。”引发幼儿的角色意识和更多的游戏情节。交叉式介入法是教师以角色身份参与游戏，并用游戏情节需要的动作、语言来引导儿童游戏的发展。例如，当幼儿搭建房子时，没有加盖屋顶，教师可以以合作者的身份参与到幼儿游戏中并说：“我来给它盖屋顶吧，这样小动物待在里面就不会淋雨了。”以此来影响幼儿游戏。

第二，材料指引。材料指引是通过教师为儿童提供材料，引发游戏的兴趣，促进游戏的延续和提升的方法。材料可以是成品、半成品、废旧品及图片、图书等。例如，“小小舞台”游戏里，教师及时投放了魔术箱、帽子等，由原来单纯的歌舞表演，又增添了变魔术等新的玩法，花样也更丰富了。

第三，语言指导。根据教师运用语言进行指导的目的和方式不同，可将教师的语言分为询问式、建议式、鼓励式、邀请式、角色式、命令式和指令式七大类，其中指令式这种方式很容易破坏幼儿的游戏氛围，因此一般情况下不宜多用。

互动交流

根据你选择的幼儿园区域活动进行观察记录（表 1.4.1），并同组内成员相互分享交流。

评价反思

（1）通过本节课的学习，你是否掌握幼儿园区域活动观察记录方法？以“建构区”为例说明如何开展观察记录。

（2）举例说明在何种情况下教师应进行介入指导，原因有哪些。

（3）请你谈一谈在幼儿园观察记录中遇到了哪些困难，你是如何解决的。

拓展提高

新手老师上路——幼儿游戏观察与记录的项目

（一）老师观察与记录的项目

1. 记录幼儿在一般例行性活动中的行为表现

一般例行性活动包括进餐、上厕所、午睡、入园、离园等。以进餐为例，幼儿进餐时，可注意幼儿对进餐的反应和态度如何：接受、抗拒或是挑剔；使用餐具的情形；是否与人交谈或互动；进食量的多与少；进食的速度；等等。

2. 记录幼儿使用教具、教材、玩具和其他游戏器材的情况

幼儿是教学的主体，他们使用教具、教材、玩具和游戏器材的状况，可以作为

调整教学环境的依据，使其更符合幼儿的需求，让幼儿更尽兴。以木头积木为例，老师可观察的项目包括：孩子挑选这样东西的原因；他的玩法和玩了多久；他与同伴间的互动；他搭建出什么；有没有后续的延伸发展；等等。

3. 记录幼儿语言发展的情况

幼儿的语言是他思考和与人沟通的工具，因此观察幼儿语言发展的项目包括：发音的清晰度；了解语汇的程度；词句运用的灵活度；接收信息的反应力；跟别人说话的意愿和态度；肢体语言表达的方式；学习语言的主要来源；等等。

4. 记录孩子和其他幼儿之间的相互关系

观察幼儿的同伴关系，是为了知道如何协助幼儿在“个性”和“社会性”之间达到自然的协调。以幼儿的扮演游戏为例，教师可以观察的项目包括：幼儿是一个人自在地演独角戏，还是和别人一起玩扮家家；幼儿扮演的角色是如何产生的；幼儿是否乐于为扮演情节及使用道具提供意见；引起幼儿共同扮演的动机是什么；扮演过程中，幼儿之间如何搭配与沟通；扮演游戏对幼儿的情感表达有何影响；等等。

5. 记录孩子与成人间的关系

成人是帮助幼儿从无助、他助到自助过程中的重要媒体，所以在幼儿与成人之间所发展出来的关系是值得重视的。因此，观察的项目可为：幼儿对成人的依赖；幼儿对成人的态度是主动接近还是害羞退缩；幼儿对成人提供协助的接受度如何；幼儿对成人主导活动的欢迎程度如何；幼儿能协助成人的地方有哪些；等等。

6. 记录特殊问题孩子的行为

特殊问题孩子的行为，包括肢体障碍、情绪障碍、学习障碍、学习迟缓、发展不协调、智障和特殊体质等孩子们所呈现出来的问题及针对性的处理方法和目标。观察项目可包括：幼儿大肌肉或小肌肉的操作状况是否有困难；动作发展是否不太平衡；专注力和持续性是否太短；语言和肢体表达能力是否与同龄幼儿差距很大；对信息的接收速度是否较缓慢；听从指令和遵循团体规范的意愿和参与能力是否很低；情绪是否不太稳定；和别人有没有眼对眼的接触；与别人互动时是否有过度攻击行为或自闭现象；等等。

（二）建立自己的记录系统

教师建立自己的记录系统包括观察、记录、解析和采取相应的措施，继而再观察、再记录。如此周而复始地运行，能让老师确切地知道如何引导、协助幼儿。一些现成的记录表格未必适用于每个教学环境，所以老师必须按照自己的专业知识和经验来制订一个属于自己环境的记录系统。最重要的是，不要让观察记录成为时势所迫的产物。如果老师们觉得教学日志及家长联络簿等都是疲于应付的事，那么很可能是这些形式过于拘泥，以致成为一种负担。

其实在进行活动时，老师可以利用海报同步记录幼儿脑力激荡的内容、拍摄幼儿在教室中的生活照、保留幼儿的作品等，这些都是很好的记录方式。老师也可以让家长成为协助观察的助手。多方弹性运用这些做法，便能与幼儿、家长同行在处处都是“幼儿成长镜头”的教育园地中。

第二章　健康领域教育活动

促进幼儿身心健康发展是幼儿阶段的首要任务。在幼儿园健康领域教育活动中，教师可以用生动的语言、丰富的肢体语言向幼儿展示健康生活及预防疾病方面的内容，如“健康是促进人的全面发展，不以牺牲人的全面发展为代价”。本章通过学习设计健康领域活动的基本方法，挖掘活动对促进幼儿身心健康发展的价值，落实《指南》中的健康领域目标，并围绕目标设计单一领域活动、主题活动、区域活动，掌握说课的基本方法，力争从实践层面让学生感悟健康领域活动的设计策略，从而实现健康领域的教育实践。

第一节　单一领域活动

健康单一领域活动是以健康领域为单位组织的体育活动、精细活动、安全活动等教育活动，其优点是有助于幼儿系统掌握健康领域的知识与技能，为幼儿在各类活动中解决问题奠定基础。

体育活动

学习目标

（1）会根据《指南》中健康领域相关目标选择适宜的活动内容；

（2）能运用体育活动各部分任务，设计不同年龄段的体育活动；

（3）体验设计不同年龄段体育活动带来的学习快乐。

学习任务

任意选择小、中、大班，设计一节体育活动并形成体育活动设计方案。

知识导学

体育活动在这里指狭义的集体体育活动，是一种有目的、有计划、有组织的体育活动，它是实现幼儿体育任务的基本途径之一。体育活动设计应依据设计原则，遵循设计思考对体育活动设计的知识阐述，注意设计提示中提出的问题，将知识导学部分内容作为设计体育活动的整体思考认真研读，以便形成科学设计体育活动方案的能力。

一、设计原则

体育活动的设计原则主要包括以下几种。

趣味性原则：教师在设计活动时应把幼儿难以理解的动作和单调的身体素质练习变成有趣的游戏情节，使幼儿在游戏中自然轻松地进行身体锻炼。

适量性原则：人体生理负荷曲线总的变化规律是从逐步上升到相对平稳然后逐渐下降，因此幼儿运动量的安排应根据人的生理负荷曲线的变化规律安排活动，由逐步加大运动量到逐步减小运动量，避免幼儿产生过度疲劳的情况。

安全性原则：幼儿体力较弱、独立活动能力较差，情绪高涨时容易忽视安全和规则，教师在组织活动时应及时关注安全问题。

二、设计思考

“五步思考”作为设计一节体育活动的整体，前后照应。五步思考的具体内容如下。

➢ 思考一：确定本次活动对象

本次活动对象为3～4岁、4～5岁、5～6岁的幼儿。

➢ 思考二：选择本次活动内容

1. 基本动作及游戏

基本动作主要包括走、跑、跳跃、投掷、攀登、钻、爬、搬运等。在体育活动中，幼儿基本动作练习主要通过游戏进行，如走、跑、钻、爬的游戏等。

2. 基本体操和队形队列

基本体操：根据人体各部位运动特点，按照一定规律和程序，有节奏、有目的地进行举、摆、踢、屈伸、跳跃等一系列组织动作的身体练习，如模仿操、徒手操、轻器械操、韵律操等。

队形队列：幼儿按照口令从事协调一致的动作，排成一定的队形，如报数、看齐、集合、变换队形的方法和口令等。

3. 器械类活动和游戏

器械类活动和游戏主要包括利用大中型固定性运动器械、利用小型可移动器械和利用手持的小型运动器械进行的游戏。利用大中型固定性运动器械，如攀登架、滑梯等进行的游戏；利用小型可移动器械，如平衡木、小梯子、脚踏车、滑板车等进行的游戏；利用手持的小型运动器械，如球、沙包、铁环、高跷、哑铃及各类自制的体育玩具等进行的游戏。

4. 身体素质的练习

身体素质的练习主要包括平衡、协调、灵敏、力量等。

➢ 思考三：做本次活动前准备

1. 了解幼儿已有知识经验

（1）熟悉和掌握本次活动在《指南》中的目标论述。

（2）掌握体育活动在各年龄班中的侧重点。

基本动作、身体素质练习主要通过游戏进行，无论是成品游戏或创编游戏，游戏的内容都要符合幼儿认知水平与身体机能的发展。

利用成品游戏要注意游戏内容和游戏主题内容相符，如小班练习跑的游戏“小孩小孩真爱玩”，中班练习身体协调性游戏“赶小猪游戏”，大班练习反应能力及迅速的游戏“贴人”、竞赛性比赛游戏“跳绳接力赛”、平衡游戏“踩高跷”等。

创编游戏的步骤有：确定创编游戏的任务；根据任务选择游戏内容；把游戏中装扮的角色动作情景游戏化；明确游戏规则；提供必要的游戏材料。

2. 环境、材料准备

环境设计要考虑游戏环境是设计游戏活动的重要因素。需要考虑的环境因素有游戏环境是否安全、游戏场地的大小、室内游戏还是室外游戏等，设计游戏应根据不同环境而改变游戏规则。

材料是幼儿游戏的必需道具，可根据游戏内容、目标要求自行设计。

➢ 思考四：确定本次活动目标

本次活动目标是将幼儿学习效果用具体、明确的语言做能检测的描述，具体要求如下。

（1）目标制订要符合幼儿知识、技能和情感需要。

（2）目标开头可用“锻炼”“发展”“探索”“能”等词语做表述。

例如，体育活动“跳跳乐”的活动目标如下：

• 能熟练地用双脚连续向前跳，发展弹跳能力；
• 锻炼连续跳动时动作连贯，节奏适当；
• 探索易拉罐的多种游戏玩法，体验游戏创新的乐趣。

➢ 思考五：设计本次活动过程

（1）开始部分是活动的导入部分，目的是集中幼儿注意力，将幼儿迅速组织起来，调动幼儿参与活动的积极性。开始部分可以有如下设计。

用队列练习、简单舞蹈、韵律操、基本体操等运动负荷不大的活动，任选其中一种活动作为开始部分的活动内容，具体选用哪一种活动为开始活动则根据设计者的特长或活动内容需要而定。

时间为总时间的 10%左右，幼儿园一节体育活动的总时间为：小班 15～20 分钟；中班 20～25 分钟；大班 25～30 分钟。

（2）基本部分是课程的中心部分，是完成目标的主要载体。基本部分设计可以是将两个或两个以上有相互关联的领域活动内容进行综合，杜绝形式上的拼凑，以此丰富活动过程。基本部分可以安排新的学习内容或者复习较难的内容，也可以用已经学习过的各类学习内容（走、跑、跳、钻、爬等基本动作或体操等）。

小班一次活动可安排 1 个内容，中班 1～2 个内容，大班 2～3 个内容。新授内容放在前半段，活动量大的游戏安排在中间。这样的安排符合幼儿身体机能活动的规律。时间为总时间的 70%左右。

（3）结束部分指课程的结束，一方面是让幼儿从紧张活动中慢慢安静下来，另一方面又留有对下次活动的期许，可选用下面活动做结束活动。

轻松自然地走步、安静游戏、简单舞蹈、评价与小结或组织幼儿收拾场地与器材等。时间为总时间的 10%左右。

三、设计提示

提示一，体育活动不同于其他学科的活动，它是以发展幼儿动作灵活性、协调性和锻炼幼儿身体素质为主的活动。因此，所设计的体育活动一定要以突出发展幼儿动作、锻炼幼儿身体素质为目标，达到促进幼儿身体各种机能的协调发展，增强体育和运动技能的目的。同时，不能为了追求活动新意而盲目综合其他领域活动，而又因综合了其他领域活动使目标变得多而杂，冲淡了体育活动本身的教学目的，这是设计体育活动的大忌。

提示二，体育活动要保持其活动特色，教师组织体育活动时一定注意常规的培养。例如，排队、队形队列变化的口令等，不能因为体育游戏占主导活动而忽略体育活动本身的常规要求。

提示三，活动目标与环节设计处理得当，活动目标是活动的出发点和最终归宿。

（1）活动目标定位不能大而空，目标太多、太杂，会引起无层次的“拼盘”现象。杜绝因活动目标太大而导致的教育活动过程设计没有针对性，如“发展幼儿体能”“发展幼儿基本动作”等。基本动作包括走、跑、跳、爬等，在一个教育活动中不可能将这么多的目标全部完成，因此这样的目标实属定位不准、没有针对性。

（2）活动目标定位要小而清晰。活动目标具体到一个活动就能实现怎样的目标比较好，教师能紧抓目标、落实到幼儿身上。

（3）活动环节设计目标意识要强。活动过程中的环节设计一定围绕目标层层展开，突出重点、难点的环节设计，把最精彩的设计和最主要的教育手段都用在解决教学重点、难点环节上，不要本末倒置，在辅助目标上精雕细刻。

（4）在组织教育活动时不能脱离目标。例如，本次活动目标是掌握跳远的动作要领，在活动中教师不能只看幼儿跳得有多远，还要看幼儿立定跳远时的动作和要领是否达到目标要求。

互动交流

（1）你选择的活动对象。

（2）你所设计的活动名称。

（3）阐述所选的班在《指南》中的目标论述。

（4）写出活动方案（格式见表 1.2.1）。

评价反思

（1）通过本节课的学习，你是否对体育活动设计有了清晰的理解？在大教育观的影响下，有人认为“带孩子玩就是上课”，这种观点是否正确？为什么？

（2）你是否完全了解幼儿园的各项体育活动及特点？能说说在幼儿园开展体育活动时哪些内容需要设计教育活动，哪些内容需要在日常生活中进行？

（3）请你谈谈在设计体育活动的过程中遇到了哪些困难，你是如何解决的。

拓展提高

一、资料搜集

（1）学习《纲要》中关于体育方面的指导意见。

（2）通过中国学前教育网或相关书籍，收集体育方面的游戏及活动案例，建立关于体育活动方面的资源库。

二、体育活动的设计与组织

体育活动的设计与组织是有效培养健康幼儿的重要方式，因此设计与组织体育活动是教师的必备本领。设计和组织幼儿园体育活动时应考虑下列因素。

（一）设计活动

兴趣是老师。成功的体育活动的标准是游戏化、科学化、整体化。《纲要》中明确指出：“培养幼儿对体育活动的兴趣是幼儿园体育的重要目标，要根据幼儿的特点组织生动有趣、形式多样的体育活动，吸引幼儿主动参与。”因此，兴趣既是幼儿园体育活动的重要标准，也是吸引幼儿主动参与体育活动的好老师。幼儿参与体育活动的兴趣，主要来源于教师对体育活动科学、有效的设计、组织及引导。例如，小班幼儿喜欢模仿类游戏，容易进入拟人化的游戏情境中，他们的情绪会影响行动。因此，在设计小班活动时教师要以情境中的角色来引导幼儿进行体育游戏，从而发展幼儿的走、跑、跳、平衡、钻、爬等基本动作，如“采蘑菇”活动中创设了小白兔跟妈妈采蘑菇的情境，让幼儿想办法用钻、爬等技能越过采蘑菇途中设置的障碍。幼儿想采到蘑菇，就必须要克服困难越过障碍，从而达到锻炼身体的目的。

体育器材是无声的老师。兴趣是引导幼儿进行体育活动当之无愧的教师，但也不能忽视器材对幼儿参与体育活动的助推作用。在体育活动设计中，教师应大胆地在传统体育器材上进行突破、发展。除大型玩具外，教师应学会就地取材、一物多玩等丰富体育活动内容，如旧轮胎、饮料瓶、旧报纸、旧纸箱、空饼干筒、空奶粉罐等。使用生活当中的废旧材料制作体育器材，会让幼儿感到体育器材带来的游戏乐趣。

（二）组织活动

组织活动一般由开始部分、基本部分（活动前的热身活动）、结束部分（放松运动）三个环节组成，在各个环节的组织中要注意以下几个问题。

开始部分的热身活动是体育活动不可缺少的组成部分。热身阶段的任务是引导幼儿情绪高涨地参加活动，运动量则需要慢慢上升，选择恰当的热身活动内容是成功的体育活动至关重要的因素。

基本部分的组织活动一般有两个步骤：步骤一讲解示范动作；步骤二模仿、练习动作。在体育活动组织中应合理安排教师的示范讲解。动作简单，幼儿很容易掌握动作要领时，教师少示范讲解；动作难度大，幼儿不易掌握动作要领时，教师要边示范动作、边讲清动作要领。注意，教师讲解动作要领时要语言简洁、生动有趣，示范动作要准确优美。幼儿的动作练习要在教师讲解示范动作之后进行。教师还要关注幼儿在学习过程中的个体差异，做到因材施教。

结束部分是活动后幼儿身体放松的运动，是运动量由高向低降至静止的过程，由紧张的运动状态转入安静状态，这一环节对促进幼儿的身心健康非常重要，组织好放松活动，让体育活动精彩结束。

精细动作活动

学习目标

（1）会根据《指南》中健康领域相关目标选择适宜的活动内容；

（2）能依据幼儿年龄特点设计有趣的精细活动方案；

（3）愿意展示自己设计的操作材料，体验分享学习成果的快乐。

学习任务

任意选择小、中、大班，设计一组精细动作操作材料并形成设计方案。

知识导学

精细动作活动是锻炼幼儿手部动作能力，实现生活自理能力（穿衣、吃饭）的基础，也是使用工具（剪刀）及绘画、写字等的重要基础。精细动作活动设计应依据设计原则，遵循设计思考对精细动作活动设计与实践的知识阐述，注意设计提示中提出的问题，将知识导学部分内容作为设计精细动作活动的整体思考认真研读，以便形成科学的设计精细动作活动方案的能力。

一、设计原则

1. 整体性原则

教师在设计精细动作活动时，要把活动情境、游戏任务与要做的精细操作内容融会贯通，既注重幼儿精细动作技能的发展，又兼顾幼儿年龄、情感、态度品质的培养，在活动中让幼儿的思想、情感、技能整体获得提高。

2. 经常性原则

精细动作活动是对幼儿小肌肉的训练，要达到脑、眼、手配合完成工作，就需要把精细动作活动贯穿在幼儿的每日活动之中，每天都要让幼儿做精细动作练习。

二、设计思考

“五步思考”作为设计一节精细动作活动的整体，前后照应。五步思考的具体内容如下。

➢ 思考一：确定本次活动对象

本次活动对象为3～4岁、4～5岁、5～6岁的幼儿。

➢ 思考二：选择本次活动内容

小班：倒水、喂娃娃、拧瓶盖、串珠、剪直线、涂色、手指操等活动。

中班：折纸、剪图形、夹花生、穿脱衣服、穿鞋子、编辫子、搭积木、手指操等活动。

大班：编织、剪图形、夹豆子、刺绣、线描画、手指游戏、手指操等活动。

➢ 思考三：做本次活动前准备

（1）熟悉和掌握本次活动在《指南》中的目标论述。

（2）环境、材料准备。

现成的玩具：套碗、串珠、插片玩具、各种类型的积木、水杯、玩沙工具等；

自制玩具：饮料瓶制作的娃娃、各种废旧的大大小小的瓶子及瓶盖、各种锁及钥匙、木板制作的穿绳玩具、布制的小衣服、编辫子用的绳子、塑料布做的编织手绢等；

材料：剪纸、折纸、绘画用的各种彩纸或折纸、剪刀、彩笔、糨糊等。

➢ 思考四：确定本次活动目标

精细活动目标是指一个阶段的活动内容，即一个活动内容对应一个终端目标。因此，在幼儿每次操作时，教师根据幼儿能力由浅入深地确定目标。例如，夹的练习，应先夹大的软的纸团，再夹花生米、黄豆。虽然都是夹的动作练习，但目标难度有浅和深，区别很大。

➢ 思考五：设计本次活动的活动过程

精细动作活动是让身体静下来而手动起来的、以操作为主的活动，其活动组织形式多以小组活动或个别指导为主。

1. 精细动作活动流程

精细动作活动流程包括示范操作、观察指导、作品展示评价。

示范操作。第一次提供操作材料时（或学具），不建议直接投放，因幼儿自由玩耍会失去玩具（学具）的教育价值。教师介绍玩具（或学具）名称，示范操作材料（或学具）玩法后，再投放到活动区中。

观察指导。幼儿开始操作材料（或学具）时，教师要以观察记录为主，当幼儿提出需要帮助时再指导。教师所观察的内容包括材料操作难易情况、幼儿操作中的兴趣、材料的安全性能及需要建立的操作规则等。教师观察记录的方式可采用观察表或逸事记录等，也可以用照片、录像等形式进行。

作品展示评价。每次幼儿操作活动结束后，都要展示作品。作品展示方法有活动区域内展示（供幼儿修改或继续完成作品）；照片展示，把幼儿作品拍成照片发到网上展示或全园性的展示（一段时间的汇报学习成果展示），并请家长来园参观幼儿作品。

2. 设计操作情境

情境或游戏是调动幼儿操作兴趣的关键，因为依附游戏情境来完成精细动作练习，会使幼儿的操作变得快乐而有意义。

（1）把精细动作活动寓于游戏之中，如“舀豆喂娃娃”等。

（2）把精细动作活动的操作设计变成某项有意义的工作，如将串珠活动设计成“我为妈妈制作项链”的游戏情境。游戏方法：教师用纸板制作立体（能立在桌面上）的妈妈头像放在操作区里，当幼儿把串好的项链戴在妈妈的脖颈时，“串”的工作就变得既有趣又有意义。

三、设计提示

精细动作是幼儿成长阶段非常重要的活动。精细动作训练与大脑神经系统发育有着对应联系，尤其能对大脑皮层复杂功能的发育产生交互作用，通过使用工具（剪刀、筷子、勺子等）做的一系列精细动作，对促进幼儿动作技能和大脑发育起到积极作用。

1. 内容建议

设计训练手指控制能力的活动，如拧螺丝活动、绘画活动等；训练手指灵巧的活动，如剪纸活动、折纸活动、打结活动、编织活动；训练手指知觉的活动，如玩沙活动、玩水活动、拼摆活动、弹指训练等；训练手指协调性的活动，如手指操活动、撕贴画活动、拼装活动；等等。

2. 方法建议

强化练习是指幼儿在规定的时间内做规定的操作内容，比时间、速度和完成任务的质量，这样的训练不但会促进幼儿精细动作发展，也会培养幼儿责任心。强化练习适合中、大班幼儿。

自由操作会促进幼儿创造能力的发展，是精细动作训练必不可少的方法。幼儿在没有受到教师操作要求的干扰时，往往更能发挥想象力、拓宽操作方法。例如，给幼儿提供剪刀和大量的彩纸做剪纸活动，如果活动前教师不对幼儿提出剪纸图案的要求，幼儿在操作中会出现两种行为：一是自由随意剪，剪出图案后为剪出的图案命名（这种情况常常出现在小班）；二是先构思图案后再剪纸（这种情况常常出现在大班）。两种操作行为都能促进幼儿精细动作的发展。

互动交流

（1）你选择的活动对象。

（2）你所设计的活动名称。

（3）阐述所选的班在《指南》中的目标论述。

（4）精细动作活动设计与观察指导表，见表 2.1.1。

表 2.1.1　精细动作活动设计与观察指导表

<table>
<tr><td>班级</td><td colspan="2"></td><td>指导教师</td><td></td></tr>
<tr><td>目标</td><td colspan="4"></td></tr>
<tr><td>项目</td><td colspan="2">内容</td><td colspan="2">观察与记录</td></tr>
<tr><td rowspan="5">活动设计</td><td>材料</td><td>成品塑料串珠</td><td colspan="2"></td></tr>
<tr><td>情境</td><td>情境设计：设计立体的妈妈头像 5 个。要求不同发型、不同打扮</td><td colspan="2"></td></tr>
<tr><td>示范</td><td>教师集体示范</td><td colspan="2"></td></tr>
<tr><td>指导</td><td>暂不介入指导，引导幼儿之间的模仿学习</td><td colspan="2"></td></tr>
<tr><td>作品</td><td>将幼儿第一次串的作品戴在第一位妈妈头像上……以此类推</td><td colspan="2"></td></tr>
<tr><td>幼儿表现</td><td colspan="4"></td></tr>
</table>

评价反思

展示精细动作操作材料，介绍操作材料名称、适用年龄、功能（怎么玩）及操作材料的安全性（材料无毒、不伤手、反复操作后可消毒等），然后完成表 2.1.2。

表 2.1.2　操作材料评价表

被评价人：　　　　评价人：

<table>
<tr><td rowspan="2">操作材料名称</td><td rowspan="2" colspan="2">评价内容</td><td colspan="4">评价赋分</td></tr>
<tr><td>5 分</td><td>3 分</td><td>1 分</td><td>合计</td></tr>
<tr><td rowspan="5"></td><td rowspan="4">操作材料</td><td>材料适宜性
（是否符合幼儿年龄特点）</td><td></td><td></td><td></td><td rowspan="5"></td></tr>
<tr><td>材料安全性</td><td></td><td></td><td></td></tr>
<tr><td>材料美观性</td><td></td><td></td><td></td></tr>
<tr><td>材料耐用性
（是否结实耐用）</td><td></td><td></td><td></td></tr>
<tr><td>情境设计</td><td></td><td></td><td></td><td></td></tr>
<tr><td>评价者评语</td><td colspan="6"></td></tr>
</table>

拓展提高

如何观察了解活动中的幼儿

1. 熟知活动目标

观察前教师要对本年龄段幼儿精细活动的目标、技能要求、操作能力了如指掌，在头脑中建立清晰完整的发展目标。当幼儿做精细活动操作时，教师通过观察幼儿操作材料情况并和大脑中的目标进行比对，得出当前班级幼儿的精细动作发展状况，对是否达到目标要求作出评价。抓住幼儿比较典型、重要、有意义的学习表现，调整和制作有效且适宜的操作材料，支持和促进幼儿精细动作的发展。

2. 有目的地观察幼儿

幼儿精细动作发展是不均衡的，有目的地观察是指分项目观察，如观察幼儿的操作兴趣、幼儿精细动作的发展状况、当下操作材料的难易程度等，为教师指导活动、调整操作材料做准备。根据观察到的情况调整操作要求及操作材料，能够对幼儿精细动作发展起到推动作用。

3. 教师工作重心的转移

教师的工作重心从教动作技能，转移到幼儿本身的精细动作操作兴趣上来。设计精细动作活动时不再从内容出发，而是为幼儿现有的经验、能力与新的操作经验、能力之间搭建桥梁，使活动有的放矢。

安全活动

学习目标

（1）能根据《指南》中健康领域相关目标选择适宜的活动内容；
（2）根据安全活动设计要求，设计不同年龄段的安全活动；
（3）愿意参与小组讨论，喜欢分享设计体会。

学习任务

（1）任意选择小、中、大班，形成安全活动设计方案。
（2）分小组进行防火演习，修改防火预案。

知识导学

安全活动是幼儿重要的学习内容。幼儿的好奇心会驱使他们总想亲自动手摆弄和尝试各种事物，但是幼儿对水、电、火等危险事物或陌生人带来的危险等缺乏认识与判断，身体动作不协调，精细动作不够精准等，因而会在走、跑、跳等活动中或与人相处中，出现伤害自己身体或他人身体的现象，因此对幼儿进行安全教育非常必要。安全活动设计应依据设计原则，遵循设计思考对安全活动设计与实践的知识阐述，注意设计提示中提出的问题，将知识导学部分内容作为设计安全活动的整体思考认真研读，以便形成科学的设计安全活动方案的能力。

一、设计原则

1. 安全性原则

安全问题是保证幼儿健康成长的重要事情，“安全第一”是教师在组织一日生活当中首先要考虑的问题。由于幼儿对事情、活动、动作是否安全等还搞不太清，而相关不安全问题又不能让幼儿亲身体验，因此教师在设计活动时，既要注意活动本身要保证幼儿安全，又要让幼儿理解做不安全的事会给自己和他人带来伤害。

2. 经常性原则

安全活动应渗透到一日生活当中，幼儿身边处处存在安全隐患，教师要形成安全意识并时刻提醒幼儿注意安全。

3. 整合性原则

整合性原则要求将安全内容与其他领域内容整合，形成多种形式的安全活动方案。例如，结合故事、儿歌、电视录像、科学实验、游戏等，让安全活动内容生动、浅显易懂，使幼儿能够理解。

二、设计思考

“五步思考”作为设计一节安全活动的整体，前后照应。五步思考的具体内容如下。

➢ 思考一：确定本次活动对象

本次活动对象为3～4岁、4～5岁、5～6岁的幼儿。

➢ 思考二：选择本次活动内容

与人相处：跟紧成人，不远离成人视线，不跟陌生人走，不吃陌生人给的东西；不允许别人触摸自己的隐私部位等。

不玩危险物品：不动热水壶，不玩火柴、打火机，不摸电源插座等。

不玩危险游戏：不攀爬窗户或阳台，不在马路和河边玩，遵守交通规则等。

牢记安全常识：记住家庭住址、家人的电话号码、父母的姓名和单位，记住110、120、119等求助电话，定期进行火灾、地震的逃生演习等。

认识安全标志：认识人行线、不玩火、小心触电、小心有毒、禁止下河游泳、紧急出口等标志。

➢ 思考三：做本次活动前准备

1. 了解幼儿已有知识经验

（1）熟悉和掌握本次活动在《指南》中的目标论述。

（2）掌握安全活动在各年龄班中的侧重点。

根据活动目标将活动内容寓于游戏之中，可选择与主题内容相符合的成品游戏，如小班的“红绿灯”游戏。

利用故事、儿歌作为活动载体，将安全活动内容寓于其中。

利用直观教具（如图片、电视、多媒体课件等）让幼儿直观感知。

围绕社会、家庭不安全事件，安全事故，安全话题，利用社区、家庭等资源普及安全知识和进行安全常识教育。例如，大班开展的“拐卖儿童调查”等活动。

2. 材料准备

安全活动的材料准备包括电视、多媒体课件、图书、挂图、头饰等。

➢ 思考四：确定本次活动目标

本次活动目标是将幼儿学习效果用具体、明确的语言做能检测的描述。

（1）目标制订要符合幼儿知识、技能和情感需要。

（2）目标开头可用“说出”“学会”“操作”“喜欢”等词语做表述。

例如，游戏活动“求助电话”的活动目标如下：

- 说出求助电话是110，知道遇到事情时找警察帮忙；
- 学会拨电话的方法，尝试说出自己所遇到的事情；
- 喜欢模仿打电话的游戏，了解警察叔叔愿意帮助有困难的人。

➢ 思考五：设计本次活动过程

（1）开始部分是活动的导入部分，可以用激发、游戏、情境 、提问等导入方法，具体选用哪一种方法导入课程，要根据具体的活动内容而定。

（2）基本部分是活动的主体部分，其活动由多种形式构成，如看图讲述、游戏、故事、儿歌、谈话等。每一种活动形式的教学方法不尽相同，应根据具体活动内容而定。基本部分设计可以是将两个或两个以上有相互关联的领域活动进行综合，杜绝形式上的拼凑，以此丰富活动过程。

小班适合2～3个环节的活动，提问简单直接，如指一指哪个物品是有危险的，不能玩（打火机、火柴、电插座等）。找一找班级或家里哪有这些危险物品等。

中班适合2～4个环节的活动，提问具体、有针对性并展开简单的讨论，如你认为什么是危险？为什么要远离危险？

大班适合4～6个环节的活动，提问最好设计开放式的问题，可以采用质疑、讨论等问题，如打火机真的是危险物品吗？为什么爸爸每天带在身上没有出现危险？用打火机做什么事情才是危险的？

（3）结束部分是活动的结尾，既要让幼儿从紧张活动中慢慢安静下来，又留有对下次活动的期许。所以结尾部分可以是布置新任务或把玩具、操作材料延伸到活动区中，也可以是对本次活动的小总结。

三、设计提示

设计安全活动应注意以下两点提示。

（1）安全活动内容大多是幼儿不能尝试的，因此在设计活动时，应该选择幼儿喜欢的动画片、故事书、绘本等。

（2）如需要操作或演示也应以教师为主。

互动交流

（1）你选择的活动对象。

（2）你所设计的活动名称。

（3）阐述所选的班在《指南》中的目标论述。

（4）写出活动方案（格式见表 1.2.1）。

评价反思

（1）举例说明幼儿园应如何组织防火演习。

（2）结合表 2.1.3，分析此地震逃生演习活动预案设计是否合理？如设计不合理，应如何修改？

表 2.1.3　地震逃生演习活动预案

班级：大班　　　设计教师：

活动名称	活动目标	活动准备	活动过程	活动延伸
地震逃生演习	知识目标：了解地震是一种自然现象，掌握震级、余震等相关知识 技能目标：掌握地震时的逃生及自救的方法，并进行练习 情感目标：①知道地震是一种毁灭性的自然现象，地震会带来亲人的离别；②知道人间会有温暖，当灾难发生时，会有很多人参加人道主义的救助	①汶川地震录像； ②地震时发生的感人故事	1．故事导入： （讲述汶川地震时，老师用自己的身体保护 4 名学生的故事） 2．环节层层深入： ① 观看地震录像（主要看人们逃生的报道）； ② 研究如果自己处在危险中，怎样自救 3．逃生演习： 听教师指挥，有秩序地快速逃离屋内	请幼儿在父母的帮助下，继续收集地震方面的相关资讯

拓展提高

一、资料目录

（1）查阅幼儿园幼儿活动时发生的安全事故资料。

（2）学习《中华人民共和国未成年人保护法》。

（3）学习《中华人民共和国教师法》。

二、安全活动设计与组织

安全活动是通过实施幼儿园安全教育课程，提高幼儿对伤害的认知能力。例如，对意外伤害（火灾、地震等）、常见伤害（烫伤、跌伤、切割伤、触电、中毒等）的急救方法，危险环境、危险行为识别和急救措施等有所认知。幼儿通过生动形象的教育知道生命的宝贵和规避伤害的方法。

（一）安全教育活动设计

安全教育活动内容设计。安全活动内容要符合幼儿的认知能力，渗透于幼儿的一日生活之中。随着幼儿自由时间增多，安全教育内容应该融入幼儿各种活动之中，如走在楼梯上的安全、玩大型玩具的安全、小朋友之间游戏时的安全等，让幼儿在玩中理解安全的概念，逐步形成安全意识及应对危险的能力。以“我是消防员”活动为例。第一，教师和幼儿一起讨论火灾是怎样引起的，着火了怎么办？消防演习有哪些步骤？怎样逃离火灾现场？有哪些灭火方法等。第二，做听警报逃离火灾现场、在无法逃离火场时的自救方法练习等。第三，观看火灾电视录像，让幼儿体验火灾给人们带来的伤害。第四，带领幼儿在幼儿园、商店、医院找消防通道及标志，认识灭火器、消防员制服、灭火水管等，学习拨打 119 火警电话。第五，在美工区制作相关道具用于角色游戏，练习灭火、逃生、救人等游戏。

安全教育活动设计方法。幼儿的思维特点是具体形象思维，思维要依赖具体的事物、事件、形象，不能靠教师口头说教。例如，在设计“过马路”安全教育活动时，其环境创设包括模仿十字路口，画上人行路，制作红绿灯，教师用角色扮演的方式和幼儿一起玩游戏，在游戏中幼儿知道红绿灯的作用和过马路的方法。

（二）安全教育的实施

1. 教师的责任

教师是幼儿的保护者也是安全教育的实施者，在保护幼儿安全及安全教育上，角度是多重的、灵活的。

在户外活动时，为了培养幼儿预测、判断、回避危险的能力及探索、创新自主的精神，在安全范围内，教师一方面允许幼儿做各种各样的“冒险性”活动，或在各种游戏设施上让幼儿体验自己发明的“非常规”玩法；另一方面可以成为幼儿游戏的伙伴，在给幼儿充分自由的前提下，帮助幼儿掌握一定的安全行为规则。总之，通过游戏、讨论、建立规则等方法使幼儿知道什么是危险并自觉不做危险的事情是教师的责任。

2. 家长的责任

幼儿园安全工作和安全教育的目的就是保障幼儿安全，这不仅是幼儿园教师的责任，也是家长的责任，因此，幼儿园安全工作得到家长的支持是非常必要的。对于安全工作，家园沟通常见的方法有幼儿园与家长签订安全协议书。例如，幼儿园组织到园外活动时，请家长签署“同意”的意见，有了家长签字，家长对外出活动可能遇到的危险会承担一定的责任。家园沟通的方法还可以通过亲子游戏活动，请家长参与到幼儿园安全教育活动中来。不管教师采用什么样的方法，让家长作为幼儿园安全教育的坚强后盾的选择是正确的。

本节延伸

幼儿园健康领域活动除本节列举出的体育活动、精细动作活动、安全活动外，在教学实践中还有身体生长教育活动、生活卫生习惯教育活动、饮食与营养教育活动、心理健康教育活动等，视频资源如下。

身体生长教育活动　生活卫生习惯教育活动　饮食与营养教育活动　心理健康教育活动

第二节　主题活动

幼儿园健康领域主题活动的学习主要依据生活化原则、适宜发展性原则和整合性原则三个方面，遵循“四步思考”对健康领域主题活动设计与实践的知识阐述，进而形成科学系统的健康领域主题活动方案。

学习目标

（1）列举说明主题活动设计的一般程序和方法；
（2）根据主题活动设计的一般程序和方法，设计主题活动；
（3）积极参与课堂讨论，与教师分享主题活动设计心得。

学习任务

全程记录幼儿园组织实施主题活动的过程，形成主题活动设计方案。

知识导学

主题是教育教学活动中的中心议题，在课程内容的组织中通过主题将不同内容共同指向核心问题——中心议题。也就是说，主题活动是在一段时间内围绕一个中心议题（主题）来组织的教育教学活动。主题活动设计应依据设计原则，遵循设计思考对主题活动设计与实践的知识阐述，将知识导学部分内容作为设计主题活动的整体思考认真研读，以便形成科学的设计主题活动方案的能力。

一、设计原则

1. 生活化原则

生活是幼儿教育的源泉，生活化的活动是幼儿所熟知的，更容易被幼儿理解和接受，因此在选择主题活动时，应首先考虑幼儿感兴趣的事或身边发生的事。例如，“蛋儿开门”主题活动就取之于生活。

2. 适宜发展性原则

维果茨基的“最近发展区理论”表明幼儿发展有两种水平：一是幼儿现有水平（指独立活动时所能达到的解决问题的能力）；一是幼儿可能发展的水平（也就是通过教学所获得的潜力）。两者之间的差异就是最近发展区，主题活动设计应着眼最近发展区，为幼儿提供难度适宜的活动内容。

3. 整合性原则

幼儿认识世界是整体的，幼儿发展也是情感、认知、道德、个性的全面发展。在主题活动设计中要考虑到领域之间内容的整合。

二、设计思考

“四步思考”作为设计主题活动的整体，前后照应。四步思考的具体内容如下。

➢ 思考一：确定本次活动对象

本次活动对象为3～4岁、4～5岁、5～6岁的幼儿。

➢ 思考二：选择健康主题活动内容

健康主题活动内容通常以幼儿自身为中心来挖掘相适宜的主题。就健康教育而言，幼儿自身包括身体和心理两个方面：幼儿的身体主要指身体的特征与功能，身体的发展与变化，身体的健康、安全与保护等；幼儿的心理指幼儿的兴趣、爱好、情绪、情感、性格、能力等。健康主题活动可设计的主题有：“男孩女孩”“健康的牙齿”“长大的我”“高兴了、生气了”“小脚与鞋子”等。

➢ 思考三：做本次活动前准备

（1）熟悉和掌握本次主题活动在《指南》中的目标论述。

（2）掌握主题活动在各年龄班中的侧重点。

小班主题所探讨的内容恰好是他们自己生活上的事，如“小脚与鞋子”“男孩女孩”等。

中班主题所探讨的内容要贴近他们的生活，如“长大的我”“高兴了、生气了”等。

大班主题所探讨的内容应时时关注幼儿感兴趣的事物、现象，以此作为主题开发与选择的主要内容，如“健康的牙齿”等。

➢ 思考四：主题活动的设计步骤

1. 主题设计缘由

主题设计缘由是主题设计的开端，是对主题形成的认识和整理。主题设计缘由包括以下几点。

（1）主题的来源。主题源于现有课程体系，或源于幼儿的兴趣，或源于班级中现有的“内容”“材料”等。

（2）主题内容。主题内容就是怎么进行这个主题，也就是主题所包含的内容有哪些？

（3）主题价值。主题的价值是什么？通过此主题幼儿可获得哪些经验？

2. 确定主题活动目标

这里所说的目标是本主题的总体目标，应当是在《指南》确定的各年龄段教育目标和学期目标之下的月、周教育目标。主题活动目标应具有较强的可操作性和相对独立性。

主题活动目标主要体现以下特点：

第一，具有鲜明的主题特征。主题活动目标是以主题为线索和载体，把教育要求和内容穿插其中。

第二，体现整合性，即五大领域内容的有机整合。

第三，符合本年龄段的年龄特征，体现在内容的深度和广度上与幼儿的知识经验和能力相符合。

第四，目标不要太多太细，要宏观概括，一般不超过 10 条目标。

例如，小班“小脚与鞋子”主题的活动目标如下。

· 主动探索环境中大与小的脚，获得最大或最小的概念，能估测数量的多与少，喜欢参与数学活动。

· 学习用生活中的各种方式做测量，了解脚与鞋的关系。

· 喜欢倾听故事，大胆讲述自己的想法，能看到自己的长处和优点，萌发乐观、自信的情感态度。

· 感受音乐旋律的快慢、强弱力度，尝试用强弱声音、乐器演奏、歌曲动作大小来表现歌曲内容。

· 学习正确握笔、涂色、印画等技能；体验用不同材料、大小的纸张制作拖鞋的乐趣。

· 积极参加体能游戏，并按照规则参与活动。

· 愿意与成人一起参与主题环境的创设，与同伴分享、交流，有初步的合作意识。

3. 设计主题活动网

具体内容参见第一章第三节“幼儿园主题活动的设计”。

4. 具体教育活动设计

具体的活动设计参照单一领域活动设计，其设计流程和单一活动设计类似。

互动交流

（1）你选择的活动对象。

（2）你所设计的主题活动名称。

（3）阐述所选的班在《指南》中的目标论述。

（4）主题设计缘由。

（5）主题活动目标。
（6）主题活动网络。
（7）写出一节教育活动方案。

评价反思

（1）你是否清晰了解主题活动设计？你认为主题活动与区域活动最大的区别是什么？

（2）你是否完全掌握主题活动设计步骤？主题活动必须通过“上课”这种形式完成的说法对不对？为什么？

（3）请你谈谈在设计主题活动的过程中遇到了哪些困难，你是如何解决的。

拓展提高

（1）推荐阅读：倪志明．幼儿园教育活动设计与指导［M］．2版．上海：华东师范大学出版社，2021．

（2）通过中国学前教育网或相关书籍，收集主题活动的案例，建立关于主题活动设计方面的资源库。

第三节　体育区域活动

幼儿园体育区域活动是一种特殊的户外活动组织形式，是对基本体育活动的补充。幼儿园体育区域活动的学习主要依据开放性原则和安全性原则两个方面，遵循“六步思考”对健康领域体育区域活动设计与实践的知识阐述，进而形成科学系统的健康领域体育区域活动方案。

学习目标

（1）根据幼儿园年龄班，选择体育区域活动内容；
（2）能根据幼儿已有体育知识、技能设计体育区域活动；
（3）对体育区域活动设计感兴趣，并积极开展体育区域活动。

学习任务

任意选择小、中、大班，设计体育区域活动并形成体育区域活动设计方案。

知识导学

体育区域活动是幼儿园户外活动的一种较为特殊的组织形式，是通过幼儿园场地、器材形成的奔跑区、钻爬区、平衡区、投掷区、跳跃区、球类区、综合活动区等区域活动，它是幼儿园基本体育活动形式的一种补充。体育区域活动设计应依据设计原则，遵循设计思考对体育区域活动设计与实践的知识阐述，注意设计提示中提出的问题，将知识导学部分内容作为设计体育区域活动设计的整体思考认真研读，以便形成科学的设计体育区域活动方案的能力。

一、设计原则

1. 开放性原则

体育区域活动的特点是幼儿自主、自由、自愿的游戏，教师的价值就隐含在体育区域的材料、器械及由它引发的幼儿的自由活动之中，因此在设计体育区域活动时，应从释放幼儿主体性上进行考虑。活动场地和活动材料要体现开放性原则。

2. 安全性原则

体育区域活动是以幼儿自主活动为主，有时还打破年龄的界限，因此安全是设计体育区域活动的重中之重。除考虑体育活动本身及玩具、器械的安全性外，还要考虑幼儿在自主游戏中的人身安全，因此必须建立游戏规则，让幼儿学会安全游戏。

二、设计思考

“六步思考”作为设计一节体育区域活动的整体，前后照应。六步思考的具体内容如下。

➢ 思考一：确定本次活动对象

本次活动对象为3～4岁、4～5岁、5～6岁的幼儿。

➢ 思考二：选择区域活动内容

区域活动内容包括跳跃区、平衡区、投掷区、球类区、钻爬区、自由活动区等。

➢ 思考三：做区域活动前准备

1. 环境准备

开展户外区域活动之前，教师要对场地做全面规划，即准备开设哪些区、哪个区设置什么样的体育活动内容、什么样的活动内容又需要什么样的空间及对周围的环境有哪些要求等都要做细心的安排和考虑。根据体育活动技能要求和活动材料的性质，可以将活动场地做整体划分。例如，可将活动场地分为跳跃区、平衡区、投掷区、球类区、钻爬区、综合活动区等，保证幼儿在做各种自主体育活动时，有足够的空间。

2. 材料准备

根据幼儿的心理特点投放材料。幼儿好奇、好动的特征使得颜色鲜艳、新颖的材料或器械对他们有巨大的吸引力，他们会争抢去玩一玩、试一试，如彩色的小跨栏、动物造型套圈等都会吸引幼儿的注意力。

根据不同的区域活动特点投放活动材料。跳跃区投放跨栏、跳圈。钻爬区投放钻爬用的垫子、拱形门、桌、椅、挂铃铛的绳子、气球组成的圈、爬网、攀岩等，不同的器械可以练习不同的钻爬。投掷区投放飞盘、沙包。平衡区投放独木桥、跷跷板、半月摇、高跷、平衡木、梅花桩等。球类区投放各种球、高低不同的篮框等。自由活动区投放绳、球、口袋。

自制活动器材。自制活动器材就是因地制宜、就地取材自制体育游戏器材。可以将一种材料制成多种类型的游戏器械，如易拉罐制成高跷、梅花桩、滚滚球、保龄球、响罐等。还可以用多种材料制成一种游戏器械，如投掷物，可用报纸团成纸球，用布缝成布球、沙袋等。

3. 规则准备

建立体育区域中的幼儿活动规则非常重要，它是幼儿有效进行区域活动的保证，体育区域中的规则一般可以包括以下几种。

（1）进区人数。一般进区人数要加以控制，在幼儿园中控制进区人数往往是通过进区卡来完成的。进区卡是指教师自制的进区标志，如规则区域只能进入 5 位幼儿，进区标志就制作成 5 个标志牌，当幼儿想进入此区活动时，只有戴上进区标志的幼儿才能进区活动，没有标志的幼儿是不能进入此区活动的。

（2）轻拿轻放不破坏操作材料。

（3）要求幼儿游戏时不抢操作材料，当操作材料不够时，要求幼儿学会轮流与排队等候。

（4）用完的物品归还原处。

根据上述规则，教师可根据班级幼儿年龄特点自行安排，但一个安静、宽松、自由、和谐的语言环境，使幼儿能充分地游戏和交往。

➢ 思考四：确定区域活动目标

体育区域活动目标是一个阶段幼儿发展的总体目标，和具体的集体教育活动目标有区别，集体教育活动目标要求具体、可操作、可测，而体育区域活动目标是笼统的、全面的。由于幼儿是自主活动的，可能选择的区域活动多而杂，因此每次活动目标不会聚焦到一个点上，目标要求不是在一个活动过程中能够呈现出来的，如跳绳，幼儿可能要经过十次或是数十次的练习才能达到会跳绳的技能目标。尽管如此，教师在每次活动前也要心中有目标，将目标隐含在规定开放的区域和所操作的材料当中，这样所组织的活动才能既符合幼儿年龄特点，又能达到体育锻炼的目的。

➢ 思考五：设计本次活动过程

（1）开始部分是教师带领幼儿进入场地做活动前的准备运动，如小跑、音乐律动、体操等活动。教师带领幼儿做完准备活动后再请幼儿自由选择区域，教师讲清楚每个区域的进区人数和活动时的安全要求，保证幼儿在活动过程中的安全，减少幼儿的等待。

（2）基本部分是幼儿自主选择活动区域后，进入到游戏区域中活动的过程。教师应根据幼儿的年龄特点及运动状况作出适当指导。小班幼儿运动能力和社会交往能力弱，但模仿性强，教师在幼儿游戏过程中要给予更多身体上的关心和照顾。中班幼儿运动能力及交往能力较之小班有很大的进步，游戏中常常会有很多有创意的玩法，教师只需要鼓励和帮助幼儿树立信心即可。大班幼儿的独立性强，在各种游戏活动过程中，会显得特别活跃，非常容易出汗，教师要及时地控制运动量和活动时间。

（3）结束部分需要教师通过整理体育器械或进行慢节奏的游戏来逐渐降低幼儿活动量，让幼儿逐渐安静下来。

➢ 思考六：体育区域活动观察记录

体育区域活动是以幼儿自主活动为主的。因此，在区域游戏活动中，教师要表现出对各个区域活动的兴趣及激情，鼓励幼儿积极参与活动，在活动中教师要细心观察，并帮助活动困难的幼儿、活动量过大幼儿等做适当的调解和帮助。观察和适当的介入指导是教师在体育区域活动的主要工作，如表 2.3.1 所示。

表 2.3.1　体育区域活动观察记录表

观察时间		观察对象	
活动记录			
情况分析			
指导措施			
活动效果			

三、设计提示

体育区域活动的设计要注意以下几点提示。

（1）体育区域活动以幼儿自主活动为主，是放开幼儿思想、身体束缚的活动，但绝不是放弃教师的作用。活动前，教师要对活动器材、器具等检查和了解，并讲清活动规则。活动中，教师要细心观察幼儿。例如，游戏时取放玩具的规则、合作游戏时的人际关系、游戏时衣服的增减、幼儿的创新动作等。活动结束后，教师和幼儿一起做放松活动，检查场地上玩具是否收回等。

（2）体育区域活动要合理投放材料。在活动区域内尽可能多地投放多种类、多数量的游戏器材，如不同高度的跳栏、羊角球、篮球、足球、绳、口袋等，让幼儿都有玩具可玩。

（3）考虑到本班幼儿的年龄特点，玩具、器械一定要适宜。例如，平衡区有平衡台、平衡木、平衡桩、梅花桩、走高走低梯子、轮胎等，虽然都是练习平衡，低年龄段的可以走平衡木，而高年龄段的可以走梅花桩。

互动交流

（1）你选择的活动对象。

（2）你所设计的区域活动名称。

（3）阐述所选的班在《指南》中的目标论述。

（4）设计出所开放的区域活动内容及过程。

开始部分：

基本部分：

结束部分：

评价反思

（1）你是否了解体育区域活动内容？说一说体育区域活动对促进幼儿动作发展的益处。

（2）你是否完全了解体育区域活动特点？教师在组织体育区域活动时要注意哪些方面？

（3）请你谈谈自制体育区域器材有哪些，举例说明你能设计出什么样的体育器材。

拓展提高

体育区域活动的特点

体育活动的表现形式是以体育课、轻器械操、体育游戏等为主导的活动，其突出特点是教师起主导作用，活动形式以集体活动多，个体、小组活动少，内容上强调技能及动作质量，这和体育区域活动有很大区别。体育区域活动表现如下。

幼儿是活动的主人。首先体育区域活动变统一内容为丰富多彩的活动内容，每名幼儿都有表现最高能力的机会；其次变集中体育活动为辅，分散活动为主，让幼儿有更多的活动自由；最后变教授学习为探索学习，为幼儿提供活动环境和机会，幼儿通过尝试和向同伴学习及运用已有的经验提高活动能力，促进身心全面发展。

提供开放的环境。体育区域活动的环境是开放的，一般是以幼儿园为单位划分区域，最大限度地利用幼儿园的环境资源，所划分的活动区域虽然在区与区之间自然隔离，但整体的环境是开放的，幼儿在开放的环境中自主地选择感兴趣的器械、分享不同运动环境中的资源。

材料丰富有兴趣。体育区域活动是根据各区的活动特点来提供材料，因此形式多样、数量充足。材料投放时，充分考虑了幼儿的年龄特点、幼儿运动能力及发展的需要、幼儿的个体差异需要，使不同层次的幼儿都能在各区域内根据自己的选择，使用和操作运动器械，幼儿的运动兴趣和需要得到满足。

游戏的趣味性。体育区域活动为幼儿提供各种游戏材料及体育器械。在活动中，教师以观察为主，只有在适当时机才介入指导，因此幼儿在精神上感到极大的放松，他们可以自由扮演角色、自由进行运动，这样的活动会让幼儿感到自己是在游戏，而非教师主导的模仿活动。游戏是最好的老师，游戏也是幼儿最喜欢的活动，当幼儿把体育活动当成游戏来做时，身心是愉快的、健康的。

第四节　作品展示与交流

幼儿园健康领域作品展示与交流的方式以设计说课为主。幼儿园健康领域作品展示与交流的学习主要依据全面性原则、兴趣性原则两个方面，遵循“五步思考”对健康领域作品展示与交流设计与实践的知识阐述，最终科学地呈现出健康领域的说课活动方案。

学习目标

（1）列举说课步骤，会按说课要求进行说课；

（2）会分析素材，能在规定时间内做好说课准备；

（3）愿意参与说课活动，初步形成说课能力。

学习任务

“说”一节体育活动设计。

知识导学

作品展示与交流有多种方法，如“说课”“试讲”“评课”“课堂教学”等。本次活动设计以说课为主。

什么是说课？说课是在一定场合说一说对某个教育活动设计的打算，通俗地讲就是教师把教什么、怎样教、为什么教通过口头表达的形式说出来。说课以“说”为主，是设计者以叙述为主对教育活动设计本身进行分析和说明。说课活动设计应依据设计原则，遵循设计思考对说课活动设计与实践的知识阐述，注意设计提示中提出的问题，将知识导学部分内容作为设计说课活动的整体思路认真研读，以便形成科学的设计说课活动方案的能力。

一、设计原则

1. 全面性原则

说课虽然是独白式的叙述，但通过一节课的叙述能够表现出说课者的教育观、儿童观、教学方法、教具应用、已有的幼儿知识及教育经验、教学难点和重点等，因此在设计说课活动中，要全方位考虑到各种教育因素，尽量做到全方位思考，最佳展示。

2. 兴趣性原则

兴趣是最好的教师，设计说课活动更要把活动设计得有层次、有兴趣，说课时才能声情并茂吸引听众。

二、设计思考

“五步思考”作为设计一节说课活动的整体，前后照应。五步思考的具体内容如下。

➢ 思考一：分析素材

素材是指活动内容。说课者首先要对所选定的活动内容进行分析，主要从素材目的性，素材适合的年龄班，以及素材的教学难点、重点三个方面进行分析。

素材的选取要适合 3～4 岁、4～5 岁、5～6 岁的幼儿。

表述素材的教学难点及重点，主要从活动的难度、技巧、要达到的目的等方面准备。

➢ 思考二：确定活动形式

活动形式包括单一领域活动、主题活动。

➢ 思考三：设计教育活动目标

教育活动目标可参照单一领域活动、主题活动等不同活动形式目标设计要求来进行设计。

➢ 思考四：设计活动过程

活动过程可参照单一领域活动、主题活动等不同活动形式的活动过程、设计要求来进行设计。

➢ 思考五：说课流程

说课要从活动内容、活动目标、活动准备、教法学法、活动过程五个方面进行。

互动交流

1．素材：

地垫玩法

抛接地垫：幼儿将地垫向上或平抛。

头顶地垫：把地垫顶在头上走，不让地垫落下来。

间隔摆放：地垫间隔摆在地上，幼儿可以在上边跳。

拼接地垫：幼儿合作把地垫拼成一条直路或弯曲的路等，幼儿在上面爬行。

2．请根据素材说课，要求：①准备一节体育活动；②时间：10 分钟。请按照下列步骤完成说课任务。

（1）你说课选择的活动对象。

（2）你所说课的活动名称。

（3）你的设计思路。

例如，大班幼儿年龄特点是具体形象思维，他们好奇心强、想象力丰富并具有一定的创造性，由此我产生了让大班幼儿利用地垫，通过无限想象变化出多种新的游戏玩法的设想，引发我设计了“会变魔术的地垫”体育活动。

（4）活动目标。

（5）活动准备（采用的直观教具及学具）。

（6）活动过程。

A．说活动流程

B．说具体环节

评价反思

通过本节课的学习，你是否掌握了说课的方法及步骤？举例说明说课与写教育活动设计有什么区别。

拓展提高

如何说一节体育活动

说课方案是按照说课内容的内在逻辑来撰写的。一般说课稿分为说教材、说活动目标、说重点和难点、说活动准备、说教法和学法、说活动过程、如何说几个部分。

1．说教材

说教材主要是阐明此次所选择的教材内容是什么？选择此教材的原因是什么？在说原因时可以从两个方面进行：分析幼儿已有经验；内容选择符合幼儿的需要和发展要求，从长远的意义上说明此活动对促进幼儿发展的必要性和重要性。例如，选择中班体育活动“逃出栅栏”。首先，利用已有知识经验选择活动。在设计“逃出栅栏”活动前，考虑幼儿已有能跨过15～20厘米小河的学习经验和掌握了助跑跨跳技能，在此基础上选择“逃出栅栏”活动，提出了纵跳跨过30厘米的高度栏杆的新学习要求。其次，从幼儿的兴趣出发选择此活动。一次在和幼儿一起看动画片《狼和小羊》时，一群小羊为躲过牧羊犬追扑，跨跳逃出栏杆的情景让幼儿激动不已，当时就有幼儿学着小羊的样子原地做着跨跳的动作。此次组织“逃出栅栏”体育活动的导入部分就是和幼儿一起回忆《狼和小羊》动画片的情景，幼儿在兴趣驱动下，扮演着“小羊”和“狼”，和教师一起快乐的活动。最后，从动作技能发展情况选择此活动。中班幼儿身体的协调性已经开始发展，助跑跨跳的动作已经完全能够驾驭。基于这三个方面的原因选择了“逃出栏杆”活动内容。

2．说活动目标

活动目标的制订既要符合《纲要》《幼儿园工作规程》《指南》中所提出的体育活动目标，又要结合现有幼儿的体育发展水平、经验及需要而定。目标要从情感、知识、技能三个方面制订，缺一不可。

3. 说重点、难点

重点知识是本次体育活动的核心知识与技能，难点是在本次体育活动当中幼儿难以理解和接受的知识与技能。重点、难点是整个教育活动的核心部分。重点、难点的提出是根据目标和幼儿的实际学习情况而定的，活动过程中环节设计也是根据重、难点来展开的。说课时要找出本次活动的重点、难点，然后运用示范、讲解、提问、讨论等方式解决重点、难点等问题。

4. 说活动准备

由于幼儿的思维是具体形象性思维，因此在体育活动中也要出示相关的教具、学具。活动准备可分为两部分内容：其一是幼儿已有经验，其二是活动所需要的物质。活动准备是体育活动顺利进行的保证，因此在设计说课内容时，教师要把全方位的活动准备说清楚。

5. 说教法和学法

说教法和学法要从两个方面进行。首先，说出教师怎样教，用什么方法教；其次是说出幼儿学，怎样学。例如，“逃出栏杆”活动中，教师运用启发式教学方法，让幼儿运用已有的知识技能，自己尝试练习跨跳一定高度。幼儿则是以自主学习为主，通过自由结伴，从最低的一个栏杆跳起，然后两人合作，增加为两个栏杆的高度跨跳，最后多人合作，栏杆增加为4～5个高度，且由3个同样高度的栏杆组成一组，幼儿尝试连续跨跳。在说课中，一定将教与学两者的方法从两个方面说清楚。

6. 说活动过程

说活动过程应从四个方面着手。首先，说清活动过程中的每一个环节对应目标中的知识、技能、情感等哪个目标。目标是活动的出发点，也是活动的归属。其次，说活动过程中所用到的教学手段。每个环节落实目标不同，所运用的教学手段都不尽相同，特别是在解决教学重点和难点内容时更应该运用最直观的教学手段。再次，说清教师可能要有的示范、讲解，说明这样设计对幼儿理解活动内容的重要性。最后，说清环节安排的整体性目的。环节层层递进，环节与环节之间衔接自然，达到围绕教学目标进行教学的目的。

7. 如何说

首先，在说课过程中，教师要有角色转换，教师一般有三个身份：教者、学者、叙述者。因为完整地讲述一个教育活动，要有教师提问、幼儿回答，所以说课者要有语调的区分。其次，说课时语言要流畅，要把真正的课堂演绎出来。最后，说课者的仪表要整洁大方，神态亲和，最重要的是有感染力，说课时，还可以借助多媒体课件。

第三章　语言领域教育活动

语言是人类思维和交际的工具。幼儿语言发展的必要条件是让他们多听、多说、多看，并适当地写写画画。教师要坚持在语言领域教育教学中贯彻党的教育方针，落实立德树人根本任务，通过学习设计语言领域活动的基本方法，遵循幼儿语言能力发展的基本规律，落实《指南》中语言领域的目标，并围绕目标设计单一领域活动、主题活动、区域活动，掌握试讲的基本方法，力争从实践层面让学生感悟语言领域活动的设计策略，从而实现语言领域的教育实践。

第一节　单一领域活动

语言单一领域活动是以语言领域为单位组织的故事活动、看图讲述、诗歌活动、听说游戏等教育活动，有助于幼儿系统掌握语言领域的知识与技能，为解决各类活动中幼儿的问题奠定基础。对教师而言，语言单一领域活动的操作性强。

故事活动

学习目标

（1）根据《指南》中语言领域相关目标，选择适宜的故事内容；
（2）能掌握小、中、大班故事活动设计特点，并写出设计方案；
（3）愿意分享设计方案，体验交流学习成果的快乐。

学习任务

（1）任意选择小、中、大班设计一节故事教育活动。
（2）为所设计的故事活动准备教具。

知识导学

故事是幼儿最喜欢的一种文学形式，对幼儿的语言发展、世界观的形成起着特别重要的作用。故事活动设计应依据设计原则，遵循设计思考对故事活动设计与实践的知识阐述规律，注意设计提示中提出的问题，将知识导学部分内容作为设计故事活动的整体思考认真研读，以便形成科学的设计故事活动方案的能力。

一、设计原则

1. 面向全体原则

面向全体原则是指设计故事活动要考虑让全体幼儿听懂故事内容、理解故事情节、喜欢故事中的正面人物及掌握故事中重要的词、句、发音等，教师除绘声绘色地讲述故事外，还需要配合直观教具（图片、多媒体课件、电视、情境表演等），从而实现面向全体教学的目标。

2. 思想性原则

每则故事都有主题思想，即作者在故事中贯穿全文的核心思想，它能启迪幼儿的心灵。教师在设计活动时要将故事主题思想传递给幼儿，让幼儿在学习故事的同时明白做人做事的道理。

二、设计思考

“六步思考”作为设计一节故事活动的整体，前后照应。六步思考的具体内容如下。

➢ 思考一：确定本次活动对象

本次活动对象为3～4岁、4～5岁、5～6岁的幼儿。

➢ 思考二：选择本次活动内容

活动内容主要有童话故事、寓言故事、成语故事、神话故事、名著、自编故事。

童话故事是儿童文学的一种体裁，通过丰富的想象、幻想和夸张来编写适合儿童欣赏的故事，如《白雪公主》《灰姑娘》《小红帽》《海的女儿》等。

寓言故事指含有讽喻或明显教训意义的故事，如《揠苗助长》《自相矛盾》《郑人买履》《守株待兔》《刻舟求剑》《画蛇添足》，古希腊《伊索寓言》中的名篇《农夫和蛇》等。

成语故事是关于成语产生、形成、流传的故事传说，如《大器晚成》《口若悬河》《大材小用》《一箭双雕》等。

神话故事是民间文学的一种，如《女娲补天》《精卫填海》《夸父追日》《后羿射日》《嫦娥奔月》《吴刚伐桂》《大禹治水》《牛郎织女》等。

名著，如《西游记》《格林童话》《安徒生童话》等。

自编故事是指教师根据教学需要自己编的故事。

➢ 思考三：选择本次故事教学形式

本次的故事教学形式主要包括故事欣赏、阅读故事、复述故事、创编故事四种。

➢ 思考四：做本次活动前准备

1. 了解幼儿已有知识经验

（1）熟悉和掌握所设计对象在《指南》中的目标论述。

（2）掌握所设计对象听故事的特点。

小班：适合故事内容短小（或经改编的内容短小的经典童话故事），人物关系简单，重复句较多的文学作品，如《小猫钓鱼》《小兔乖乖》《拔萝卜》等故事；

中班：适合故事内容比小班内容稍复杂，人物关系（事件）与自己生活息息相关的、事件简单明了的各种体裁的儿童文学作品，如童话故事《咕咚来了》《狼和七只小羊》，成语故事《七步之才》，神话故事《夸父追日》，寓言故事《郑人买履》等。

大班：适合各种题材的儿童文学作品或根据活动需要创编或仿编的故事内容。

2. 物质准备

物质准备指准备活动所需要的挂图、绘本、多媒体课件、电视录像、图书等直观教具。

➢ 思考五：确定本次活动目标

本次活动目标是将幼儿学习效果用具体、明确的语言做能检测的描述，具体要求如下。

（1）目标制订要符合幼儿知识、技能和情感需要。

（2）目标开头可用“理解”“能”“体验”“乐意”“学习”等词语做表述。

例如，《小猫钓鱼》的活动目标如下：

• 理解故事内容，知道故事主要情节；
• 能通过故事讲述理解成语“一心一意”的含义；
• 学习小猫知错就改的好品质。

➢ 思考六：设计本次活动的活动过程

活动过程是完成活动目标的载体，它是由一个个环节构成的，每个环节应紧紧围绕活动目标进行设计，根据活动目标要求不同，建议使用不同教学流程。

1. 阅读故事活动流程

阅读故事活动流程包括导入、讲述故事、分析理解、迁移经验。

导入方式主要用故事、游戏、角色扮演等方法。

讲述故事可利用图片、手偶、贴绒、桌面材料、多媒体、动画片等直观教具进行。

分析理解是指通过问题（对故事重要情节中人物的描述、假设等问题）进行师幼互动，达到分析和理解故事的目的。

迁移经验是指请幼儿复述故事或提出和故事主题思想相近的问题，请幼儿用新学习到的经验解决问题。

2. 创编故事活动流程

创编故事活动流程包括导入、复述、质疑、创编、讲述。

导入的方法主要有故事、游戏、角色扮演等。

复述是指利用教具重现故事、幼儿在教师提示下复述故事或回忆故事中人物对话等。

质疑是指幼儿对故事中情节产生疑问、重新构思故事情节、增加故事人物、改变故事人物等。

创编是指幼儿根据自己对故事的理解及同伴间的讨论，自由创编故事。在这个过程中，教师对幼儿进行个别指导。

讲述包括分小组讲述、个人叙述、集体讲述等。

三、设计提示

分析是设计的基础，当教师选定故事内容后要对故事进行分析，故事分析主要考虑下面几点。

1. 明确故事主题

作者会赋予每一则故事独特的主题思想（如不骄傲、团结合作、做个守时的人、做个善良的人等），教师要把握住主题思想，让故事起到教育影响幼儿的作用。

2. 明确故事结构

教师在示范讲故事时，应先掌握故事的结构层次，知道故事的转折点及高潮，这样教师在讲述故事时的情感、语气、语调、语速才能与故事内容相吻合。

3. 分析故事的重点、难点

故事中的经典词、句都是幼儿学习的材料，建议将一节课中的教学重点放在故事中紧扣中心的关键词或在生活当中能够应用的常见词上；故事中幼儿很难懂或应用已有知识经验也难以理解的重点内容则是学习的难点。

4. 分析应准备的教具

教师应提供直观形象的图片、贴绒、桌面材料、木偶或多媒体、动画片等教具，并根据具体的故事内容进行选择。提前准备好教具能够帮助幼儿加深理解故事内容，解决教学重点和难点。

互动交流

（1）你选择的活动对象。
（2）你所设计的活动名称。
（3）阐述所选的班在《指南》中的目标论述。
（4）写出活动方案（格式见表 1.2.1）。

评价反思

观看教师说课，填写表 3.1.1。

表 3.1.1 幼儿园语言领域活动听课记录表

活动对象		设计教师	
活动名称			
活动目标			

续表

<table>
<tr><td>活动准备</td><td colspan="3"></td></tr>
<tr><td>活动过程</td><td colspan="3"></td></tr>
<tr><td rowspan="6">教学评价</td><td rowspan="3">活动设计</td><td>目标制定</td><td></td></tr>
<tr><td>环节设计</td><td></td></tr>
<tr><td>教学具准备</td><td></td></tr>
<tr><td rowspan="3">课堂落实</td><td>教师教态、语言</td><td></td></tr>
<tr><td>目标完成情况</td><td></td></tr>
<tr><td>师幼互动</td><td></td></tr>
</table>

拓展提高

一、推荐阅读

张淑琼．幼儿园教育活动设计与实施［M］．2 版．北京：北京师范大学出版社，2014.

二、故事活动的设计与实施

故事活动是幼儿园教育幼儿的一种手段，开展故事活动对培养幼儿良好品质，提高幼儿语言表达能力，扩大和丰富幼儿知识面有着积极的促进作用。

1. 设计故事活动的方法

活动设计是故事教学的关键。在娱乐消遣中讲故事和在集体教学中讲故事的目的是不同的：在娱乐消遣中讲故事的目的在于“乐”；而在集体教学中讲故事的目的是寓教于乐，“教”才是真正的目的。围绕“教”所展开的活动设计方法有以下两种。

准备活动一般是指讲述故事之前的活动。准备活动通过情境设置、提问、语言游戏等，一方面引发幼儿参与故事活动的积极性，另一方面引发幼儿对故事内容的猜测和思考。

讲述活动包括讲故事和理解故事。讲故事的方法有五种。方法一：在幼儿听故事过程中，将故事挂上图标数字，而后打乱挂图顺序，要求幼儿根据对故事的理解重新排序；方法二：根据故事情节找出相应的故事图片；方法三：结合故事关键词，猜测故事内容；方法四：根据动作表演或语言描述，要求幼儿对故事内容作出判断；方法五：用教师的体态语增强故事的感染力，帮助幼儿理解故事。理解故事的方法有四种。方法一：根据故事挂图复述故事或简单讲述故事梗概；方法二：添加或改编故事情节；方法三：分角色表演故事；方法四：幼儿从动画片中模仿故事人物进行表演。

2. 组织故事教学策略

组织故事教学策略要求将情境游戏、口语交流、环境感染等多种形式贯穿于故事教学之中，具体方法包括以下几种。

问题贯穿。问题贯穿在整个故事教学的始终，用提问引出师生交流的话题，这是组织故事教学经常会用到的方法。设计问题的方法一般有三种。一是故事讲述开始前的提问，用提问引出要讲的故事内容。二是讲述中提问，引导幼儿理解作品，帮助幼儿层层深入理解故事主要内容，如故事名称，故事中的主人公，故事中的主要情节，你最喜欢故事中哪些人物，你对故事中的疑问是什么等。三是用提问的方式，引导幼儿复述故事或仿编故事。

环境感染。环境感染即设置故事中的情境将幼儿引入故事情境中学习。例如，讲述“小红帽”的故事，教师布置了小红帽姥姥家的环境，根据故事中的角色，将教师、部分幼儿扮演成故事中的角色，通过服装、道具及场景的变换，让幼儿的故事表演或讲述在真实的情境中发生。

游戏表演。游戏表演一般是在教师讲述故事之后，再次复述时运用。一般情况是教师突然中断讲述内容，留下故事悬念，让幼儿用情境游戏的方法表演接下来发生的事情。例如，在第二次讲述“小兔乖乖”故事时，教师读旁白，幼儿扮演大灰狼、小兔子和小兔妈妈，通过情境游戏的形式把“小兔乖乖”的故事表演出来。

在故事教学中教师到底采用什么样的方法，取决于教师驾驭故事的能力。但是，讲故事之前教师一定要分析故事，在分析的前提下讲故事，才能将故事作者想要传达的思想挖掘出来并传递给幼儿。没有分析做基础，故事讲得再生动也难以体会到作者本意。

诗歌活动

学习目标

（1）根据《指南》中语言领域相关目标，选择适宜的诗歌内容；
（2）列举诗歌活动的设计步骤，并设计诗歌活动；
（3）愿意分享活动设计方案，体验学习分享的快乐。

学习任务

自选小、中、大班，设计一节诗歌活动并形成活动方案。

知识导学

诗歌是另外一种体裁的儿童文学作品，因其语言浅显、结构简单、情节单纯有趣，题材又多以幼儿熟悉的生活为主，且读起来朗朗上口，深受小、中、大班幼儿的喜欢。诗歌活动设计应依据设计原则，遵循设计思考对诗歌活动设计与实践的知识阐述，注意设计提示中提出的问题，将知识导学部分内容作为设计诗歌活动的整体思考认真研读，以便形成科学的设计诗歌活动方案的能力。

一、设计原则

1. 多样性原则

多样性原则是指在“教”“学”诗歌过程中，灵活运用多种形式、多种方法进行教学。因诗歌活动是以背诵和理解为主，可采用故事讲解、朗诵表演、动作模仿、图片提示等多种方法相互补充、相互配合，达到让幼儿学会和理解诗歌的目的。

2. 兴趣性原则

兴趣性原则是指在幼儿练习表演诗歌过程中，采用游戏比赛、分组朗诵、个别表演、集体朗诵等方法调动幼儿学习兴趣，以完成教学任务。

二、设计思考

“五步思考”作为设计诗歌活动的整体，前后照应。五步思考的具体内容如下。

➢ 思考一：确定本次活动对象

本次活动对象为3～4岁、4～5岁、5～6岁的幼儿。

➢ 思考二：选择本次活动内容

本次活动内容主要包括儿歌、儿童诗、散文诗和古诗。

儿歌是以低幼儿童为主要接受对象的具有民歌风味的简短诗歌，如《小青蛙》《大公鸡》《打电话》《小白兔》等。

儿童诗是以儿童为主体接受对象，适合中、大班儿童听赏、吟诵、阅读的诗歌，如《老师妈妈》《儿童的心》《春鸟》等。

散文诗是介于散文与诗之间的一种文体，如《秋姑娘》《梦姐姐的花篮》《绿色的梦》《我有一个梦想》等。

古诗是古代诗歌的泛称，如《静夜思》《锄禾》《相思》《春晓》《鹿柴》等。

➢ 思考三：做本次活动前准备

1. 了解幼儿已有知识经验

（1）熟悉和掌握所设计对象在《指南》中的目标论述。

（2）掌握所设计对象所学诗歌的侧重点。

小班：适合语言直白、拟人、生活化，动词较多的短小儿歌。例如，儿歌《我学》：

我学

我学小鸟飞飞
我学小马跑跑
我学小兔跳跳
飞飞跑跑跳跳

中班：适合相对小班稍复杂一些、诗歌趣味性强、诗句不能超过8句、读起来又朗朗上口的诗歌。例如，诗歌《笑哈哈》：

笑哈哈
蛋儿圆，圆圆蛋
小小动物住里面
小鸡小鸡叽叽叽
小鸭小鸭嘎嘎嘎
叽叽叽，嘎嘎嘎
啄破蛋壳笑哈哈

大班：适合有寓意和意境或能进行仿编或创编的诗歌。例如，诗歌《秋姑娘》：

秋姑娘

秋姑娘悄悄地来了，挥舞着巨大的画笔，泼洒着斑斓的色彩，瞬间就把万物涂上秋的颜色，它美吗？我乘上被秋风吹起的落叶小船，一路追随着秋姑娘的脚步。

我问枫叶，枫叶枫叶，秋天是什么颜色，枫叶说，秋天是红色的。

我问小草，小草小草，秋天是什么颜色，小草说，秋天是黄色的。

我问菊花，菊花菊花，秋天是什么颜色，菊花说，秋天是橙色的。

我问小朋友，小朋友小朋友，秋天是什么颜色，小朋友说："秋天是七彩颜色，好似七巧板，能将大地拼成美丽的图画。"

我请求，秋姑娘把我也涂上秋天的颜色吧，秋姑娘说："不用了，不用了，秋天的色彩已经住进了你的眼睛里。"

2. 物质准备

准备本次活动所需要的教具，如挂图、多媒体课件、电视录像、图书等直观教具。

➢ 思考四：确定本次活动目标

本次活动目标是将幼儿学习效果用具体、明确的语言做能检测的描述，具体要求包括以下两点。

（1）目标制订要符合幼儿知识、技能和情感需要。

（2）目标开头可用"理解""能""感受""愿意"等词语做表述。

例如，诗歌《秋姑娘》的活动目标如下：

- 理解诗歌内容，感受诗歌中表达秋天的美丽所用的语言美和意境美；
- 能用恬静、舒缓的语气朗诵并仿编诗歌，发展幼儿语言表达能力；
- 喜欢用幻想的方式创编诗句，初步产生创编散文诗的热情。

➢ 思考五：设计本次活动的活动过程

本次活动过程设计流程包括导入、欣赏作品、分析理解作品、表演或创编。其中，分析理解作品运用可采用绘画、手指操、编故事、动作表演、朗诵等方法进行。

三、设计提示

分析教材是设计诗歌活动的基础，教师对教材可做如下分析。

1. 明确诗歌主题

作者赋予了每一首诗歌独特的主题思想（诗歌说明的道理、要传递的思想感情、深刻的教育含义等），教师在教学中要把主题思想传递给幼儿，让诗歌起到教育、影响幼儿的作用。

2. 掌握诗歌的节奏、韵律

诗歌的节奏表现为朗诵诗歌要有韵律或停顿。这种韵律和停顿既要符合诗歌中的情感，又要符合人们的说话习惯。

3. 分析诗歌的语言，找到能创造性表述的内容

教师要明确学习诗歌的重点、难点，确定幼儿要掌握的词、句，发挥诗歌中能引发幼儿想象的内容。

4. 整合教学手段，考虑综合活动

教师要围绕诗歌内容，综合运用绘画、制作画册、编故事、表演、朗诵等，发掘幼儿的创造性。

互动交流

（1）你选择的活动对象。
（2）你所设计的诗歌活动名称。
（3）阐述所选的班在《指南》中的目标论述。
（4）写出活动方案（格式见表 1.2.1）。

评价反思

举例说明你在设计诗歌活动中遇到的问题和困惑及其解决办法。

拓展提高

推荐阅读：赵寄石，唐淑. 幼儿园渗透式领域课程：健康·语言·社会　教师用书　小班（上）[M]. 南京：南京师范大学出版社，2009.

看图讲述

学习目标

（1）解释说明各年龄段幼儿看图讲述的方法；
（2）运用挂图、照相、摄像、表演等技能，设计讲述画面；

（3）尝试制作讲述时所需要的教具或学具，体验创造的快乐。

学习任务

任选小、中、大班，设计一节看图讲述活动并形成活动方案。

知识导学

看图讲述是在启发幼儿观察图片、理解图片的基础上，用恰当的词句表达图意的一种教学活动。看图讲述活动设计应依据设计原则，遵循设计思考对看图讲述活动设计与实践的知识阐述，注意设计提示中提出的问题，将知识导学部分内容作为设计看图讲述活动的整体思考认真研读，以便形成科学的设计看图讲述活动方案的能力。

一、设计原则

1. 差异性原则

差异性原则是指幼儿在讲述图中内容时，由于语言表达能力、对图片的观察能力、对图片的理解能力存在差异，所以，在问题和图片内容提供上都要做差异性设计，以便全班幼儿在讲述活动中都有所收获。

2. 因材施教原则

因材施教原则是指由于幼儿语言发展敏感期不同，不同家庭的教育也有差异，不同幼儿的接受能力也有所不同，有针对性地设计不同的教学。教师应根据本班幼儿的接受能力，尝试按讲述能力进行分组教学，或者对同等难度的学习内容设计不同梯度的问题，以便使幼儿的讲述水平能在原有基础上得到发展。

二、设计思考

“五步思考”作为设计一节看图讲述活动的整体，前后照应。五步思考的具体内容如下。

➢ 思考一：确定本次活动对象

本次活动对象为3～4岁、4～5岁、5～6岁的幼儿。

➢ 思考二：选择本次活动内容

图片内容选择要对幼儿的情感、能力、知识、健康等有促进作用。

图片表现形式有趣，能引发幼儿观察兴趣，图片中人物形象鲜明、特征明显，有一定的艺术性且情节一目了然。

➢ 思考三：做本次活动前准备

1. 了解幼儿已有知识经验

（1）熟悉和掌握本次活动在《指南》中的目标论述。

（2）掌握看图讲述活动在各年龄班中的侧重点。

小班：主题明确，线索单一，角色简单，人物画面大。画中人物动作、表情明显。小班适合单张图片的或 1～2 幅图的讲述。

中班：主题明确，线索较为复杂，前后图之间有一定联系，图中的人物比小班略有增加。画面上的人物形象突出，有一定的动作和表情，能从画面上看出明显人物心理活动。中班适合多幅图讲述，一般讲述 3～4 张图。

大班：主题鲜明、生动，图与图之间有一定的衔接，画面内容给幼儿留有一定想象空间，能从画面中描绘画中人物的心理活动，并通过观察分析讲述出画面上各个事物之间的相互联系。大班适合 6～8 幅图的排图讲述、生活经验讲述、情境讲述、续编故事、给故事配图画等多种讲述形式。

2. 材料准备

材料准备主要包括：教具及学具（放在黑板上展示给全班幼儿看的大挂图或幼儿手中操作的小图片）；背景图或插入教具；头饰；生活照片（游玩、做客等）或录像；木偶剧；情景剧等。

➢ 思考四：确定本次活动目标

本次活动目标是将幼儿学习效果用具体、明确的语言做能检测的描述，具体要求如下。

（1）目标制订要符合幼儿知识、技能和情感需要。

（2）目标开头可用“能”“在”“鼓励”“会”等词语做表述。

例如，小班讲述活动“乌鸦喝水”的活动目标如下：

- 能够根据画面提供的信息猜测发生了什么事情；
- 在教师提示指导下完整讲述图片内容；
- 鼓励幼儿遇到困难时积极想办法，学会解决问题。

➢ 思考五：设计本次活动的活动过程

（1）感知理解讲述对象主要通过观察图片、实物、表演来理解讲述对象，常见有看图讲述、实物讲述、观看情境表演讲述等。

（2）运用已有经验自由讲述主要给幼儿提供图片、实物、情境表演等不同讲述内容，请幼儿观察后自由讲述，把幼儿从被动听别人讲述中解放出来，为每位幼儿提供讲述机会。教师还要巡回走到每个讲述者面前，提醒幼儿围绕所感知的对象进行讲述，及时发现幼儿讲述时的闪光点及不足，还要放开讲述组织形式，可采用个别交流、小组讲述、集体讲述等。

（3）新的讲述经验是幼儿学习的重点。引进新的讲述经验方法有：教师示范新的讲述内容；教师提示幼儿引进新的讲述内容；教师与幼儿一起讨论新的讲述内容。

（4）迁移新的讲述经验可采用更换角色、添加角色或更换场景、补充情节等方式进行。

三、设计提示

教师提问是完成看图讲述教育活动的重要方法，所以提问设计在看图讲述活动中尤为重要，问题的难易应根据幼儿的认知与语言发展水平而定。看图讲述活动的设计要点包括以下几点。

1. 问题设计符合年龄特点

小班问题具体、简单，主要启发幼儿观察人物一些简单动作和表情。例如，经常会提“是什么”的问题，教师要引导幼儿说出主要人物及外显的特征、动作、表情。

中班增加对图片内容的简单描述和理解人物、事物之间关系的提问，如提“是什么”的问题后，会追加“为什么”的问题。教师要引导幼儿讲出图片人物及事件之间的关系。

大班增加概括性较强的提问，如回答出“是什么”“为什么”的问题后，还要说出能启发幼儿想象、推理的问题，逐步引导幼儿讲述人物的心理活动。

2. 问题设计要有启发性

提问的目的是发展幼儿的观察能力及语言表达能力，因此有目的、有计划地培养幼儿用完整、连贯及准确的语言回答问题是教学的重点，如小班幼儿经常不说完整话，教师可请幼儿把不完整、不连贯、不准确的语句补充完整。中班可以通过进一步的提问，请幼儿把要表达的事情用完整、连贯和准确的语句表达清楚。大班在语句表达完整、连贯和准确的基础上，还要请幼儿进一步在语言的丰富性和句子的复杂性上作出努力，会使用因果句式等。

3. 问题设计要有顺序

问题的设计要根据画面景物的远近、人物出现的先后顺序、事件发生的前后来确定提问的顺序，培养和引导幼儿逐步形成讲述的完整模式，帮助幼儿掌握讲述事件时，要讲清事件发生的地点、时间、重要人物、主要情节及事件结尾。

4. 问题设计要有重点

重点问题的设计是为了启发幼儿学会观察故事中角色的动作、表情、心理活动及图片背景等，通过有顺序地回答问题培养幼儿复述故事的能力。初期复述故事需要教师通过重点问题提示幼儿。设计重点问题的方法：把讲述内容的关键点找出来，关键点可能是故事的梗概，也可能是故事中的人物细节。

互动交流

（1）你选择的活动对象。

（2）你所设计的看图讲述活动名称。

（3）阐述所选的班在《指南》中的目标论述。

（4）写出活动方案（格式见表 1.2.1）。

评价反思

（1）你是否清晰理解看图讲述活动设计？举例说明设计看图讲述问题时应注意什么。

（2）举例说明你在设计看图讲述活动的过程中遇到了哪些困难，你是如何解决的。

拓展提高

看图讲述特点及提问设计

（一）看图讲述特点

看图讲述是幼儿园语言教学中的重要组成部分，是培养幼儿口语表达能力的重要途径。看图讲述有三个主要特点：幼儿讲述来自外部的要求，是由别人所引发的讲述；讲述的内容由图片规定；讲述的目的是向他人传递信息。

根据看图讲述的特点，观察幼儿在讲述过程中的表现。幼儿在讲述过程中通常有三种表现。其一，幼儿的讲述是从由外显动作到表情再到内心活动这样的观察顺序来进行的。其二，幼儿在讲述时是从孤立、片面的事件到事物之间的联系然后再到事物的各个方面。其三，幼儿在讲述时总会先从结果再到过程。

（二）提问设计

从上述幼儿讲述的特点及幼儿在看图讲述中的表现来看，在看图讲述活动中教师的问题可以提高幼儿看图讲述的能力。提问方式主要有四个类型。

第一，感性问题。这一类问题经常会出现在看图讲述的开始部分。感性问题指幼儿看着图不用怎样思考就能回答上来的问题。例如，请幼儿回答“……是什么？”“为什么？”“……有什么？”“……在做什么？”等，这一类问题主要是培养幼儿初步观察力和捕捉事物特征的能力。

第二，理性问题。这一类问题经常出现在感性问题之后，其问题形式有“……是什么关系？”“……是什么样的天气？”“什么时间发生的事？”“什么地方不一样？”等。

第三，分析性问题。这一类问题要求幼儿对画面人物或事物进行分析。主要问题形式有“怎么知道的……？”“为什么……？”。分析性问题一般出现在看图讲述的中间，是故事发展部分，教师通过分析性问题让幼儿讲出故事的来龙去脉或故事的起因。

第四，想象推理问题。这一类问题的形式有“……之前什么样？”“现在呢？”“……会发生什么样的事情？”“是什么原因……？”。这类问题主要是激发幼儿想象或推理没有出现在画面的那部分内容，培养幼儿的发散性思维。

设计问题要注意两点。第一，问题简单明了紧扣主题。问题是使幼儿对画面进行探索的线索，但并不是问题越多越好，与主题无关的问题太多，反而不利于幼儿的讲述和理解故事的中心思想。第二，问题层层深入揭示主题。问题设计要有递进关系，幼儿通过层层深入的、富有启发性的问题及画面提供的线索，大胆讲述，最后揭示主题。

总之，看图讲述形式是多种多样的，可能是一个带有启发性的问题，也可能是教师的动作暗示，也可能是除图以外的联想讲述等，但无论讲述形式如何，教师的问题设计才是讲述的关键。

语言游戏

学习目标

（1）根据活动设计步骤，阐述语言游戏的设计原则；
（2）能运用语言游戏的特点设计语言游戏活动；
（3）愿意参与语言游戏活动的设计，体验创新学习带来的快乐。

学习任务

任选小、中、大班，设计一节语言游戏活动并形成活动方案。

知识导学

语言游戏是用语言本身的幽默诙谐和运用语言时语境带来的快乐从而激起学、用语言的兴趣和练习口齿、正确发音等的一种教育活动。语言游戏活动设计应依据设计原则，遵循设计思考对语言游戏活动设计与实践的知识阐述，注意设计提示中提出的问题，将知识导学部分内容作为设计语言游戏活动的整体思考认真研读，以便形成科学的设计语言游戏活动方案的能力。

一、设计原则

1. *游戏性原则*

游戏性原则是将词、句、音等语言要素的学习寓于游戏之中，让幼儿感受到学习语言的快乐，而不是把语言看作孤立、静止的描述符号。例如，说反正话、绕口令等。

2. *趣味性原则*

趣味性原则是指在语言游戏活动中，用快与慢、大与小等比赛，变换声音等方式增加学习过程的趣味性。例如，用比赛的形式说绕口令，看谁咬字更清、说话的速度更快。

二、设计思考

“五步思考”作为设计一节语言游戏活动的整体，前后照应。五步思考的具体内容如下。

➢ 思考一：确定本次活动对象

本次活动对象为3～4岁、4～5岁、5～6岁的幼儿。

➢ 思考二：选择本次活动内容

1. 字音练习

（1）3 岁幼儿对声母中的舌尖浊鼻音和翘舌音 zh、ch、sh 和 r 的发音有困难；
（2）对舌尖前音 z、c、s 的发音困难更大、错误更多；
（3）3 岁左右的幼儿元音中发 e 和 o 时容易混淆。

2. 词汇练习

1）对词性的理解

3～4 岁幼儿对空间方位词提高最快；3～4 岁幼儿对人称代词的理解有快速发展的趋势。对于形容词，3～4 岁幼儿可掌握 100 多个，4～5 岁幼儿可掌握 150 个左右，5～6 岁幼儿可掌握 200 个左右。

2）词汇掌握的顺序

空间方位词的顺序为：里、外、上、下、前、后、中、左、右。

时间次序词的顺序为：先、后、以前、以后、同时。

动作时态词的掌握包括以下几种。3～4 岁理解“正在”，5 岁理解“已经”，6 岁理解“就要”。3 岁理解“谁”“什么”“什么地方”，4 岁理解“什么时候”“怎样”，5 岁理解“为什么”。

空间维度形容词的顺序为：大、小；长、短；高、矮；高、低；精、细；厚、薄；宽、窄；深、浅。

量词能理解：个、双、本、只、条、匹、件、棵、辆、张、块、座。

幼儿最先掌握名词，如爸、妈；然后掌握身体器官，如手、眼、耳、鼻；最后掌握衣服，如袜、裤、裙。

3）句型练习

3～4 岁幼儿使用最多的是“还”“也”“又”“以后”；5～6 岁幼儿出现了“因为”“要不然”“如果”“如果……就……”等。

➢ 思考三：听说游戏需要活动载体

1. 用物品创设游戏情境

教师使用一些与听说游戏活动有关的物品、玩具或者日用品布置游戏环境，创设游戏的情境，引导幼儿参与听说游戏，如“神秘袋”的游戏。游戏玩法：布口袋里装有很多物品，请幼儿边说儿歌“神秘的口袋东西多，让我用手摸一摸，摸出来看看是什么？”边把手伸入口袋中摸到一个物品，然后用语言描述所摸到的物品是什么。再如，“娃娃的……”的游戏。游戏玩法：幼儿抱着布娃娃说：“这是娃娃的眼睛、鼻子……”。

2. 用动作创设游戏情境

教师通过躯干、四肢及眼神等动作配合，构建游戏情境，带动幼儿参与游戏活动，如“谁藏起来了”的游戏。游戏玩法：请幼儿围坐一圈，一名幼儿站在圈外背对其他人站好，教师示意两名幼儿藏到室内某个地方，当两名幼儿藏好后，让背过身的幼儿转过身体说出是谁不见了。再如，“你、我、他”的游戏玩法：幼儿人手一个玩具坐好，请一名幼儿走到坐好的幼儿前面，对着同伴说："请把你的汽车玩具借我玩一会好吗？"对方说："好的。"当幼儿从对方手里接过汽车玩具后又说："谢谢你把玩具借给我，我想用汽车玩具与他的布娃娃交换玩，你能帮助我问一问他同意和我交换玩具吗？"（说到"他"时幼儿用手指向另一名幼儿）当两名幼儿交换到玩具后，游戏重新开始。

3. 用语言创设游戏情景

一般用谜语、绕口令、说相反、语言接龙、造句比赛等创设游戏情景。

➢ 思考四：确定本次活动目标

本次活动目标是将幼儿学习效果用具体、明确的语言做能检测的描述，具体要求如下。

（1）目标制订要符合幼儿知识、技能和情感需要。

（2）目标开头可用"锻炼""掌握""体验""能"等词语做表述。

例如，大班绕口令《板凳与扁担》的活动目标如下：

• 熟悉绕口令的内容，感受绕口令的节奏、音律；

• 掌握一口气急速而准确地说出绕口令的方法，练习"舌""唇""齿"配合的技巧；

• 体验在听说绕口令时，因拗口带来的乐趣。

➢ 思考五：设计本次活动的活动过程

（1）开始部分是吸引幼儿参与游戏的导入方法。语言游戏可以开门见山直接导入。

（2）基本部分的设计分成三个环节。第一，交代游戏规则。教师面对幼儿讲解游戏规则、要点、示范游戏玩法及要求。第二，指导幼儿游戏。游戏开始时教师以主角身份主宰游戏的过程。游戏初期由一部分幼儿参与游戏，当幼儿熟练掌握游戏玩法后，再全部参与到游戏中来，这时教师从主角的身份变成从旁指导。第三，幼儿自主游戏。教师从指导者变成观察者，只有当幼儿出现矛盾纠纷等影响游戏顺利进行时，教师才可以终止游戏和幼儿一起讨论解决问题，然后再玩游戏。

（3）结束部分可以是轻松自然的评价或小结，或是布置幼儿回家同亲人一起表演游戏的任务。

三、设计提示

在设计语言游戏时要注意以下两点。

（1）语言游戏对于幼儿学习语言来说是一种非常好的学习形式。设计教育活动时，要特别注意突出游戏性。

（2）语言游戏活动组织形式比较灵活，根据游戏内容，可选择集体教学、分组或个别活动。

互动交流

（1）你选择的活动对象。

（2）你所设计的听说游戏名称。

（3）阐述所选的班在《指南》中的目标论述。

（4）写出语言游戏活动方案（格式见表 1.2.1）。

评价反思

每个学习小组选派代表展示活动设计，完成表 3.1.2，最后由教师点评。

表 3.1.2　小组评价表

评价要点	____组	____组	____组
活动导入方式有趣、新颖（3 分）			
活动过程设计能引起幼儿学习兴趣；完成目标（4 分）			
教态自然大方；语言流畅；师生互动沟通好（3 分）			
教师点评：			

拓展提高

通过中国学前教育网或相关书籍，收集语言游戏资料，建立关于语言游戏方面的资源库。

本节延伸

幼儿园语言领域活动除本节列举出的故事活动、诗歌活动、看图讲述、语言游戏外，在教学实践中还有谈话活动、讲述活动、早期阅读活动等，视频资源如下。

谈话活动　　讲述活动　　早期阅读活动

第二节　主题活动

幼儿园语言领域主题活动建议以童话剧表演为主，以童话剧演出为核心，在一定时间内组织各种教育活动，以实现多方面目标的共同落实。幼儿园语言领域主题活动的学习主要依据经典性原则和思想性原则两个方面，遵循“四步思考”对语言领域主题活动设计与实践的知识阐述，形成科学系统的语言领域主题活动方案。

学习目标

（1）列举以童话剧表演为主题的活动设计步骤及方法；

（2）会根据具体的童话剧内容设计教育活动、制作表演道具；

（3）愿意参加童话剧表演，体验童话剧表演带来的快乐。

学习任务

设计具体的童话剧表演主题活动并形成设计方案。

知识导学

语言主题活动的选题众多。例如，寓言、童话、儿童故事、儿歌、幼儿诗和幼儿散文等，其中童话故事是较为典型的范本，下面以“童话剧表演”为中心议题，通过童话剧表演这一主题，将不同领域内容共同指向童话剧表演这个核心问题。也就是说在一段时间内围绕着童话剧表演这一中心内容，组织各领域教育活动，达到多领域目标共同落实的目的。主题活动设计应依据设计原则，遵循设计思考对主题活动设计与实践的知识阐述，将知识导学部分内容作为设计主题活动的整体思考认真研读，以便形成科学的设计主题活动方案的能力。

一、设计原则

1. *以经典为主的原则*

经典故事在童话故事中有着很高的地位，因人物形象突出、情节有趣、语言优美，深受幼儿熟悉和喜爱，因此以经典故事为主的童话表演设计会引起幼儿积极参与的兴趣，达到极佳的教育效果。

2. *思想性原则*

思想性原则是指教师在选择童话剧时，主题思想能够和幼儿生活实际相吻合。幼儿在童话剧的表演中通过模仿故事角色，不知不觉地把故事中人物的思想行为变成自己的行动，如守时、帮助、负责、勤劳等思想的渗透。

二、设计思考

“四步思考”作为设计童话剧主题活动的整体，前后照应。四步思考的具体内容如下。

➢ 思考一：确定本次主题活动对象

本次活动对象为3～4岁、4～5岁、5～6岁的幼儿。

➢ 思考二：选择童话剧表演内容

什么是童话剧？童话剧是用童话故事改编后写成的剧本，通过舞台加工、歌舞设计、幼儿舞台表演或手偶表演等一系列演艺方式来展示。

童话剧代表作有《白雪公主》《灰姑娘》《小红帽》《白马王子》《皇帝的新装》《阿拉丁神灯》《智斗老巫婆》《丑小鸭》《狼和小羊》《青鸟》等。

➢ 思考三：做本次活动前准备

（1）熟悉和掌握本主题活动在《指南》中的目标论述。

（2）掌握主题活动在各年龄班中的侧重点。

小班：适宜剧本内容简单、人物关系单纯的童话剧，如《小兔乖乖》等。

中班：适宜剧本有一定情节、人物关系对比明显的童话剧，如《狼和小羊》《小红帽》《白雪公主》等。

大班：适宜剧本内容深刻、有一定人物逻辑关系的童话剧，如《灰姑娘》《白马王子》《皇帝的新装》《阿拉丁神灯》《智斗老巫婆》《丑小鸭》《小熊请客》等。

➢ 思考四：主题活动的设计步骤

1. 设计缘由

主题设计缘由是主题设计的开端，是对主题形成的认识和整理，包括主题来源、主题内容、主题价值。

（1）主题来源于教师的设计，源于幼儿的兴趣事物或班级中现有的“活动内容”“材料”等。

（2）主题内容是主题所包含的五大领域内容和相关主题的话题。

（3）主题价值是通过所设计的主题活动内容，让幼儿获得知识、经验与技能。

2. 确定主题活动目标

主题活动目标是指本主题的总体目标，是在《指南》指导下所确定的各领域教育目标和学期目标之下的月、周目标，具有较强的可操作性和相对独立性。

主题活动目标要体现以下特点：一是具有鲜明的主题特征，以童话剧表演为主题线索和载体，把五大领域内容及教育要求穿插其中；二是体现整合性，主题活动目标是五大领域内容的有机整合；三是符合本年龄段的年龄特征，体现主题内容的深度、广度与幼儿的知识经验和能力相符合；四是目标不要太多太细，要宏观概括，每个主题不超过10条目标。

例如，大班童话剧《小熊请客》的表演主题活动目标如下：

• 喜欢倾听故事，大胆讲述自己的想法，参与童话剧本的创作；
• 主动探索环境中请客、做客的各种礼仪；
• 感受音乐旋律的快慢、强弱力度，尝试用大小声音、乐器演奏歌曲来表现歌曲内容；
• 学习用各种材料与手工技能制作演出道具、服装等，体验用不同材料制作的乐趣；
• 积极参加体能游戏，并按照规则参与活动；
• 愿意与同伴一起参加童话剧的排练，会与同伴共同分享、交流，有合作意识；
• 主动参与张贴海报或做演出宣传等工作，体验同伴共同完成“工作”任务的快乐。

3. 设计主题活动网

主题活动网是主题的框架结构，从主题活动网就可以看出整个主题的脉络、走向，看出整个主题涵盖的内容。

但是，以童话剧表演为主题活动内容，其主题活动网的设计以活动内容的先后来展开，一级、二级、三级主题非包含关系，见图 3.2.1。

4. 具体教育活动设计

具体的活动设计参照单一领域活动设计。

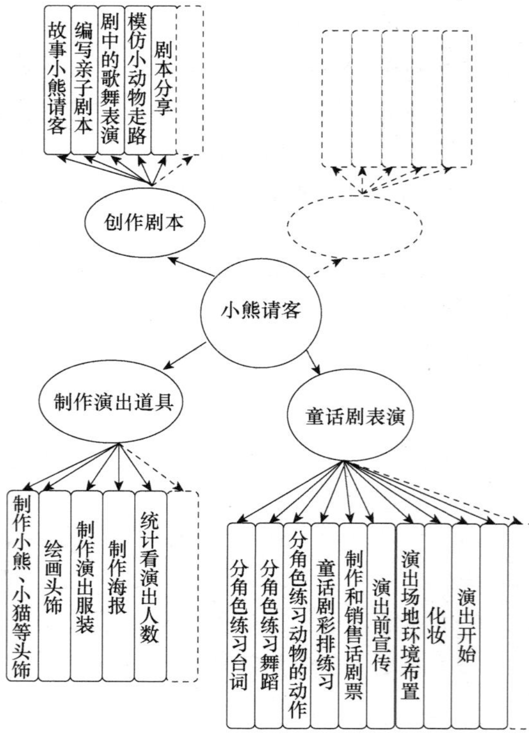

图 3.2.1　童话剧《小熊请客》主题活动

互动交流

（1）你选择的活动对象。

（2）你所设计的童话剧主题活动名称。

（3）阐述所选的班在《指南》中的目标论述。

（4）你的设计缘由。

（5）你所设计的主题活动目标。

（6）你所设计的主题活动网。

（7）写出一节教育活动方案。

评价反思

根据童话剧表演主题活动设计，写出自己的设计感想，重点写出幼儿在主题活动与单一领域活动中的学习有什么样的区别，并说明其原因。

拓展提高

（1）推荐阅读：倪志明. 幼儿园教育活动设计与指导［M］. 2 版. 上海：华东师范大学出版社，2021.

（2）通过中国学前教育网或相关书籍，收集主题活动的案例，建立关于主题活动设计方面的资源库。

第三节　语言区域活动

幼儿园语言领域区域活动是指教师通过有目的地创设语言环境，投放相关材料，让幼儿在自主操作中学习和运用语言，以达到主动发展语言的一种教育活动。幼儿园语言领域区域活动的学习主要依据真实性原则和操作性原则两个方面，遵循“六步思考”对语言领域区域活动设计与实践的知识阐述，进而形成科学系统的语言领域区域活动方案。

学习目标

（1）能根据年龄班选择语言区域活动内容；
（2）能设计制作语言区域活动的材料；
（3）体验语言区域活动设计带来的快乐。

学习任务

任意选择小、中、大班，设计语言区域活动并形成活动方案。

知识导学

语言区域活动是指教师根据各年龄班语言教育目标和幼儿语言发展水平，有目的地创设语言环境，投放有效材料，让幼儿在自主选择、操作、摆弄材料中学习和运用语言，达到主动发展语言的一种教育活动。语言区域活动设计应依据设计原则，遵循设计思考对语言区域活动设计与实践的知识阐述，注意设计提示中提出的问题，将知识导学部分内容作为设计语言区域活动的整体思考认真研读，以便形成科学的设计语言区域活动方案的能力。

一、设计原则

1. 真实性原则

语言区域活动的特点在幼儿自主地进行阅读、听赏、表演、讲述等活动中得到体现。因此，教师在设计语言区域材料时，应投放一些与语言区域本身不同的活动内容，如投放话筒、小魔棒、小皇冠、漂亮的裙子等真实的操作材料并创设与活动相适应的环境，保证幼儿在真实的环境中运用和学习语言。

2. 操作性原则

语言区域活动是以幼儿自主活动为主，允许幼儿根据自己的兴趣和喜爱自主选择活动内容的活动形式。教师要学会根据活动内容需要设计制作语言操作材料。例如，录像机、录音机、手偶、废旧图书、头饰、绘画、图书、画笔，让幼儿在操作材料或与同伴配合下完成语言学习任务。

二、设计思考

“六步思考”作为设计一节语言活动的整体，前后照应。六步思考的具体内容如下。

➢ 思考一：确定本次活动对象

本次活动对象为3～4岁、4～5岁、5～6岁的幼儿。

➢ 思考二：选择区域活动内容

听赏区指一般以听为主的语言区域活动，如听故事录音、教师或家长读故事给幼儿听等。

阅读区指一般以看为主的语言区域活动，如看图书、绘本、动画片等。

表演区指一般以演为主的语言区域活动，如木偶表演、指偶表演、童话剧表演等。

讲述区指一般以说为主的语言区域活动，如讲故事、讲见闻、讲喜欢的事情等。

➢ 思考三：做区域活动前准备

1. 环境准备

语言区域活动应根据听赏区、阅读区、表演区、讲述区等不同区域活动内容创设环境，区域与区域之间要有隔断和区域明显标志，如阅读区域是读书的地方，需要安静、明亮的环境。听赏区、讲述区、表演区则是动的活动，是动口、动身体、动手的活动，因此环境相对宽敞，并且需要有一定的环境创设。例如，小舞台、桌椅及各种道具等。

2. 材料准备

语言区域活动中的材料准备要符合幼儿的年龄特点，保证活动形式丰富多样，在材料投放中应做到以下几点。

1）材料让幼儿有话可说

小班幼儿不会讲故事，一般以说短句为主，因此材料设计要和幼儿的生活紧密相连。例如，给幼儿提供他们和爸爸妈妈、爷爷奶奶、姥姥姥爷一起逛街、旅游、去动物园、饭店吃饭等的照片，幼儿看着这些照片练习说一句话或描述一件事。再如，教师可以投放图片，让幼儿看图片练习说一句短语等。中、大班幼儿可以讲述学习过的故事书、看图讲述图片等，幼儿通过这些材料达到有话可说的目的。

2）材料让幼儿有话想说

结合各种主题活动，帮助幼儿创设有话想说的环境。例如，在“环保小卫士”活动中，拍下家长和幼儿一起为家乡做一件环保事情的照片，让幼儿讲一讲自己和家人做了一件什么样的事情？是怎样做的？这件事情对家乡环境保护起到什么样的作用等。家长也可以把幼儿参与环保活动后的感言写出来，带到幼儿园请幼儿介绍。

3）材料让幼儿有兴趣说

结合幼儿喜欢看的动画片、绘本图书、经典故事书等，找到幼儿热爱的主人公。教师投放这些主人公的图画，让幼儿涂涂讲讲，激发幼儿说一说自己喜欢的主人公是谁？在主人公身上发生了什么样的故事？自己为什么喜欢这个主人公等。还可以请幼儿把听到的故事画下来，然后看着自己的画复述故事。

4）材料让幼儿有机会说

语言区域操作材料要定期更换，可以结合季节、节日、重大活动等，把幼儿关注的事件通过图片、报纸、画报等形式投放到区域中，引发幼儿进行讨论式的讲述，当幼儿参与讨论并发表自己的见解时，很自然地达成每个幼儿讲述的目的。

3. 规则准备

建立语言区域中的幼儿活动规则非常重要，它是幼儿有效进行区域活动的保证。语言区域中的规则一般包括以下几点。

（1）进区人数：一般进区人数要加以控制，在幼儿园中控制进区人数往往是通过进区卡来完成的。进区卡是指教师自制的进区标志，如规则区域只能进入 5 位幼儿，进区标志就可以制作成 5 个标志牌，只有戴上进区标志的幼儿才能进区活动，没有标志的幼儿是不能进入此区活动的。

（2）轻拿轻放不破坏操作材料，如图书、图片、道具等。

（3）幼儿可以轻声交流和谈话，但不能大声喊叫，表演区除外。

（4）用完的物品归还原处。

根据上述规则，教师可根据幼儿年龄班特点自行安排，但一个安静、宽松、自由、和谐的语言环境是最基本的，会使幼儿充分地阅读和交往。

➢ 思考四：确定区域活动目标

区域活动的目标不似集体教育活动目标那样具体、可操作，但区域活动仍然要求教师心中有目标，且目标一般隐含在操作材料之中。首先，操作材料投放要有目的性。在材料选择、投放上教师应该根据幼儿年龄、兴趣、能力等要求进行选择与投放。其次，目标隐含在幼儿习惯养成上，如操作习惯、不打扰别人看书、真心赞扬别人、合作做事情等。再次，目标隐含在幼儿学习和运用语言的发展上。总之，只有当教师心中有目标，区域活动的价值才能显现出来。

➢ 思考五：设计本次活动过程

（1）开始部分：是幼儿进入语言区域活动的初始阶段。教师要讲清本次开放的区域材料及区域中的要求。不同区域的要求是不一样的，如阅读区的要求可能是安静、不打扰别人看书等。

（2）基本部分：是幼儿的自主活动。幼儿可以自由地选择活动内容，如阅读、听赏、表演、讲述等活动内容。在这个过程中，教师做观察和适当的介入指导。教师在观察幼儿语言活动时一定要耐住性子、管住嘴，当听到幼儿说出不规范的语言或用词不准确时，不要着急介入指导，这样会让幼儿在语言表达上产生心理障碍，反而不利于幼儿语言发展。

皮亚杰理论中有一个重要理论是教师是儿童发展的支持者，即教师的基本任务是促进儿童的主动学习。因此，教师在语言区域活动中要转变教育观念，成为幼儿学习的支持者、帮助者和引导者。教师在给幼儿提供可供发展的环境后，能够静下心来倾听幼儿的心声，关注幼儿的需要，记录幼儿的发展过程。

（3）结束部分：一般有两个任务。任务一是和幼儿一起收拾整理活动区域材料，将用过的材料进行整理，物品送回取放处。任务二是教师要组织幼儿进行经验分享，讨论和交流今天学习过程中自己发现的最有价值的事情，让幼儿体验分享学习成果的快乐。

➢ 思考六：语言区域活动观察记录

语言区域活动是由幼儿自主活动构成的，因此教师的作用更多体现为活动前的准备和活动过程中的观察与记录。教师在语言区域中的观察记录如表 3.3.1 所示。

表 3.3.1 语言区域活动观察记录表

<table>
<tr><td>班级</td><td colspan="2"></td><td>指导教师</td><td></td></tr>
<tr><td>目标</td><td colspan="4"></td></tr>
<tr><td>项目</td><td colspan="2">材料</td><td colspan="2">观察与记录</td></tr>
<tr><td rowspan="5">区域环境及材料</td><td>听赏区</td><td></td><td colspan="2"></td></tr>
<tr><td>阅读区</td><td></td><td colspan="2"></td></tr>
<tr><td>表演区</td><td></td><td colspan="2"></td></tr>
<tr><td>讲述区</td><td></td><td colspan="2"></td></tr>
<tr><td>备注</td><td colspan="3"></td></tr>
<tr><td>教师反思</td><td colspan="4"></td></tr>
</table>

三、设计提示

语言区域中的操作材料准备是区域活动的重中之重，除现成的教具、学具之外，教师更多地要利旧利废，制作语言区域操作材料。

（1）桌面故事。桌面故事材料是幼儿最喜欢的活动材料，它形式多样，可随时更换，区域布置简单，不受场地的限制，只要提供桌椅就可以开展活动。例如，纸盒可以做有各种背景的讲述台，幼儿将自己带的照片插入讲述台中就可以讲述故事；利用废旧图书、图片、画报等材料，幼儿可从这些材料中剪下自己需要的图片，重新在桌面上进行组合和编故事；提供绘画工具，鼓励幼儿将听到的故事画成一幅幅的画，可进行排图讲述；亲子自制图书供幼儿讲述；教师制作的排图讲述卡片等。

（2）视听材料。视听材料包括：投放电视机、点读机等现代化设备；投放一些图书和与图书翻阅速度一样的录音；投放供幼儿录音的空白磁带。

（3）表演材料。表演材料包括故事背景图、头饰、面具、手偶、指偶、服装及表演用的道具等。

互动交流

（1）你选择的活动对象。

（2）你所设计的区域活动名称。

（3）阐述所选的班在《指南》中的目标论述。

（4）写出区域设计方案。

① 活动前所做的准备工作。

环境准备：

材料准备：

规则准备：

② 设计本次区域活动过程。

开始部分：

基本部分：

结束部分：

评价反思

（1）通过本节课的学习，你对语言区域设计还有什么建议？
（2）你认为哪些内容可以放在语言区域内完成？
（3）教师在观察指导语言区域活动中，应注意哪些问题？

拓展提高

幼儿园语言区域教育

幼儿时期是语言发展的关键期，发展幼儿语言能力是幼儿园语言教育的重要任务。语言能力包括语音、书面语、交际用语等多方面内容。《纲要》中明确指出幼儿的“语言能力是在运用的过程中发展起来的，发展幼儿语言的关键是创设一个能使他们想说、敢说、喜欢说、有机会说并能得到积极应答的环境”。而语言区域活动正好满足各种语言水平的幼儿，使幼儿在一个自己喜欢的环境中学习和应用语言，可以说语言区域活动是语言教学活动的延伸和补充。

幼儿语言能力培养的途径有：创设良好的语言环境，掌握幼儿学习语言的规律，采用游戏的方法，有计划地进行正规语言练习和训练；在日常生活和教育活动的各个环节中，教师时刻把发展幼儿语言放在工作首位，让幼儿的语言能力得到最大限度的运用和发展，如早上来园能礼貌地与人打招呼；幼儿园有目的、有计划地组织的语言教学是发展幼儿语言能力的最好途径。

第四节　作品展示与交流

幼儿园语言领域作品展示与交流的方式以试讲为主。幼儿园语言领域作品展示与交流的学习主要依据互动性原则和真实性原则两个方面，遵循“四步思考”对语言领域作品展示与交流设计与实践的知识阐述，最终科学地呈现出语言领域试讲活动方案。

学习目标

（1）阐述组织语言教育活动的方法，在试讲中得到运用；
（2）能运用多种直观教学手段，激发幼儿学习兴趣；
（3）体验在同学面前成功试讲带来的快乐。

学习任务

任选小、中、大班，试讲一节语言活动。

知识导学

作品展示与交流有多种方法，如“说课”“试讲”“课堂教学”等。本次活动设计为“试讲”。

试讲是指在成人的配合下模拟幼儿课堂教学，试讲者通过口语、形体语和各教学技能与组织形式的展示完成预设的语言教学活动任务的教研形式。试讲活动应依据设计原则，遵循设计思考对试讲的方法等知识的阐述，注意设计提示中提出的问题，将知识导学部分内容作为设计试讲活动的整体思考认真研读，以便形成艺术的组织课堂教学的能力。

一、设计原则

1. 互动性原则

互动性原则是指在试讲中要营造真实的课堂情境进行教学。试讲与说课虽然都是一种教研活动，但两者的表现形式完全不同。说课是以自己说为主，说活动目标、活动准备、活动过程，而试讲则是以模拟真实课堂为主，在同学的配合下一步步展开教学。

2. 真实性原则

真实性原则是指在组织活动中要展示出教师的教态、语言、提问的设计及模拟幼儿的学习反应等，这就要求试讲者要把试讲当成真正的幼儿课堂来对待。

二、设计思考

“四步思考”作为组织一节语言活动的标准，需要在组织具体活动中得到落实。四步思考的具体内容如下。

➢ 思考一：对教师的要求

（1）教态自然、亲切、大方；着装符合活动内容要求。

（2）语言简练，语速适中，能与幼儿互动沟通。

（3）多用鼓励、欣赏的语言帮助幼儿建立课堂常规，及时纠正幼儿打闹、接话等不良习惯。

（4）课前准备充分：掌握研究挖掘教材，示范准确；教材内容符合幼儿年龄特点；了解幼儿已有知识；准备教具及学具。

➢ 思考二：对幼儿表现的要求

（1）幼儿注意力集中，在语言及行为上能够和试讲教师互动。

（2）幼儿对学习活动有兴趣，能参与到活动中来。

（3）教学设计严谨，幼儿没有等待现象。

➢ 思考三：课堂设计的要求

一节好课常常依赖于课堂活动设计。一节课设计得新颖、有趣，符合幼儿年龄特征，得到幼儿喜欢是取得好的教学效果的必要条件，具体表现为七点。①活动主次分明，突出重点，解决难点。②活动导入新颖，可采用直接、间接、图片、情景表演、实物、谜语、游戏等，时间把握在 2 分钟左右。③活动目标准确可测（能够检测到幼儿掌握情况），符合幼儿年龄特点。④活动过程环节清晰，衔接自然，落实活动目标。⑤有游戏环节，游戏是幼儿园基本活动，也是幼儿最喜欢的活动，用游戏形式来完成教学目标是幼儿园课堂的标志，最好的游戏设计是为完成目标而设计的。⑥把握好幼儿注意力的时间：小班 10～15 分钟；中班 20～25 分钟；大班 30 分钟左右。⑦直观教具的应用起到解决教学难点，突破重点的作用。常见的直观教具包括：实物直观——标本、实地观察、实验等；模具直观——图片、图书、玩具、沙盘等；电化教学直观——录像、幻灯、电影、电视等。

➢　思考四：教学思路的要求

教学思路要求教学思路清晰，即突出教学重点，教学要围绕重点呈放射型展开，各个环节设置要服务于教学重点。教学思路清晰要做到四多四少：多一点考虑幼儿怎样学，少一点考虑怎样教；多一点真实的课堂，少一点表演；多一点自主，少一点控制；多一点个性，少一点模仿。

互动交流

（1）10 分钟准备，任意选择语言单一领域活动、主题活动等内容展开活动设计。

（2）模拟课堂：以小组为单位，每位同学展示后，选取其中一个进行讨论再修改，准备全班试讲。

（3）小组评价，完成表 3.4.1 的填写。

表 3.4.1　试讲听课评价表

项目	评价内容	得分
教学设计 （5 分）	目标具体、有操作性、符合年龄特征（2 分）	
	教具准备充分、实用（1 分）	
	活动环节完整、交代清楚、过渡自然、层层递进（2 分）	
课堂实施 （5 分）	脱稿讲述、普通话标准、富有感情、表现力，语速自然流畅（1 分） 幼儿有思考、交流时间及空间，师幼互动积极（1 分）	
	幼儿注意力集中，课堂控制能力好，能在规定时间结束活动（1 分）	
	有游戏环节，完成活动任务（1 分）	
	教师教态自然、讲课有趣，体现幼儿教师风貌（1 分）	
总分		
改进意见		

评价反思

写出试讲后的教学效果反思。

拓展提高

试讲的技巧

试讲是教师将写好的活动设计用口头形式讲述出来的一种活动组织形式，好的试讲会把教育活动设计生动、形象、清晰地呈现在听讲者面前。为了提高教师试讲能力，我们介绍一些试讲需要掌握的技能技巧。

1. 依据《指南》说清设计意图

活动设计一定是在《指南》目标的引领下进行的，体现全新的教育理念。

活动名称定位要准确，名称与活动内容相辅相成，不能名称起的是健康领域内容，而活动设计的却是科学领域内容。

2. 目标的定位要准确

活动目标是活动的起点和归宿。因此，在设计教育活动时，准确定位教育目标非常关键。

（1）表述要全面。一般活动目标应该是三维的，即知识、技能、情感态度与价值观。这三个方面哪个方面缺失都会使教育活动留有遗憾。

（2）目标描述要准确。目标描述有两种角度：一是从教师教的角度提出来的，经常会使用“教育幼儿”“让幼儿”等来描述；二是从幼儿学习的角度提出来的，经常使用“尝试”“学习”来描述。需要注意，在一个活动目标中，不能既从教师教的角度提出目标，又从幼儿学习的角度提出目标，这样会造成设计活动过程时的混乱。

（3）突出核心目标。每一个教育活动都有其核心目标。如果设计的是艺术活动，核心目标就应该围绕着艺术活动来确定。

（4）目标符合幼儿的年龄特点。制订目标时一定要遵循《指南》中的目标要求，即使幼儿有能力差异，也不能把小班活动目标变成中班目标。

3. 重点、难点要突出

如果说目标是活动的起点和归宿，活动中的重点和难点则是活动过程中的中心环节。所以在每一个教育活动中，都要找准重点和难点，主要环节要围绕重点、难点内容来设计，如拍皮球活动，重点是教会幼儿皮球的不同玩法。

4. 活动准备要有目的性的语言描述

活动准备是成功完成教育活动的关键。活动准备从两个方面叙述：一是了解幼儿已有知识经验，二是活动中的物质准备。在说这些准备活动时，教师一定要把为什么这样准备，这样准备的目的是什么说清楚，这是说课的要求。

5. 活动过程

活动过程是活动设计的重点部分，是完成教育活动目标的载体。在活动过程设计中要注意下面问题。

（1）层次清晰。在活动过程展示中，因为是试讲，没有幼儿做配合，但有成人的配合。因此，教师在讲的活动过程中，应把成人当成听课的幼儿加以组织，这样立足点就会一致，教育环节的展示是从上课和听课者的角度提出，教学层次自然清晰起来，达到模拟课堂的效果。

（2）活动展示要体现幼儿自主学习。虽然幼儿不在现场，但设计不能走样，任何活动设计都要有幼儿自主学习的过程，当然，游戏、操作是最好的教学环节，教师应主动加以运用。

（3）体现个体差异。不能用同一把尺子衡量所有幼儿，这要求教师在教育过程中，一定考虑幼儿的个体差异，并且体现在教育活动过程中。

总之，试讲对象可能是幼儿，也可能是由成人扮演的幼儿，无论是哪种试讲对象，不变的是一定会有听课者在旁听课。因此，试讲这种形式大多数用于教学研究或比赛，它比真正的课堂要求还要严格，每一个问题的设计、每一个环节的出现都要有根据，教师应该明确设计步骤，设计出真正契合《指南》精神的优秀教育活动。

第四章　社会领域教育活动

幼儿从出生的那一刻就处于社会环境和社会关系中，而特定的社会环境和社会关系构成了幼儿身心发展的基本条件，也构成了幼儿身心发展的重要内容。幼儿社会领域学习与发展的实质在于社会化。广义的社会化指幼儿从生物人（自然人）向社会人的转化，包括直立行走、使用工具、言语交流、抽象思维等。狭义的社会化则指幼儿融入所在的社会环境和社会关系之中，接受社会群体认可的价值观和行为方式等一系列过程。《指南》将人际交往和社会适应作为幼儿社会学习的主要内容。本章通过学习设计社会领域活动的基本方法，挖掘活动对促进幼儿身心健康发展的价值，落实《指南》中的社会领域目标，并围绕《指南》的目标设计单一领域活动及观摩教学活动，力争从实践层面让学生感悟社会领域活动的设计策略，从而实现社会领域的教育实践。

第一节　单一领域活动

社会单一领域活动是以社会领域为单位组织的人际交往活动、社会规范活动等教育活动，其优点是有助于幼儿系统掌握社会领域的知识与技能，为各类活动中幼儿解决问题奠定基础。

人际交往活动

学习目标

（1）根据《指南》中社会领域相关目标，选择适宜的活动内容；

（2）根据人际交往活动的各部分任务，设计不同年龄段的人际交往活动；

（3）积极参与小组讨论，愿意和同学分享自己的设计方案。

学习任务

任意选择小、中、大班，设计一节人际交往活动并形成设计方案。

知识导学

社会学将人际关系定义为人们在生产或生活活动过程中所建立的一种社会关系。心理学将人际关系定义为人与人在交往中建立的直接的心理上的联系。人际关系常指人与人交往关系的总称，也被称为“人际交往”，包括亲属关系、朋友关系、学友（同学）关系、师生关系、雇佣关系、战友关系、同事及领导与被领导关系等。人际交往活动是指幼儿在教师所创设的一定的情境和条件中，学习某种人际交往策略的教育活动。人际交往活动设计应依据设计原则，遵循设计思考对人际交往活动设计与实践的知识阐述，注意设计提示中提出的问题，将知识导学部分内容作为设计人际交往活动的整体思考认真研读，以便形成科学的设计人际交往活动方案的能力。

一、设计原则

1. 模仿性原则

自觉或不自觉地模仿他人（榜样）的行为是幼儿社会学习的基本方法之一。因此，教师应注意在设计活动时提供可供幼儿模仿的榜样，可模仿的榜样可以是现实生活中的真人真事，也可以是电视、图书、故事中的虚构形象。

2. 体验性原则

体验是幼儿学习的重要方式，也是形成世界观的基础。在人际交往活动中教师设计让幼儿体验的活动环节非常必要。一方面幼儿作为活动主体亲历某件事，在体验中产生对这件事情的真切感受，从而形成正确的世界观。例如，陪同妈妈扶着老奶奶过马路，就会产生助人为乐的美德。另一方面幼儿作为活动主体参与实践，对事情中所隐含的道理和意义能形成切身的感受和领悟。例如，幼儿在和教师一起宣传爱护花草树木的实践中，亲自阻止幼儿摘花的行为，能够让幼儿理解“花儿好看我不摘，别人也不能摘”的道理。

二、设计思考

“五步思考”作为设计一节人际交往活动的整体，前后照应。五步思考的具体内容如下。

➢ 思考一：确定本次活动对象

本次活动对象为3～4岁、4～5岁、5～6岁的幼儿。

➢ 思考二：选择本次活动内容

北京师范大学冯晓霞教授在解读《指南》社会领域要点中指出，人际交往有如下基本功能：交流信息；组织共同活动；形成和发展人与人之间的关系；增进人与人之间的相互了解。可见，人际交往活动的设计目的是为幼儿提供交往机会，构建人际交往的平台，学习与人际交往的技能，培养关心、理解、尊重和赞赏他人的人际交往态度，所涉及的人际交往活动内容有三点。

1. 以交往对象划分的活动

1）自我意识活动

自我意识活动包括自我认识活动、自我情感体验教育和自我控制的教育。

自我认识活动。自我认识活动包括个体自我（生理自我和心理自我，如姓名、性别、年龄、身高、体重、相貌、兴趣、爱好等）和社会自我（班级中的我、自己与教师同伴的关系）。

自我情感体验教育，包括自信心、自尊心、责任感、成就感、自豪感、羞耻心等情感体验教育活动，具体活动可以是“我的小手最能干”“今天我是值日生”“我帮……”等。

自我控制的教育主要包括言语与行为的调节和控制，如“你好，再见”“垃圾桶笑了”“会走人行道的小宝”等活动。

2）同伴及同伴交往

同伴及同伴交往活动可以从四个方面进行理解。①同伴的姓名、性别、年龄；同伴的外貌特征、爱好、优点、缺点。②与同伴喜欢一起做的活动（同伴间的轮流游戏、阅读、玩玩具、食物分享等）。③与同伴喜欢讨论的事情；关心同伴（有困难和比自己小的同伴）；礼貌地与同伴交谈。④与同伴产生矛盾和冲突时，会讲道理；同伴之间相互学习、帮助、合作等。例如，“我的好朋友”“东东生病了”“大家轮流玩”等活动。

3）集体活动

集体活动主要包括：幼儿所在小组、班级、幼儿园名称；小组成员姓名、年龄、性别；幼儿园其他班级名称；幼儿园里工作人员的称呼及他们的活动。

4）社会成员交往

除了教师、家长、同伴外，其他社会成员主要是指幼儿接触到的不同职业的人，如医生、售货员、司机等。与社会成员交往时的技巧就是用礼貌的行为与之交往，如“认识医生”“售货员阿姨你辛苦了”等活动。

2. 以人际交往行为技能划分的活动

以人际交往行为技能划分的活动主要有处理冲突、问候他人、交谈、有组织的活动、物品处理。

处理冲突包括礼貌拒绝他人请求、对他人的攻击采取离开或请求帮助、会用言辞表达自己的愤怒等。

问候他人时要注意：眼睛看着对方；会正确使用尊称；当接受别人介绍的新朋友时，会说你好；会向他人介绍自己等。

交谈活动要注意：交谈时语言、情绪要符合情境；交谈中注意说话的人和说出来的事；交谈中不打断别人谈话等。

有组织的活动需要注意：了解游戏、课堂纪律；遵从成人及同伴的要求；会按顺序等待自己的机会；接受自己失败并祝贺胜利者。

物品处理包括区分自己和他人的物品、按时归还向他人借来的东西、用请求方式使用他人的物品等。

3. 以人际交往的方法划分的活动

以人际交往的方法划分的活动包括学会商量、学会合作、融入群体、建立同伴友好关系。教师可根据班级幼儿的具体情况自行设计学习内容。

学会商量指当幼儿与同伴发生矛盾或冲突时，幼儿学习尝试协商、交换、轮流玩、合作等方式解决冲突。

学会合作要求教师为幼儿多提供大家齐心协力才能完成的活动。

融入群体指当幼儿不知怎样加入同伴游戏，或提出请求不被接受时，教师建议他拿出玩具邀请大家一起玩或扮演某个角色加入同伴的游戏。

建立同伴友好关系要引导幼儿学会理解别人的想法和感受。例如，当幼儿有抢玩具等不友好的行为时，教师需要引导他们想一想："假如你是那个小朋友，你有什么感受？"

➢　思考三：做本次活动前准备

1. 了解幼儿已有知识经验

（1）熟悉和掌握本次活动在《指南》中的目标论述。

（2）掌握交往活动在各年龄班中的侧重点。

小班幼儿由于受认知水平和思维发展水平的影响，不能理解成人及周围环境对他们的要求，表现为以自我为中心、我行我素。因此，小班的活动内容应多选择从自我、家庭认知开始。例如，介绍自己、控制情绪；知道爸爸妈妈姓名、工作单位、联系电话；学习初浅的交往方法，不争抢玩具、不独霸玩具；不打人、不挠人；学习初步交往技能，用语言讲出自己的想法及要求；能倾听长辈的讲话及要求等。

中班幼儿的联系性游戏增加，不似小班幼儿的独立游戏，中班开始结伴游戏，并随着游戏水平的不断提高为幼儿的交往提供一定条件。由于幼儿刚刚有规则意识，因此解决交往中的问题能力还显不足，往往出现向成人告状的现象。因此，中班的活动应多从交往技能与方法上选择内容。

大班幼儿相对于中班幼儿有了明显进步，他们掌握了一定的交往技能与方法，有了初步解决问题的能力，因此大班的学习内容应从自身向外发展，如从自身发展到家庭、幼儿园、社区、社会。如果是认知家庭成员，重点应放在理解家庭中人员之间的伦理关系，爱和关怀上等。

2. 材料、环境准备

（1）材料是人际交往活动必需的物质条件，根据参观、体验、探索、游戏等活动形式不同，需要的教具、学具也不相同，因此要根据所选择的活动内容而定。

（2）环境设计也是需要因活动而定，但无论什么活动内容，都要求环境卫生、安全、安静、温馨。

➢　思考四：确定本次活动目标

本次活动目标是将幼儿学习效果用具体、明确的语言做能检测的描述，具体要求有两点。

（1）目标制订要符合幼儿知识、技能和情感需要。

（2）目标开头可用"通过""懂得""感受"等词语做表述。

例如，人际交往活动"花儿好看我不摘"的活动目标如下：

• 通过和花农的直接对话，了解花、草等植物对人的重要性；
• 懂得花儿好看是为了给人欣赏的，摘了人们就无花儿可欣赏了；
• 感受同伴相邀在花园中观赏漂亮的花儿的美好心情。

➢　思考五：设计本次活动过程

（1）开始部分是活动的导入部分，目的是集中幼儿注意力，将幼儿迅速组织起来，调动幼儿参与活动的积极性。导入部分可设计成以下几种类型。①故事开始，请幼儿听上一段故事后带幼儿进入活动。②提问开始，请幼儿猜一猜谜语、儿歌的形式，间接带幼儿进入活动。③游戏开始，以玩游戏开始，在游戏中带幼儿进入活动。④图示开始，请幼儿观看课件、图片、标本、实物等带幼儿进入活动。

（2）基本部分是活动的核心部分，它是完成目标的主要载体。基本部分设计可以是将两个或两个以上有相互关联的领域活动内容进行综合，杜绝形式上的拼凑，以此丰富活动过程。在基本部分，教师要引导幼儿积极参与活动，让幼儿积极感知、体验、表达和交流，使幼儿获得一些具体的社会交往策略。方法有两种。一种是直接呈现法，如请幼儿面带微笑，双手捧书，对另外一名幼儿说“请看书”，对方双手接过书说“谢谢”。另一种是间接呈现法，即采用游戏、故事、绘画、角色扮演、情境体验等各种不同的活动形式，最终回到问题讨论上来，如“他们为什么没有成为好朋友？”“这位打人的小朋友会有人喜欢和他玩吗？”等。问题设计是开展本次活动的核心，只有通过具体的问题才能引导幼儿逐渐深入到活动过程中，深化思考，积极主动地获得知识经验，发展交往能力。所以，应该将基本部分的活动设计重点放在对幼儿提出什么样的问题上，放在促进教师与幼儿、幼儿与幼儿之间的交流，并通过交流促进幼儿交往能力的发展上。

（3）结束部分是本次活动的终止。结束部分一方面可以让幼儿的思维从紧张体验、交流、感悟中慢慢安静下来，另一方面又留有对下次活动的期许。教师可选用下面活动作为结束活动。

第一，引导幼儿归纳自己在今天活动中获得的经验、技能和情感体验。

第二，用与今天活动内容相关的歌曲、绘画、游戏等形式结束活动，并引发幼儿再次思考，以强化幼儿积极的社会行为。

三、设计提示

活动材料的准备对于活动来说相当重要，因此在这里特别提出，供学生设计活动时参考。

（1）活动前物质方面的准备，包括玩教具、挂图、光碟录像、场地因素等。活动前物质方面的准备是帮助幼儿获取直观经验，激发幼儿的兴趣、引导幼儿积极参加活动的重要条件。

（2）幼儿的认识来自日常所积累的经验，经验来自平日里家长带幼儿进行某些活动的体验，还来自图书、故事等文学作品的熏陶，同时还来自教师的教育。例如，“花儿好看我不摘”活动前家长带幼儿参观花圃，和花农一起种花，体验到花农种花的辛苦；活动中教师给幼儿读了人与花的故事，而社会实践中又有了幼儿和教师一起宣传爱护花草树木，阻止幼儿摘花的行为。

互动交流

（1）你选择的活动对象。

（2）你所设计的活动名称。

（3）阐述所选的班在《指南》中的目标论述。

（4）写出活动方案（格式见表 1.2.1）。

评价反思

（1）你是否对人际交往活动的设计有了清晰的理解？结合小、中、大班幼儿实际谈一谈小、中、大班的活动内容有什么不同。

（2）你是否了解人际交往活动内容及特点？说一说哪些内容可以在日常生活中进行。

（3）请你谈谈在设计人际交往活动的过程中遇到了哪些困难，是如何解决的。

拓展提高

（1）建议阅读《幼儿认知发展与教育》一书，了解不同年龄段幼儿在交往活动中的心理表现。

（2）通过中国学前教育网或相关书籍，收集幼儿人际交往方面的游戏及活动案例。

社会适应活动

学习目标

（1）根据《指南》中社会领域相关目标，选择活动内容；

（2）根据社会适应活动的各部分任务，设计不同年龄段活动；

（3）积极参与小组讨论，愿意和同学分享自己的设计方案。

学习任务

任意选择小、中、大班，设计一节社会适应活动并形成设计方案。

知识导学

社会适应是个体在与社会环境相互作用中，不断地学习或修正各种行为和生活方式，最终达到与社会环境和谐与平衡的过程，也是个体逐步接受所在社会群体的生活方式、规范的行为和社会价值观的过程。幼儿社会适应活动是指教师通过角色期望、行为规范、习俗传统等方式，让幼儿作为社会主体成员有积极适应社会能力的教育活动。社会适应活动设计应依据设计原则，遵循设计思考对社会适应活动设计与实践的知识阐述，注意设计提示中提出的问题，将知识导学部分内容作为设计社会适应活动的整体思考认真研读，以便形成科学的设计社会适应活动方案的能力。

一、设计原则

1. 生活化原则

社会适应即幼儿与社会环境建立起和谐关系的过程。因此，教师在选择和设计活动时应注意活动与幼儿生活实际的联系性，把教育内容渗透到幼儿日常生活和活动之中，让幼儿在潜移默化中受到教育。

2. 系统性原则

社会适应活动与众多的学科相关，又涉及广泛的时间、空间和内容。这一特点决定了教育内容的系统化尤为重要。因此，教师在选择和设计社会适应教育活动时要注意知识的连续性与系统性，帮助幼儿建立系统的社会适应的知识体系。

二、设计思考

“五步思考”作为设计一节社会交往活动的整体，前后照应。五步思考的具体内容如下。

➢ 思考一：确定本次活动对象

本次活动对象为3～4岁、4～5岁、5～6岁的幼儿。

➢ 思考二：选择本次活动内容

本次活动内容可以从社会环境、社会行为规范、社会文化三个方面进行设计。

（1）社会环境包括家庭（家庭住址、电话、家里生活用品、学习工作等）、幼儿园（幼儿园名称、地址、幼儿园设施、自己班级等）、社区（社会主要机构：银行、派出所、商店、医院、政府部门、图书馆、书店、车站等）、所在地（省、市、街道等名称）、祖国（国旗、国歌、国徽、首都、人种；主要风景区，名胜等）、世界（国与国之间交往、有关世界名胜、世界和平等粗浅知识）。

（2）社会行为规范包括家庭中的规则（尊重长辈，关爱家人，做力所能及的事情，自己的事情自己做，说话礼貌等）、公共规则（遵守交通规则，爱护公物，节约用水、电，保护动植物，不乱扔垃圾等）、集体规则（服从集体意见，愿意为他人服务，遵守幼儿园各项规则，会同他人合作等）、社会规范（知道医院、邮局、超市、餐厅、理发店、银行、动物园、影剧院等场所设施的名称，相关职业的名称，职业具体工作及与自己关系等，知道各种场所中的环保规则）。

（3）社会文化包括民间节日（春节、元宵节、端午节、中秋节等，知道它们的名称、时间、主要特点等）、民间艺术（本地工艺品名称、民间剧种等）、文化精品（国画、书法、京剧等）、世界文化（著名文化圣地、油画、雕塑等）。

➢ 思考三：做本次活动前准备

1. 了解幼儿已有知识经验

（1）熟悉和掌握本次活动在《指南》中的目标论述。

（2）掌握社会适应活动在各年龄班中的侧重点。

小班幼儿的认知能力有限，活动内容与幼儿生活实际相吻合，知道“是什么”并能够做一些简单的模仿活动即可。例如，认识医院，知道看病要找医生；认识超市，知道不能随便乱拿超市里的东西；知道在家、在幼儿园、公共场所遵守规则；知道过节，知道节日名称等。

中班幼儿的认知能力较小班幼儿强，虽然活动内容应与幼儿生活实际相符合，但不能停留在“这是什么”的程度，而要进一步知道与之相关的常识与规范。也就是说，学生不但要知道是什么更要知道为什么。例如，知道小区大门口有医院，进医院看病要先挂号，挂号分眼科、口腔科、内科、外科等，挂号能让病人最快找到专业医生，对病人进行诊治；知道春节是中国传统节日，年三十要吃年夜饭，一家人在一起守岁；在电影院、饭店、商店等公共场所不能大喊大叫，不能随地大小便，垃圾放在垃圾箱里等。

大班幼儿的知识能力及水平都达到了一定的高度，因此活动内容可以由近及远、由浅及深，纵横联系。幼儿不仅知道是什么、为什么，还要知道怎么样。例如，知道医院里分了许多科室，有内科、外科、化验科等，知道医生分工不同，看的病也不同，病人要遵守医院的规则；知道中国文化精品是国画和京剧，知道中国善于画虾的是齐白石、善于画马的是徐悲鸿等，愿意模仿简单的水墨画；知道中国京剧中的花脸、小生，喜欢唱京剧、会画脸谱等。

2. 材料、环境准备

（1）材料是社会适应活动必需的物质条件，是满足幼儿参与、模仿、游戏必须准备的教具、学具。例如，“过年了”的活动需要用大量的红色彩纸剪窗花、贴对子、做灯笼、写灯谜等。幼儿在参与成人过年准备活动时，和父母、亲人等互动，一方面让“年味”印在幼儿心中，另一方面发展幼儿与人交往相处的能力。又如“开饭店”的活动，幼儿游戏时需要大量的相关操作材料（纸制的盘子、水杯、筷子及用橡支泥制作的食品等），材料的加入才使游戏中出现服务员、经理、顾客的角色及角色行为。

（2）环境创设在社会适应活动中尤为重要，不但要求环境卫生、安全、安静、温馨，而且要求环境要模拟真实生活，让幼儿在真实情境中练习规则、认识社会。

➢　思考四：确定本次活动目标

本次活动目标是将幼儿学习效果用具体、明确的语言做能检测的描述，具体要求如下。

（1）目标制订要符合幼儿知识、技能和情感需要。

（2）目标开头可用“能”“建立”“游戏中”“知道”等词语做表述。

例如，社会适应活动“红灯、绿灯会说话”的活动目标如下：

- 能掌握“红灯停，绿灯行”“行人要走斑马线”的交通规则；
- 学会看信号灯，建立看信号灯过马路的基本常识；
- 游戏中会躲避身体碰撞、防止同伴间的碰触。

➢　思考五：设计本次活动过程

（1）开始部分要请教师运用多种活动形式导出活动内容，引起幼儿愿意参与活动的情感并引出本次活动主题。

（2）基本部分是活动的中心部分，是完成目标的主要载体。基本部分设计可以是将两个或两个以上有相互关联的领域活动内容进行综合，杜绝形式上的拼凑，以此丰富活动过程。基本部分活动设计有多种教学方式，如观看课件、影像资料，参观，装扮游戏，儿歌，故事等。在观看、欣赏、游戏等活动中都要让幼儿进行现场练习，如超市游戏中看幼儿是否乱丢食物，能否到规定地方结账等。如果现场不能练习，一定要组织幼儿讨论、交流经验，也可以通过故事、绘画、儿歌等方式表达哪些是好的行为，哪些是坏行为。

（3）结束部分可以分别由幼儿或教师做活动总结，讨论今天幼儿的学习收获。

三、设计提示

社会适应活动的设计要注意以下两点。

（1）社会适应活动要注重渗透到幼儿的生活中、游戏中，注重目标的整合，注重活动形式的整合。

（2）注重环境的创设，模拟生活中的情境，让幼儿在仿真环境中锻炼社会适应能力。

互动交流

（1）你选择的活动对象。

（2）你所设计的社会适应活动名称。

（3）阐述所选的班在《指南》中的目标论述。

（4）写出活动方案（格式见表 1.2.1）。

评价反思

（1）摘抄一份社会活动教案，分析活动设计的主要环节，重点分析活动过程所设计的导入方式，在这个活动中起到的作用。

（2）以小组为单位，并以“交通标志”“我被别人挠了怎么办”为活动主题，练习活动过程中的基本部分设计。

拓展提高

（1）学习《指南》中解读社会领域部分的内容。

（2）通过中国学前教育网或相关书籍，收集社会领域方面的游戏及活动案例，建立关于社会领域活动方面的资源库。

本节延伸

幼儿园社会领域活动除本节列举出的人际交往活动、社会适应活动外，在教学实践中还有自我意识教育活动和社会认知活动等，视频资源如下。

自我意识教育活动　　社会认知活动

第二节　作品展示与交流

幼儿园社会领域作品展示与交流的方式以观摩教学为主，观摩教学是一种探讨教学规律，研究教学内容与方法的改革，评价并推广教学经验，进行教学研究的实践性教学组织活动。幼儿园社会领域作品展示与交流的学习主要依据真实性原则和探究性原则两个方面，遵循“五步思考”对社会领域作品展示与交流设计与实践的知识阐述，最终科学地呈现出社会领域的观摩教学方案。

学习目标

（1）列举观摩教学活动步骤，并会组织观摩教学活动；

（2）能根据所观摩的教育活动设计和呈现讨论话题；

（3）喜欢参与讨论和分享活动。

学习任务

组织一节社会教育活动观摩课。

知识导学

观摩是幼儿园为提高教育教学质量经常用到的一种教学实践活动，通过现场观摩、讨论来解决问题。

观摩教学也叫公开教学。观摩教学是幼儿园探讨教学规律，研究改革教学内容和方法，评价或推广教学经验，开展教学研究的一种教学组织形式。一般在教学观摩后，教师要做观摩研讨或写一份观摩教学实录、写出活动反思。观摩教学是实践类活动，因此观摩教学活动设计应依据设计原则，遵循设计思考对观摩教学教育活动设计与实践的知识阐述，注意设计提示中提出的问题，将知识导学部分内容作为设计观摩教学活动的整体思路认真研读，以便形成科学的设计观摩教学活动方案的能力。

一、设计原则

1. 真实性原则

观摩教学是实践类的教学研讨，讲求真实性，课堂是真实的、全体幼儿参与学习活动是真实的、反映课堂中出现的问题也是真实的。因此，在设计观摩教学活动时，不要为了隐藏问题而弄虚作假。

2. 探究性原则

观摩教学既然是一种教学研讨，那么，设计者可将一些比较前沿的想法加入设计当中，在研讨中听取他人意见，提升自己的教育教学能力。同时，设计者也要做好听课者提出比较尖锐问题的心理准备；听、讲课的教师要怀着传递正能量的心态参与教学研讨活动。

二、设计思考

“五步思考”作为设计一节教学观摩活动的整体，前后照应。五步思考的具体内容如下。

➢ 思考一：选择教育活动内容

社会活动本身的学习内容很多，且突出渗透性，适合做综合类教育活动设计。虽然可供选择做观摩教学的内容非常多，但是一定要保证此次活动的适宜性，也就是你所选择的活动内容要适合 3～4 岁、4～5 岁、5～6 岁的幼儿。

➢ 思考二：确定活动形式

活动形式可以有单一领域活动和综合活动。

➢ 思考三：根据不同活动形式设计教育活动目标

教育活动目标可以参照单一领域活动、综合活动等不同活动形式目标要求设计。

➢ 思考四：设计活动过程

活动过程可以参照单一领域活动、综合活动等不同活动形式的活动过程设计要求设计。

➢ 思考五：教学观摩活动的流程

1. 呈现观摩素材

（1）由组织者或做课老师介绍设计思路、活动目标。

（2）观看现场教育活动展示或录像。

2. 观摩、讨论反思

（1）根据目标制订的原则分析活动目标是否合理。

（2）活动中提出了哪些问题，是否有层次的区分？

（3）活动的重点和难点是什么？哪些环节的设计是为了完成重点和难点问题。

（4）教师对幼儿提出问题的应答方式有哪些（启发式引导、直接给出答案、给予幼儿鼓励和肯定等）？

（5）教师在课堂中的礼仪有哪些（能用“请”“对不起”等文明用语，问题分析有逻辑性，绘画所用颜色大胆等鼓励性语言）？

（6）是否达到本次活动目标？

（7）活动中采用了哪些直观教学手段，对完成目标是否有帮助？

互动交流

请同学为自己准备一节观摩课。

（1）你选择的活动对象。

（2）你所设计的综合活动名称。

（3）阐述所选的班在《指南》中的目标论述。

（4）写出活动方案（格式见表 1.2.1）。

评价反思

请同学根据观摩教学活动流程设计和组织一节现场观摩活动。

（1）呈现目标及素材。

（2）呈现观摩、讨论与反思。

① 设计活动安排。

② 设计讨论话题。

③ 组织同学研讨（写出研讨后的小结）。

拓展提高

通过中国学前教育网或相关书籍，收集关于教学观摩课方面的案例。

第五章　科学领域教育活动

实施科教兴国战略，着重造就拔尖创新人才，为中国式现代化建设提供基础性、战略性支撑。科学学习的核心是激发探究兴趣，体验探究过程，让幼儿在体验和探究的过程中学会发现问题、分析问题和解决问题，培养幼儿的创新思维。本章通过学习设计科学领域活动的基本方法，落实《指南》中科学领域的目标，并围绕目标设计单一领域活动、区域活动，掌握课堂教学的基本方法，力争从实践层面让学生感悟科学领域活动的设计策略，从而实现科学领域的教育实践。

第一节　单一领域科学活动

单一领域科学活动是以常见的科学现象、科技产品、动植物及非生物等科学内容为主的教育活动，帮助幼儿系统掌握科学领域知识与技能，为各类活动中幼儿解决问题奠定基础。

实验操作活动

学习目标

（1）能根据《指南》中科学领域相关目标，选择适宜的实验操作活动内容；

（2）根据实验操作活动设计步骤，设计小、中、大班教育活动；

（3）养成良好的求知态度，产生科学探究兴趣。

学习任务

任意选择小、中、大班，设计实验操作活动并形成活动方案。

知识导学

实验操作活动是指幼儿在教师指导下按照预想的目的或设计，通过自己动手操作仪器和材料，对周围的科学现象加以验证，以发现客观事物的变化及其关系的科学活动。实验操作活动设计应依据设计原则，遵循设计思考对实验操作活动设计与实践的知识阐述，注意设计提示中提出的问题，将知识导学部分内容作为设计实验操作活动的整体思考认真研读，以便形成科学的设计实验操作活动方案的能力。

一、设计原则

1. 探究性原则

在实验操作活动中需要用质疑、观察、提出问题、假设、实验、推理、评价、交流等方法进行探究。设计具体的实验操作类活动的目的是让幼儿对具体科学现象、科学经验的获得产生探究欲望，而非让幼儿掌握和理解抽象的科学概念或原理。

2. 操作性原则

操作性原则是实验操作类活动中最重要的原则。实验操作可以引导幼儿亲身经历和感受科学探究过程、学会探究方法，活动设计时一定要最大限度地调动幼儿学习科学的主动性和积极性，满足幼儿的探究欲望，使幼儿享受科学带来的乐趣。

二、设计思考

“六步思考”作为设计一节科学活动的整体，前后照应。六步思考的具体内容如下。

➢　思考一：确定本次活动对象

本次活动对象为3～4岁、4～5岁、5～6岁的幼儿。

➢　思考二：选择本次活动内容

本次活动内容可以包括下面几个方面。

（1）气候和季节现象，如风、云、雨、雪、雷、冰、彩虹、空气、雾、寒潮等；

（2）生活中常见的物理现象，如光、力、热、声、磁、电等；

（3）生活中常见的化学现象，如食物发霉、蜡烛燃烧、米饭变质、牛奶变酸等；

（4）天文现象，如太阳、星星等；

（5）动植物现象，如空气、阳光、水与动植物的关系等。

➢　思考三：确定本次活动形式

本次活动形式包括实验操作和科学制作。

➢　思考四：做本次活动前准备

1. 了解幼儿已有知识经验

（1）熟悉和掌握所设计对象在《指南》中的目标论述。

（2）掌握所设计对象在实验操作活动中的侧重点。

小班的活动内容要生活化、贴近幼儿认知水平，科学现象明显，材料容易操作，如沉和浮实验、用不同形状的工具吹泡泡、糖不见了实验等。

中班的活动内容要生活化、贴近幼儿认知水平，科学现象容易观察，材料操作简单，如摩擦生电实验、纸的力量大、球与气实验等。

大班的活动内容要身边化、贴近幼儿认知水平，科学现象容易发现，材料操作方便，如影子游戏、冻冰花、让物体站起来等。

2. 物质准备

物质准备有四点需要注意。

（1）操作材料多用自然物或废旧物，如幼儿玩具、常见生活用品等。操作材料数量要充足，以满足幼儿操作。

（2）材料要揭示教育内容，反映事物与事物之间的关系，如热水吹气球等实验。

（3）材料使用安全。

（4）材料的结构性。材料要能反映所探究问题的现象特征，材料使用时能揭示自然现象间的某种关系及不同材料间的关系，材料蕴含着丰富的可探索性和可利用性。

➢ 思考五：确定本次活动目标

本次活动目标是将幼儿学习效果用具体、明确的语言做能检测的描述，具体要求如下。

（1）目标制订要符合幼儿知识、技能和情感需要。

（2）目标可用“知道”“感知”“通过”“喜欢”“观察”等词语做目标开头表述。

例如，大班“蛋宝宝站起来”的活动目标如下：

• 在探索蛋宝宝站起来的多种方法中找到最好的一种方法；
• 通过操作获得支撑让蛋宝宝站起来的经验；
• 喜欢参与实验操作，提高幼儿动手操作能力。

➢ 思考六：设计本次活动的活动过程

本次实验操作活动有三种设计思路。

（1）演示探究。幼儿观察教师演示，按照操作步骤进行探究。

（2）引导探案。教师投放材料，幼儿自由探索，然后组织幼儿交流，引导幼儿有目的地进一步探索。

（3）验证探究。教师启发引导幼儿猜想探究时可能发生的问题，然后幼儿再通过实验操作验证猜想是否正确。

根据这三种设计思路，实验操作活动过程体现在活动导入、活动展开、活动结束三个环节中。

（1）活动导入是活动开始的引子，可通过教师演示实验过程、摆放操作材料、提出问题、创设情境或以谜语、儿歌、故事、影像资料等形式导入活动。

（2）活动展开即根据幼儿年龄班及所操作材料的不同，选择演示方法、引导探究、验证探究等。

例如，实验操作活动“沉和浮”采用的是验证探究的设计思路——提出问题、作出假设、验证假设。活动是这样展开的：①教师出示操作材料（海绵、木块、石头、塑料积塑、铁钉等），然后提出问题：“这些材料能放在水里吗？如果放在水里会出现什么现象？”②请幼儿说出猜想结论。③请幼儿按照猜想将实验材料放在水里，观察材料发生什么变化？④记录实验操作结果，分享学习过程。

（3）活动结束部分可以采用三种形式：①幼儿自我小结或评价；②教师请幼儿将活动中获得的经验迁移到生活中；③提出类似的问题情境让幼儿使用所获得的经验，解决、检验、巩固新获得的学习经验。

三、设计提示

幼儿实验操作主要体现为幼儿亲自动手参加实验的全过程，为了让幼儿在活动中能够得到预期的学习效果，教师应该注意下面几点。

（1）操作材料易于操作、符合幼儿年龄特点。

（2）带有游戏性质的实验操作会更容易激发幼儿的学习兴趣。

（3）操作材料最好是简单、生活化的，如无毒、卫生的玩具、生活用品等。

（4）比较简单、无危险的实验操作倡导无示范的幼儿操作，当幼儿遇到操作困难或得不出科学实验结果时，教师给予指导但不能代替幼儿操作。

（5）提供充分的实验操作时间，这样才能保证幼儿发现科学现象，得出科学结论。

（6）小组合作学习是一种非常好的学习方式，活动设计时可以采用。

（7）幼儿操作实验过程中，教师尽量多用带有启发性的问题或鼓励的语言，帮助幼儿揭示科学道理，表达、交流实验过程，记录实验结果。

互动交流

（1）你选择的活动对象。

（2）你所设计的实验操作活动名称。

（3）阐述所选的班在《指南》中的目标论述。

（4）写出活动方案（格式见表 1.2.1）。

评价反思

（1）小组评价，学生以小组为单位，介绍操作材料并完成表 5.1.1。

表 5.1.1　小组评价表

评价要点	____组			____组			____组		
	好	中	差	好	中	差	好	中	差
材料安全、美观、耐用									
紧紧围绕目标和内容									
满足不同水平操作									
评价理由									

（2）在各学习小组展示完成后进行师生点评。

拓展提高

准备实验操作材料注意事项

实验操作材料是幼儿学习科学的物质保证。在准备操作材料时教师应注意下面四个问题。

1. 材料种类丰富

实验操作类活动中材料种类是支持活动达到目标的唯一途径，如“沉与浮”科学实验。如果教师只为幼儿准备两种操作材料——木制积木、装满水的鱼缸，那么，由于探究材料有限，幼儿将积木放入水中后很快就得出实验结论，这就很难让幼儿感知不同材料在水中变化所引起的沉浮现象。

2. 材料数量丰富

材料数量是达到探究科学现象的前提条件，特别是低幼年龄段的幼儿对材料的数量的需求更为迫切。例如，“糖的一家”科学活动，如果给每名幼儿只提供一块糖，那对于不同口味的糖的探究只能凭教师口头介绍了，但幼儿需要的是具体的实物体验，而非抽象的口头介绍，所以幼儿即使听到教师再详尽的介绍，也不能形成各种口味的糖的概念。

3. 材料出示科学化

在教学活动中，什么时候出示幼儿操作材料是有要求的，如果操作材料出示的时机不对，必将影响科学探究的结果。操作实验类活动一般有两种探究方法：第一种是在教学活动开始时教师的科学实验或操作；第二种是直接给幼儿操作材料让幼儿自己探究。如果是前者，教师在未做演示时不要把幼儿的操作材料摆到桌面上，因为幼儿的注意力会被桌上的操作材料所吸引而忽略教师的实验或操作，如“纸杯盛水”的科学实验。该实验的活动目标是让幼儿了解涂了蜡的纸折成水杯后所盛的水不会漏掉，反之没有涂蜡水杯所盛的水会从纸杯中漏出来。但是，在教师还没有讲清实验操作要求时，就将幼儿的操作材料放在桌子上，这就导致幼儿的兴趣在折水杯盛水上而忽略教师的实验要求，结果幼儿弄得满桌、满地都是水，科学实验最终也宣告失败。

4. 材料卫生、安全

幼儿操作的材料一定符合卫生、安全的要求，特别是在科学探究过程中保证安全，这一点教师在准备操作材料时先要考虑清楚，否则实验操作时会给幼儿带来意外伤害。例如，“它们也会吹气球”科学小实验是通过热水蒸气将气球吹大，这种实验会引起烫伤，所以不适宜幼儿操作。如果非得做这个科学实验，只能让幼儿在安全区内观看教师操作。

观察认识活动

学习目标

（1）根据《指南》中科学领域相关目标选择适宜的观察认识活动内容；

（2）能根据观察认知活动设计步骤，设计小、中、大班教育活动；

（3）愿意尝试设计不同活动方案并进行分享，体验分享学习的快乐。

学习任务

任意选择小、中、大班，设计观察认识活动并形成活动方案。

知识导学

观察认识活动是指专门性的观察活动。幼儿在教师的指导下运用眼、耳、鼻、舌、手等多种感觉器官了解客观事物的特点，并开展发展幼儿科学认知、培养科学情感、掌握科学方法、形成科学态度等科学启蒙教育活动。观察认识活动设计应依据设计原则，遵循设计思考对观察认识活动设计与实践的知识阐述，注意设计提示中提出的问题，将知识导学部分内容作为设计观察认识活动的整体思考认真研读，以便形成科学的设计观察认识活动方案的能力。

一、设计原则

1. 感知性原则

科学认识活动设计首先考虑在感性的基础上发展逻辑思维能力，然后充分利用幼儿的眼、耳、鼻、舌、手等多种感觉器官来获得对外界事物和现象的了解，最终形成对客观事物的外部属性如颜色、声音、形状、硬度、气味、味道等概念，并用这些概念来描述事物和现象。

2. 渐进性原则

渐进性原则是指教师在设计活动时要根据人们认识事物的一般规律，通过问题设计使观察内容由浅入深、由局部到整体、由个性到全面，逐步形成认知过程。

二、设计思考

“六步思考”作为设计一节科学活动的整体，前后照应。六步思考的具体内容如下。

➢ 思考一：确定本次活动对象

本次活动对象为 3～4 岁、4～5 岁、5～6 岁的幼儿。

➢ 思考二：选择本次活动内容

本次活动内容以自然生态环境为主要观察认识活动内容，具体包括三个方面。

（1）观察认识常见动植物的生活及特征；探索动植物的多样性，如大的、小的、皮肤光滑的、多毛的等。

（2）探索动植物与环境的关系，包括动植物生长的环境、动植物与四季变化的关系、动植物与人类的关系等。

（3）观察认识自然界中无生命的物质，如水、沙、石、空气等。

➢ 思考三：确定本次活动形式

本次活动形式主要有观察认识和科学游戏。

➢ 思考四：做本次活动前准备

1. 了解幼儿已有知识经验

（1）熟悉和掌握所设计对象在《指南》中的目标论述。

（2）掌握所设计对象在观察认识中的侧重点。

小班可以选择一种幼儿熟悉的、比较典型的动植物进行认识，如小鸡、小狗、小乌龟、小草、小花、大树等；

中班可以选择一种以上的动植物，在观察的基础上运用比较方法进行认识，如各种各样的花、会飞的动物等；

大班除观察真实动植物外，还可以利用图片、录像等形式进行认识。例如，幼儿在了解动植物的多样性活动后，启发幼儿思考动植物的形态结构和功能之间的关系。再如，小鸟的嘴为什么是尖的，小鸭和大鹅的嘴为什么是扁的，由于嘴的形状不同对进食有什么样的影响等。

2. 物质准备

（1）材料的对应性。根据活动目标，准备活动材料时考虑活动材料与活动目标的对应性。

（2）材料的探索性。材料要具有探索性，所探究的是一个材料或一组材料所具有的共同特征或同一材料与不同物品之间的联系或关系。例如，认识小草，小草外部特征有高有矮、有粗有细等；小草的作用不只是观赏，它们还是动物的饲料，还能编成草鞋、草帽、草席等。在认识小草时要挖掘出小草的可探索方面，不能只用一种草来概括。

➢ 思考五：确定本次活动目标

本次活动目标是将幼儿学习效果用具体、明确的语言做能检测的描述，具体要求如下。

（1）目标制订要符合幼儿知识、技能和情感需要。

（2）目标开头可用“体验”“感受”“通过”“了解”“能用”等词语做表述。

例如，小班认识活动“香蕉”的活动目标如下：

- 通过看、摸、尝、剥等多种感官初步感知香蕉的基本特征；
- 能用简单的语言或动作表达观察香蕉时的发现；
- 体验共同探索和交流发现香蕉特点的快乐。

➢　思考六：设计本次活动的活动过程

本次活动过程中的环节设计包括出示观察对象、自由观察、表达自己的发现、教师引导和得出结论。

例如，认识“香蕉”活动过程设计如下：

① 今天请你们认识一位新朋友，你们能猜一猜它是谁吗；

② 观看多媒体课件，观看香蕉的生长环境及过程；

③ 出示两种实物香蕉，引导幼儿用多种感官观察香蕉（摸表皮的感觉、嗅一嗅味道、看一看颜色、说一说香蕉的大小不同）；

④ 幼儿交流自己的观察发现；

⑤ 教师引导幼儿将香蕉剥开品尝，更进一步地认识两种香蕉的外形、味道等不同；

⑥ 再次请幼儿交流品尝后的发现和体验。

三、设计提示

设计提示可以考虑下面几个方面。

（1）利用感、知觉参与感知事物，不能只用一种感官（眼睛），还包括其他感官（鼻子、嘴巴等）的参与。

（2）教师要善于设计启发性的问题，用问题控制观察方向，掌握观察的深度。

（3）幼儿参与到操作中，将观察与操作相结合会让幼儿更全面地了解事物的本质。

（4）教师要鼓励幼儿用语言、动作表达观察中的发现。

（5）中、大班可考虑用绘画、图表等方法记录观察结果。

互动交流

（1）你选择的活动对象。

（2）你所设计的观察认识活动名称。

（3）阐述所选的班在《指南》中的目标论述。

（4）写出活动方案（格式见表 1.2.1）。

评价反思

（1）幼儿园观察认识活动有哪些特点？

（2）幼儿园观察认识活动有哪些价值？

拓展提高

通过中国学前教育网或相关书籍，收集科学方面的游戏及活动案例，建立关于科学活动方面的资源库。

本节延伸

幼儿园科学领域活动除本节列举出的实验操作活动、观察认识活动外，在教学实践中还有科技产品介绍活动等，视频资源如下。

科技产品介绍活动

第二节 科学区域活动

幼儿园科学领域科学区域活动是以不同年龄阶段的科学教学目标为依据，教师有针对性地创设环境，投放区域材料，让孩子在自由选择、操作的过程中找到科学的现象，增强对科学的认识，激发对科学的兴趣。幼儿园科学领域科学区域活动的学习主要依据生活性原则和引导性原则两个方面，遵循“六步思考”对科学领域科学区域活动设计与实践的知识阐述，进而形成科学系统的科学领域科学区域活动方案。

学习目标

（1）根据不同年龄班的特点，选择科学区域活动内容；

（2）能根据幼儿已有科学知识经验，设计科学区域操作活动；

（3）愿意尝试设计科学区域活动并进行分享，体验分享学习的快乐。

学习任务

任意选择小、中、大班，设计科学区域活动并形成设计方案。

知识导学

科学区域活动是科学集体教学的辅助活动，是教师根据各年龄班科学教育目标，有目的地创设科学环境，投放科学操作材料，让幼儿在自主选择、操作、摆弄操作材料中发现科学现象，掌握科学知识，培养科学兴趣的活动。科学区域活动设计应依据设计原则，遵循设计思考对科学区域活动设计与实践的知识阐述，注意设计提示中提出的问题，将知识导学部分内容作为设计科学区域活动设计的整体思考认真研读，以便形成科学的设计科学区域活动方案的能力。

一、设计原则

1. 生活性原则

幼儿园科学教育活动应密切联系幼儿生活实际，教师要从幼儿身边的科学现象与事物中选择科学探索对象。材料准备尽量选用幼儿生活中的实物而非替代品，让幼儿尽量在真实自然的环境中探索科学奥秘。

2. 引导性原则

引导性原则是指把教育目标内化在操作材料之中，通过操作材料建立科学概念与操作材料之间的关系，提示重要的科学概念，使操作材料真正起到引导幼儿发现科学现象、探索科学奥秘的作用。

二、设计思考

“六步思考”作为设计一节科学区域活动的整体，前后照应。六步思考的具体内容如下。

➢ 思考一：确定本次活动对象

本次活动对象为3～4岁、4～5岁、5～6岁的幼儿。

➢ 思考二：选择区域活动内容

科学区域活动内容可分为下面四类。

（1）以听说为主的区域活动，如科学画报、图书、录像、电影等。

（2）以探索为主的区域活动，如科学小实验、科技小制作等。

（3）以观察为主的区域活动，如种植、养殖区等。

（4）以科学游戏为主的区域活动，如“风与树叶”游戏等。

➢ 思考三：做区域活动前准备

1. 环境准备

科学区域环境要求宽松的人文环境和可探索、有丰富操作材料的物质环境。物质环境创设还要根据幼儿的年龄特点及认知水平安排科学实验类、小制作类等活动，如摩擦生电、发亮的小电珠、陀螺、找空气、沉浮实验等。

2. 材料准备

科学区域活动中的材料投放要符合幼儿的年龄特点，保证活动形式丰富多样。

1）生活中的材料

操作材料来源于生活。教师应根据教育需要，在家长的配合下把生活当中的一些材料变废为宝投放到活动区中，如可拆装的家用电器、各种纸箱、纸制品等材料。

2）层次性的材料

科学操作的目的是把科学的核心概念转化为幼儿经验的过程。科学区域材料的层次性体现在材料投放上。例如，“称重”游戏活动中的操作材料有天平、电子秤、杆秤及用于称重的物品、玩具、铁珠等。“称重”游戏的区域活动目标为：①幼儿学会使用各种称重秤；②认识计量方式，知道轻与重的区别；③幼儿用秤来称量各种物品。这样有层次地投放操作材料就会使幼儿的操作目的性增强，并能获取有益的科学经验。

3）针对性的材料

科学区域材料需要有年龄段的划分，而划分的主要依据为《指南》中的目标。区域活动有延伸集体教育的作用，因而区域中的操作材料一方面来源于集体教育活动中的操作材料，另一方面是根据教育目标补充进来的操作材料。例如，集体教育活动“认识空气”的操作材料是瓶子和蜡烛，教学活动结束后，瓶子和蜡烛就直接放到区域中供幼儿继续探究，还可以增加塑料袋，让幼儿用塑料袋搜集空气。

4）安全性的材料

在科学区域中投放安全性材料是重中之重，无论是自制材料还是现成材料，都应该是无毒、无味、对幼儿无伤害隐患的材料。

3. 规则准备

建立科学区域中的幼儿活动规则非常重要，它是幼儿有效进行区域活动的保证。科学区域中的规则一般包括四点。

（1）进区人数要加以控制，在幼儿园中控制进区人数往往是通过进区卡来完成的。

（2）轻拿轻放操作材料，不破坏操作材料。

（3）幼儿可以轻声交流和谈话，但不能大声喊叫。

（4）中、大班幼儿要学会记录观察表，养成随时记录自己科学发现的好习惯。

➢ 思考四：确定本次区域活动的目标

科学区域活动目标应有利于科学教育目标的全面落实。科学区域活动目标是根据各年龄段幼儿的实际认知水平、科学教育发展目标并结合时代特征来确定的。在区域活动目标中要明确幼儿所探究的内容、达到的水平、培养的能力和通过什么样的媒介达到目标等，这是教师在投放科学区域材料时应事先做好的工作。

➢ 思考五：设计本次活动过程

（1）开始部分是指活动前教师对幼儿明确提出“工作”任务，引发幼儿操作动机。例如，科学小活动“制作风车”，教师交代今天区域中新增加的操作材料是风车的制作材料，指出制作风车的重点是需要细心安装风车头与手柄处的卡扣，提示幼儿操作安全，并比一比哪位小朋友会通过自己的努力制成风车。

（2）基本部分是指活动过程中要本着“幼儿操作在前，教师指导在后”的活动原则。尽管如此，有时也需要教师在活动前和幼儿一起提出假设或共同讨论要探索的内容，而后再让幼儿自主探索。例如，活动“小制作——陀螺”，教师在提出“当陀螺面涂上不同的颜色时，陀螺转动起来后会产生什么效果呢”的假设后，幼儿尝试为陀螺涂色，但幼儿是否为陀螺涂色或涂什么颜色都由幼儿自己做主。

（3）活动结束部分应引导幼儿做活动小结。活动小结的目的有两个：一是发展幼儿语言表达能力，让幼儿把今天区域活动的收获讲述出来；二是幼儿之间可以相互学习分享成功和失败的经验，通过作品展示与交流来引发其他幼儿到科学区域活动的欲望。

➢ 思考六：科学区域活动观察记录

区域活动是由幼儿自主活动构成的，因此教师的作用更多体现在活动前的准备和活动过程中的观察与记录。教师在科学区域中的观察记录如表 5.2.1 所示。

表 5.2.1 科学区域活动观察记录表

<table>
<tr><td>班级</td><td colspan="2"></td><td>指导教师</td><td></td></tr>
<tr><td>目标</td><td colspan="4"></td></tr>
<tr><td>项目</td><td colspan="2">材料</td><td>观察与记录</td><td>备注</td></tr>
<tr><td rowspan="5">区域环境及材料</td><td>科学实验</td><td></td><td></td><td rowspan="5">在种植与养殖区应配有幼儿观察记录，培养幼儿观察能力与记录科学现象的能力</td></tr>
<tr><td>科学游戏</td><td></td><td></td></tr>
<tr><td>科学小制作</td><td></td><td></td></tr>
<tr><td>种植区</td><td></td><td></td></tr>
<tr><td>养殖区</td><td></td><td></td></tr>
<tr><td>教师反思</td><td colspan="4"></td></tr>
</table>

三、设计提示

科学区域活动内容的确定应和科学教育目标相一致，将科学集体教育活动内容融入科学区域活动之中，如科学小实验、科学种植、科学小制作等。在科学区域活动内容的选择上还要做到：①目标是选择活动内容的出发点和归宿，内容要为近期教育目标服务；②要根据幼儿的认知特点选择活动内容，过难或过易的内容都不适宜幼儿区域活动；③活动内容要和幼儿生活相结合，活动内容来自幼儿生活、服务幼儿生活。

互动交流

（1）你选择的活动对象。

（2）你所设计的科学区域活动名称。

（3）阐述所选的班在《指南》中的目标论述。

（4）写出活动设计方案。

① 活动前所做的准备工作。

环境准备：

材料准备：

规则准备：

② 设计本次活动过程。

开始部分：

基本部分：

结束部分：

评价反思

（1）通过本节课的学习，你对科学区域材料建设有什么想法？
（2）你认为哪些内容可以放在科学区域内完成？
（3）教师在观察指导科学区域活动中应注意哪些问题？

拓展提高

科学区域活动指导

科学区域活动是幼儿自主探究、教师个别引导的教育形式，它是集体教育活动的延伸或补充，有别于集体教育活动最重要的标志就是引发幼儿自主发现问题、探究问题、解决问题。教师的作用是观察并发现幼儿学习过程中存在的问题（材料过难、幼儿不会操作方法等），进行个别化指导，因为教师是材料提供者、方法传授者、问题解决者、生成活动的发现者。教师在观察指导科学区域活动中应注意哪些问题呢？

1. 材料的隐性指导

科学区域操作材料不是教师随意摆放的，投放操作材料一定是有目的、有计划地投入。材料操作本身就有隐性的指导作用，教师通过深入观察了解幼儿与操作材料之间的关系，选择幼儿真正喜欢、科学现象明显、能获得有价值的科学经验的操作材料。例如，万花筒是一个幼儿百玩不厌的玩具。教师在观察幼儿玩万花筒时引导幼儿说一说，万花筒里面有什么图案？为什么这样漂亮？这些图案是由什么材料制成的？为了验证幼儿的猜想，请幼儿拆开万花筒看看里面的材料和自己的猜想是否一样。当幼儿发现能组成漂亮图案的材料只是一些碎塑料片和玻璃后，又发现那些塑料片和玻璃材料拿出来后万花筒就不漂亮了的现象后，教师提出让幼儿重新选择可以替代塑料片和玻璃的材料，并把新发现的材料放到万花筒中进行探究。幼儿找来了彩纸、小珠子等材料，当幼儿把彩纸、小珠子等材料放入万花筒中后，发现万花筒中的图案也如之前一样漂亮，而且不同的材料会出现不同的图案，这种变化太有趣了。幼儿在不断探索、尝试、寻找不同材料进行实验时，万花筒活动就成了幼儿所喜欢的探究活动。

2. 巧用材料的隐含价值

科学区域操作材料源于生活，且利旧利废是一种非常好的选择。幼儿在操作使用这些材料时，教师随时观察幼儿实际能力与材料之间的关系及材料操作给幼儿带来的收获。例如，“制作滑梯”活动，教师提供纸板、胶带、剪刀、木棒等材料，不用过多介绍如何制作滑梯，幼儿就会根据自己的设计计划动手制作，因为滑梯就在幼儿生活中。在制作滑梯过程中因材料的多变性和探究性，幼儿的设计也会随之不断改变，因此制作滑梯会有效地引发幼儿思考、改变、制作直至完成任务。

3. 支持幼儿调整材料

幼儿无论做科学实验、科学小制作、科学认知，都可以根据自己的需要随时调整操作材料。教师的作用就是支持、观察。例如，幼儿做沉浮实验时，教师可能为幼儿准备好了一些操作材料，但幼儿实验几次之后就对现有材料失去操作的兴趣，此时，教师要允许他们找一些其他材料投入实验或借助水玩起其他游戏。教师要发现幼儿的研究兴趣、支持幼儿的科学研究。

4. 活动过程中的多元指导

教师通过观察幼儿在活动中的语言、表情、动作来发现和捕捉有用的信息，再对信息加工处理后，对幼儿的操作做多元指导。教师的指导一定是建立在观察的基础之上的，只有做有效的观察才能发现幼儿的兴趣，操作材料是否与幼儿探究兴趣、能力水平适宜。例如，教师通过观察会发现幼儿学习能力（认知水平、解决问题能力、使用工具能力、记录能力等）中存在的问题，可以根据幼儿存在的不同问题进行多元化指导。

第三节　单一领域数学活动

单一领域数学活动是以数与量、几何形体与空间认知、分类与排序等数学内容为主的教育活动，帮助幼儿系统掌握数学领域的知识与技能，为幼儿解决各类活动中的问题奠定基础。

数与量

学习目标

（1）会根据《指南》中科学领域相关目标选择适宜的活动内容；

（2）能熟练运用数学活动设计步骤设计数学活动；

（3）体验应用数学知识解决生活中问题的乐趣并形成数学思维。

学习任务

任意选择小、中、大班，设计数与量活动并形成活动方案。

知识导学

自然数就是人们数数时产生的数（如 5 个鸡蛋），用来表示物体个数的数。0 也是自然数，表示没有的意思。量是计算东西体积多少的器具总称。数量是指数的多少。数与量活动设计应依据设计原则，遵循设计思考对数与量活动设计与实践的知识阐述，注意设计提示中提出的问题，将知识导学部分内容作为设计数与量活动的整体思考认真研读，以便形成科学的设计数与量活动方案的能力。

一、设计原则

1. 游戏性原则

游戏性原则要求将抽象的数学知识寓于游戏之中，使幼儿在快乐的游戏中学习数学。

2. 操作性原则

操作性原则即教师提供适宜的操作材料、教具与环境，幼儿在自己实践操作中获得数学感性经验和数量关系。

二、设计思考

“六步思考”作为设计一节数与量活动的整体，前后照应。六步思考的具体内容如下。

➢ 思考一：确定本次活动对象

本次活动对象为3～4岁、4～5岁、5～6岁的幼儿。

➢ 思考二：选择本次活动内容

1. 数数

（1）唱数：从“1”开始按顺序数；从中间的任意一个数开始数或倒数。

（2）点数：手口一致点数。

（3）说出总数。

（4）按数取物。

2. 认识自然数的含义

教师引导幼儿发现在物体与物体之间存在数量等同性，如数字“2”。幼儿可以在人的身体上找出2只眼睛、2只耳朵、2个鼻孔、2只手等。

（1）认识数字。

（2）量的求同和分类。引导幼儿关注将相同数量的物体放在一起，目的是发现量的等同性，如找一找生活中哪些东西只有1个，哪些东西有2个，哪些东西有3个……；对应1～10的点卡标记，找与点卡对应的物品。在生活中体验数量的意义，如数一数荡秋千的数、跳绳的数，取10个碗、摆10双筷子等。

（3）10以内数的形成，如1添上1是2等，并类推。

3. 10以内数的加减运算

（1）10以内的基数、序数。

（2）10以内数的组成。

（3）书写10以内的阿拉伯数字。

（4）10以内加减含义。

（5）10以内加减应用题。

4. 量与计量

（1）比较大小、高矮、厚薄、长短、轻重、粗细等量的特征。

（2）量的守恒与自然测量。

➢　思考三：确定本次活动形式

本次活动形式包括数学自主探究活动和数学集体讲授活动。

➢　思考四：做本次活动前准备

1. 了解幼儿已有知识经验

（1）熟悉和掌握所设计对象在《指南》中的目标论述。

（2）掌握所设计对象在数与量活动中的侧重点。

小班：唱数到 10；手口一致点数到 5；按数取物到 5；认识数字到 5；会比较大小、高矮等内容。

中班：从 10 倒数到 1；手口一致点数到 10；按数取物到 10；认识数字到 10；会比较长短、粗细等。

大班：书写 1～10 数字；认识基数、序数；10 以内数的组成；10 以内加减含义；10 以内加减应用题；比较轻重、厚薄等；学会自然测量；学习量的守恒。

2. 物质准备

1～10 数字卡片、1～10 点卡标记、10 个实物（如小棒、扣子、积木、珠子等）、加号、减号、等号、绳等实物或卡片。小班尽量使用实物、玩具等直观材料。中大班除实物教、学具外还应运用半抽象物来替代实物卡片。

➢　思考五：确定本次活动目标

本次活动目标是将幼儿学习效果用具体、明确的语言做能检测的描述，具体要求如下。

（1）目标制订要符合幼儿知识、技能和情感需要。

（2）目标开头可用“认识”“感知”“比较”“区分”“学习”等词语做表述。

例如，中班“数苹果”的活动目标如下：

· 在 5 以内数量的基础上比较 5 以内数量的多少；
· 学习用“添上”或“去掉”的方法把数量变成一样多；
· 在游戏中体验学习数学的快乐。

➢　思考六：设计本次活动的活动过程

不同的学习内容其环节流程不相同，这里有三个设计例子可以参考。

（1）集合概念的活动设计之“比较两组物体的多少”，其活动流程为导入，对物体、图片、图形等进行量的比较，得出结论。

活动导入的方式很多，如故事、情境、问题等，可根据本次活动任务情节而定。

对物体、图片、图形等进行量的比较。这部分内容是活动的主体部分，比较方法有两种。其一是重叠比较，将一个集合中的物体、图片、图形等集合元素逐一重叠在另一个相应元素上，如小脚穿鞋，把小脚图片摆成一排后，再逐一把鞋子重叠在小脚上，进行对比是脚多，还是鞋多。其二是对应比较，将一个集合中的物体、图片、图形，按上下或左右方向对应并放在另一个集合中的元素附近。两种方法都可以比较出物体多少，具体使用哪种方法，也可根据具体任务情节而定。

得出结论即幼儿描述操作结果。注意这里不用说出多几个或少几个，只说出谁多谁少即可。

（2）10 以内数概念的活动设计之“认识序数”，其活动流程为导入、演示讲解、提出问题、游戏操作、生活中练习。

导入方法同上。

演示讲解要求出示教具，教师讲清从哪个方向数数，如从左到右、从上到下、从后到前等。

提出问题包括说出人物位置，说出序数名，如第 3 个位置是什么小动物等。

游戏操作是指幼儿根据教师设计的学习任务和教师指令摆放物品或人物等，如小兔子要坐在从后数第 2 个位置上等。

生活中练习，即把序数知识常常应用到日常生活中，如请小朋友到第 2 个柜里拿剪刀等。

（3）10 以内数的加减运算的活动设计之“认识＋、－、＝”，其活动流程为导入、演示讲解、操作、游戏。

导入形式同上。

演示讲解要求出示“＋、－、＝”卡片，教师用故事形式把三个符号代表的意义讲解清楚。

操作。幼儿操作卡片实物学具，根据教师的情境讲述，将实物卡片与“＋、－、＝”配合起来，组成数学题。

游戏。幼儿自选 1～10 数字中的其中一个数字卡或“＋、－、＝”中的任何一个符号卡片戴在身上，做找朋友的游戏，进一步理解“＋、－、＝”的实际意义。

三、设计提示

在数与量活动的设计上要注意三个方面的内容。

（1）数学是比较抽象的活动，需要反复练习，而游戏是最好的方法，会设计与运用数学游戏是教师的智慧。

（2）教具、学具是幼儿学习数学必不可少的支架，数学活动的设计落脚点应该是设计数学教具和学具。

（3）数学在生活中无处不在，教师在组织一日生活的各个活动中应把数学知识渗透在各个环节中，帮助幼儿形成数学思维。

互动交流

（1）你选择的活动对象。

（2）你所设计的数与量活动名称。

（3）阐述所选的班在《指南》中的目标论述。

（4）写出活动方案（格式见表 1.2.1）。

评价反思

（1）小组评价：学生以小组为单位，介绍教育活动过程设计并完成表 5.3.1。

表 5.3.1　听课记录表

分析要点	___组			___组			___组		
	好	中	差	好	中	差	好	中	差
活动内容选择符合幼儿年龄班									
环节设计有层次感，问题设计有亮点									
提供的教具、学具符合本次活动目标									
评价理由									

（2）在小组完成介绍后进行师生点评。

拓展提高

幼儿园数学活动教学方法

数学活动是幼儿的思维活动，因此设计数学活动要从幼儿出发，采用生动有趣、多种感官参与其中的形式，保证幼儿园的数学活动取得良好的教育效果。数学活动的教学方法参考以下五点。

（1）操作法。幼儿学习数学是在操作中进行的，是通过操作学具获得数学感性经验和逻辑知识。操作法的运用要注意：①材料符合幼儿年龄特点且做到人手一份；②教师要交给幼儿操作技巧；③幼儿在操作材料时教师要巡回指导，注意观察幼儿表现。

（2）游戏法。游戏是能让最枯燥的数学活动变得有趣的方式。游戏法就是要求教师将数学知识寓于幼儿感兴趣的游戏之中。

（3）比较法。这种方法是幼儿园数学活动中经常用到的一种方法，如比较大小等。幼儿需要知道的两种比较法是重叠比较和对应比较。

（4）讲解演示法。教师通过语言或操作直观教具，把抽象的数、量、形知识加以说明和解释。

（5）类推法。幼儿会用已有的知识经验去推出未知知识的一种方法。例如，数的分解组成。

几何形体与时空认知

学习目标

（1）会根据《指南》中科学领域相关目标选择适宜的活动内容；

（2）根据数学活动设计步骤，设计小、中、大班教育活动；

（3）喜欢运用游戏、操作等形式设计活动，让数学活动充满乐趣。

学习任务

任意选择小、中、大班，完成一节几何形体或时空认知活动方案。

知识导学

几何形体与时空认知活动是幼儿在幼儿园的必学内容，这些知识对幼儿未来学习初中几何或理解时空概念，都将起到非常好的促进作用。几何形体与时空认知活动设计应依据设计原则，遵循设计思考对几何形体与时空认知活动设计与实践的知识阐述，注意设计提示中提出的问题，将知识导学部分内容作为设计几何形体与时空认知活动的整体思考认真研读，以便形成科学的设计几何形体与时空认知活动方案的能力。

一、设计原则

1. 游戏性原则

游戏、操作是幼儿学习数学的最好方法，它能有助于幼儿理解、巩固所学知识；游戏、操作也是幼儿最喜欢的活动形式之一。所以，在几何形体与时空认知的活动设计中，要把游戏、操作作为主要教学手段，让幼儿在游戏与操作中掌握、理解、运用数学知识。

2. 生活化原则

幼儿学习几何形体与时空认知就是为解决生活中的问题，这些知识本来就源于生活，因此教师在选择学习内容时应紧密联系幼儿生活实际，让幼儿每时每刻都能接触和运用数学知识。例如，班级里挂着时钟，当入园、早餐、集中活动、午餐、户外活动等活动之间进行转换时，教师都有意识地让幼儿看一看时钟上标示的活动时间，长此以往，幼儿就会在每天的重复认识中掌握对钟表的认知。

二、设计思考

“五步思考”作为设计一节几何形体与时空认知活动的整体，前后照应。五步思考的具体内容如下。

➢ 思考一：确定本次活动对象

活动对象为3～4岁、4～5岁、5～6岁的幼儿。

➢ 思考二：选择本次活动内容

本次活动内容包括认识几何图形和认识空间与时间的概念。

1. 认识几何图形

（1）认识平面几何图形。

（2）认识立体几何图形。

2. 认识空间与时间的概念

（1）认识空间方位：左右、前后、远近、上下和空间运动方向。

（2）区分白天、黑夜、早上、晚上、昨天、今天、明天，一周有七天，七天的排序和名称。

（3）认识钟表，知道用途。

➢ 思考三：做本次活动前准备

1. 幼儿已有知识经验准备

（1）熟悉和掌握所设计对象在《指南》中的目标论述。

（2）掌握所设计对象在实验操作活动中的侧重点。

小班要学会区分白天和黑夜；认识三角形、正方形、圆形等平面几何图形；认识上下，向前、向后。

中班要学会认识梯形、长方形、半圆形等平面几何图形；认识左右，向左、向右；区分早上、晚上；认识时钟。

大班要学会认识球体、正方体、长方体等立体几何形体；区分昨天、今天、明天；区分一周有七天，知道七天的名称与排序；认识时钟，会看整点、半点，知道时钟的用途。

2. 物质准备

此次活动的物质准备包括表示空间方位、时间概念的挂图，平面几何图形，立体几何图形，时钟等活动所需要的教具。

➢ 思考四：确定本次活动目标

本次活动目标是将幼儿学习效果用具体、明确的语言做能检测的描述，具体要求如下。

（1）目标制订要符合幼儿知识、技能和情感需要。

（2）目标可用“区分”“感知”“激发”“体验”“观察”等词语做目标开头表述。

例如，中班“修路”的活动目标如下：

· 区分三角形、梯形、长方形、半圆形；

· 感知图形之间的转换关系，尝试拼合图形（半圆拼成圆等）；

· 在修路游戏中体验用数学知识解决生活中问题的快乐。

➢ 思考五：设计本次活动的活动过程

不同的学习任务会有不同的活动环节，可用以下两个例子来表述。

（1）“认识平面几何图形”活动流程为导入游戏、辨识图形、图形拼合、游戏。

导入游戏。在数学活动中一般会设计游戏情境来导入，如“去奶奶家的路坏了，我们来修路吧”等。

辨识图形。辨识图形包括两点：①幼儿在与物体或图形接触中发现图形特征；②请幼儿对图形卡进行各种形状求同、分类，并为同类图形命名。

图形拼合。尝试将各种图形卡进行拼合，以达到修路的目的并让幼儿在游戏中理解图形构成。

游戏。把学习的知识内容引入实际生活，在游戏中复习巩固，如小路修好了我们走圆形石头等。

（2）“区分白天和黑夜”活动流程为导入、讲述图片、游戏、知识迁移。

导入可根据任务要求设计。

讲述图片，即教师出示在白天、黑夜不同场景下含有人、动物、景等的图片，请幼儿描述这是什么时候，发生了什么事情。

游戏即幼儿根据教师提供的白天和黑夜线索做相应的活动。

知识迁移即请幼儿说一说自己白天和黑夜都做些什么事情。

三、设计提示

游戏在数学中的应用包括：①操作性数学游戏，如根据图形标记玩“图形找家游戏”；②情节性数学游戏，如序数游戏“送宝宝回家”；③运动性数学游戏，如打保龄球、投掷口袋记数等；④运用感官的数学游戏，如“神秘的口袋摸一摸”等；⑤竞赛性数学游戏，如分组进行数学竞赛等游戏。

互动交流

（1）你选择的活动对象。

（2）你所设计的几何形体与时空认知活动名称。

（3）阐述所选的班在《指南》中的目标论述。

（4）写出活动方案（格式见表 1.2.1）。

评价反思

（1）幼儿园几何形体与时空认知活动内容有哪些？

（2）在数学活动中，除正规的课堂教学外，还有哪些形式可以做补充？

拓展提高

幼儿园数学活动中教师指导注意事项

数学活动是一种以幼儿操作为主的活动，其特点是幼儿多动、教师少说，教师给幼儿充分的学习、理解、操作的过程。因此，数学活动对教师的语言要求高且具体，主要有以下几点。

（1）导入活动时语言要单刀直入，开门见山，如超市新进一些水果，看看都有几种水果等。

（2）活动基本部分的“教授”语言要精准。教师提出的问题要紧扣目标。例如，在介绍新活动“5的分解组成”时可以这样说：“今天，我们来玩一个分房间新游戏。教师首先讲解教具—— 一栋房子，共有两个房间，一共有5口人（爸爸、妈妈、爷爷、奶奶、森森）要住在两个房间里。然后教师提出问题：“一天森森一家外出旅行得到两个房间，请问，5口人怎样来住这两个房间？”最后，幼儿操作人物卡片并把分配房间的方法在分合符号下面记录下来。

（3）幼儿在操作学具时，教师的指导语言要灵活。幼儿正确操作时，教师用竖起大拇指表示赞同，暗示方法正确；当幼儿出现错误操作时教师可以使用指导语：“请检查一下，你摆对了吗？”

（4）活动中的教师评价语言要有鼓励作用，而且要具体。例如，由于幼儿还没有理解有规律排序的概念，因此图形排列得杂乱无章，教师可以说：“你排序的方法很独特，一个正方形、一个圆形、一个长方形又接一个圆形，可能还有其他的排序方法，我们请××小朋友将图形重新排列一次。”

本节延伸

幼儿园数学领域活动除本节列举出的数与量、几何形体与时空认知活动外，在教学实践中还有感知集合教育活动、模式认知活动等活动，视频资源如下。

感知集合教育活动　　模式认知活动

第四节　数学区域活动

幼儿园科学领域数学区域活动的开展是教师将小、中、大班数学教学目标都融入所创设的教学环境及所提供的区域材料中，让幼儿在操作与数学相关的区域材料时，学会应用数学知识，从而积极发展数学能力的活动形式。幼儿园科学领域数学区域活动的学习主要依据生活性原则和系统性原则两个方面，遵循“六步思考”对科学领域数学区域活动设计与实践的知识阐述，进而形成科学系统的科学领域数学区域活动方案。

学习目标

（1）根据不同年龄班，选择数学区域活动内容；
（2）能根据幼儿数学知识技能学习目标，设计数学区域操作材料；

（3）设计数学区域活动方案并进行分享，体验分享学习的快乐。

学习任务

任意选择小、中、大班，设计数学区域活动并形成活动方案。

知识导学

数学区域活动具有数学属性。数学区域活动是指教师将不同年龄班数学教育目标隐含在环境和操作材料之中，幼儿在操作、摆弄数学操作材料中学习和运用数学知识，达到主动发展数学能力的一种活动。数学区域活动设计应依据设计原则，遵循设计思考对数学区域活动设计与实践的知识阐述，注意设计提示中提出的问题，将知识导学部分内容作为设计数学区域活动设计的整体思考认真研读，以便形成科学的设计数学区域活动方案的能力。

一、设计原则

1. 生活性原则

数学区域活动应紧扣幼儿生活经验，操作材料设计应以幼儿生活中经常出现的符合幼儿兴趣特点的物品为主，如玩具小汽车、衣服、碗筷等。学数学本身就是为幼儿了解和解决生活中出现的数学问题，因此在设计数学区域活动及操作材料时，应把生活中需要幼儿解决的问题提出来。例如，有 6 颗枣分给 3 个人吃，怎么分；家里来了 5 位客人，需要摆几个碗、几双筷子。

2. 系统性原则

数学区域活动是以集体教学中的数学经验为主要依据，以本年龄段近期数学目标为准绳，数学区域中的活动内容必须是科学的、系统的、循序渐进的。数学区域中的操作材料必须是与之配套的活动区操作材料，坚决反对杂、乱、无序地投放操作材料。

二、设计思考

“六步思考”作为设计一节数学区域活动的整体，前后照应。六步思考的具体内容如下。

➢ 思考一：确定本次活动对象

本次活动对象为 3～4 岁、4～5 岁、5～6 岁的幼儿。

➢ 思考二：选择区域活动内容

区域活动内容可以选择数数，按数取物，排序，分解组成，时空认知，几何形、体认知，加减运算等内容。

➢ 思考三：做区域活动前准备

1. 环境准备

数学区域活动应根据具体的活动内容进行环境创设，要有明显的数学区域标志，因数学区域操作性活动比较多，本区域需要配有桌椅、玩具、画笔、作业纸等物品，更需要一定的空间和充足的光线。

2. 材料准备

数学区域活动中的材料投放要符合幼儿的年龄特点，保证活动形式丰富多样。在材料投放中应做到三点。

1）材料引发幼儿愿意操作

相对美工区来说，数学区域活动的趣味性及成果展现不如美工区那样明显。为增加幼儿进区活动的兴趣，不让幼儿感到操作材料的枯燥乏味，教师就要在材料本身及活动设计的趣味性上做文章，通过活动引发幼儿操作兴趣。例如，分种子（分类）、抓石子（数学估数）、装糖果（数与量的对应）等就是幼儿喜欢且趣味性很强的活动。

2）材料引发幼儿游戏性操作

幼儿的年龄特点决定了幼儿喜欢游戏，愿意在玩中学习。因此，教师要了解幼儿的年龄特点和生活经验，发现幼儿真正喜欢的数学游戏，将游戏引入到数学区域活动中，让幼儿在游戏中学习、复习、巩固数学知识。例如，利用扑克牌进行游戏“比较数的大小”，幼儿会被牌中大的吃小的游戏规则所吸引而自发操作。

3）材料引发幼儿理解性操作

一些生活中常见的物品，如积木、石子、贝壳、冰糕棍、拼板等，可以直接拿来让幼儿操作，配合一些数字卡片、操作题卡就会使幼儿在玩中学会运用数学知识，引发幼儿理解性操作。例如，中班“数的形成”活动目标为体验数的形成，建立初步的数序逻辑概念；会用语言说“几添上 1 是几”这句话的含义。中班幼儿理解几添上 1 很困难，又没有办法用语言说明，教师可以设计这样一系列区域活动，如我有一个石子，添上一个石子变成两个石子，幼儿边说边操作，就会理解添上一个就是在原有基础上增加一个的意思。还可以通过在作业纸上画一画，一个碗添上一个碗是两个碗等，让幼儿在操作中理解体会数的形成。

3. 规则准备

规则是引导幼儿有序、有效地进行数学操作学习的保证，数学区域的材料相比其他区域更为丰富，更具有系统性、层次性。数学区域中的规则一般有两点。

（1）标志提示。数学区域活动受操作材料及空间的限制，一般进区人数及数学材料操作方法要通过标志进行提示。标志提示是指通过简单的图案、数字、符号等进行规则的暗示和提示。幼儿进区标志可以采用进区插牌、戴标志牌或打钩等方式进行，另外要求幼儿在材料使用后放回原处，以保证材料的完整性和系统性。教师可以在数学区域中的柜子、材料箱上全都贴上与材料数量相同的图标与数字，方便幼儿整理检查，这也是培养幼儿学会整理学具的一个好办法。

（2）表格记录。在数学区域活动中，教师可以通过表格记录工作这一方法来了解幼儿进区的活动情况。教师把数学区域内的操作材料画在一张纸上，幼儿通过打钩、盖章等方式记录自己完成工作的情况。这样教师就能明确掌握幼儿进区后操作了哪些材料、操作到什么程度，哪些材料是幼儿喜欢的，哪些材料是幼儿不喜欢的，哪些材料幼儿操作难度大等情况。表格记录一方面培养了幼儿的任务感，另一方面便于教师通过分析表格记录进一步提高对幼儿学习的关注度，从而及时调整区域活动材料。

结合上述规则提示，教师根据幼儿年龄班接受能力自行制订规则，但安静、宽松、自由、和谐的数学区域环境，能让幼儿更加充分地操作和感知数学。

➢ 思考四：确定区域活动目标

教学目标和集体教学内容是发挥数学区域活动最大功效的导向和保证。建立数学区域活动时，教师心中要装有目标，掌握最近学习内容并建立配套的数学区域活动内容，这样建立的区域活动才是有效的。当然，数学区域活动目标是阶段性目标，它是根据幼儿的实际情况来不断加深、补充、完善的。阶段性目标一般以两周为一个目标段，但如果幼儿一周内完成了两周的目标，或幼儿对此活动操作不感兴趣，教师要及时调整活动或提前进入下一阶段的活动；假如幼儿还未达到两周活动的目标要求或幼儿操作兴趣正浓，教师要适当延长活动时间，以完成目标。

➢ 思考五：设计本次活动过程

（1）开始部分是幼儿进入数学区域活动的初始阶段。在开始部分，教师要讲清本次开放的区域材料及区域中的活动规则，不同的区域操作要求是不一样的。例如，手口一致点数的规则是数实物，但按数取物的规则是既要有数物操作又要加上数字卡片等。

（2）基本部分幼儿可以自由选择活动内容，如加减运算、按数取物、比较分类、排序等活动内容，在此部分，教师做观察和适当的介入指导。“要尽量创造条件让幼儿实际参加探究活动，使他们感受科学探究的过程和方法，体验发现的乐趣”，这是《纲要》中科学领域的指导要点。要达到这一要求，教师除有目的地准备操作材料外，更重要的是让幼儿体会自己参与区域活动的价值和意义，也就是说要通过教师的言行让幼儿感受到教师关心的不是区域中的学习结果，而是他们在活动过程中的体验与收获。在区域活动中要特别强调教师的观察指导，教师的指导一定建立在观察的基础上，当幼儿在区域活动中遇到学习瓶颈时，教师充满悬念式的点拨，往往会让已经泄气的幼儿又充满探究的欲望。例如，当发现幼儿在给小熊一家发碗操作有错误时，教师可用情境中的语言说：“熊爸爸说它要用大碗、熊妈妈用中碗、小熊用小碗，那三只碗中哪个最大呢？比一比吧！”经教师这样一说，幼儿就会明白操作意图是比较大小。

（3）结束部分一般由两个任务组成。任务一，收拾活动区域材料。幼儿将用过的操作材料整理后送回原处。任务二，经验分享。教师组织幼儿进行经验分享，讨论和交流今天的学习收获让幼儿体会学习的快乐。

➢ 思考六：数学区域活动观察记录

区域活动是由幼儿自主活动构成的。在区域活中，教师的作用更多体现为区域活动前的环境、材料准备和活动过程中的观察记录与指导。教师在数学区域中的观察记录如表 5.4.1 所示。

表 5.4.1 数学区域活动观察记录表

<table>
<tr><td>班级</td><td colspan="2">大、中、小班</td><td>指导教师</td><td></td></tr>
<tr><td>项目</td><td colspan="2">材料</td><td colspan="2">观察与记录</td></tr>
<tr><td rowspan="2">区域环境及材料</td><td colspan="2"></td><td colspan="2">时间：</td></tr>
<tr><td>备注</td><td colspan="3"></td></tr>
<tr><td>幼儿学习故事</td><td colspan="4">教师反思：</td></tr>
</table>

三、设计提示

数学区域活动的目标隐含在操作材料之中，因此教师在提供操作材料时注意做到下面三点。

（1）活动材料提供要符合当前学习内容。教师在设计自制或成品（积木、扣子、冰糕棒等）操作材料时，要在全面了解幼儿当下的学习内容与掌握程度的基础上，做到投放材料有的放矢，促进幼儿数学思维能力的提高。例如，在集体教学中学习了长短比较后，活动区域内就可以投放长短不一的小木棒，幼儿在区域活动中可以继续进行比较，巩固对长短概念的认知。

（2）活动材料摆放图。数学区域活动材料多且杂，要分门别类、有序摆放，教师只有做到材料有序摆放，幼儿才能取放自如以养成良好的操作习惯。教师可尝试画一份操作材料摆放图，综合考虑进区人数、便利取放材料、建立活动规则及习惯养成等诸多因素，在图纸上布置数学区域的柜、玩具架、材料箱等，当计划周全后，再进行实物布置。

（3）活动材料更新制度。数学区域材料不能一成不变，应根据幼儿的发展阶段和教学进度及时调整、不断更新，建立一套更新材料的规范化操作流程，使材料更新制度化。

互动交流

（1）你选择的活动对象。

（2）你所设计的数学区域活动名称。

（3）阐述所选的班在《指南》中的目标论述。

（4）写出数学区域活动设计方案。

① 活动前所做的准备工作。

环境准备：

材料准备：

规则准备：

② 设计本次活动过程。

开始部分：

基本部分：

结束部分：

评价反思

（1）通过本节课的学习，你对数学区域建设还有什么好的建议？
（2）你认为哪些数学内容可以放在数学区域内完成？
（3）教师在观察指导数学区域活动时应注意哪些问题？

拓展提高

数学区域活动设计需要注意的问题

幼儿对数学的学习主要来自幼儿自身的建构，数的概念是思维的产物，是幼儿自己从物体的各种关系中建立起来的。组织数学区域活动是让幼儿尽其所能，充分发挥自己的探究能力，通过自由、开放、自主的活动，按照自主选择的活动内容、活动方式和活动伙伴及学习节奏去操作体验从而获得数学经验。教师在设计数学区域活动时应注意哪些问题呢？以下几点可以提供参考。

1. 目标的设计

目标是创设数学区域活动环境、选择活动内容、活动方式、投放活动材料的依据，也是教师观察指导、评价幼儿活动的依据。虽然开放的区域活动不如集中活动那样严谨但也应该有活动目标。幼儿在活动目标的引导下通过摆弄、操作区域材料，从中发现新知识，巩固已有知识并将已有知识运用到实践中来。相对于集中教育活动目标而言，数学区域活动目标更宽泛、更长远，教师也会在幼儿实践中根据幼儿的兴趣及探索水平及时调整区域活动目标，把区域活动目标正好地定位在幼儿的“最近发展区”上。

2. 活动的设计

幼儿在感知数学知识时并不是因为数学有多重要才学习，而是凭借着自己的兴趣、意愿来学习的。因此，在设计区域活动时要依据当前数学学习目标、幼儿年龄特点来精心设计，以激发幼儿学习兴趣为主。小班幼儿注意力集中时间短，以自我为中心、形象思维为主，区域活动设计应采取具体形象、操作性、游戏性强的活动，如“神秘的口袋”“小猫钓鱼”等。与小班幼儿相比，中、大班幼儿思维由具体形象思维逐步向初步抽象思维过渡，他们的理解能力和控制能力逐步增强，教师在设计区域活动时应考虑合作、竞赛性的活动，如棋类、扑克牌、迷宫活动等。

3. 材料的设计

区域操作材料是区域活动的重中之重，也是突显区域活动特点的主要方面，在区域材料投放上做到层次性、多样性、可检性。

层次性。幼儿在不同年龄段的思维特点是不一样的，要经历行动思维、具体形象思维、表象思维、初步抽象思维四个发展阶段。因此，教师在操作材料准备上需遵循幼儿的思维特点，对应幼儿思维发展特点，在同一类操作材料上要准备实物、图片、符号三个层次材料，以满足每个阶段幼儿的需要。

多样性。在数学区域活动中对于同一数概念属性，应提供多种操作材料。例如，有规律排序活动的操作材料可以是木珠、塑料棒、纽扣、几何图形卡片等。幼儿操作材料的多样性，会让幼儿对活动产生极大的兴趣。

可检性。区域活动是流动的，幼儿在一段时间内可以去好多个活动区。因此，区域中所投放材料最好是在幼儿操作后能呈现一个成果，如拼图等，这样便于教师检查和总结幼儿操作后的收获、困惑。例如，大班可以采用记录表的形式，教师可以通过幼儿的记录表来检查幼儿进区的活动情况。

第五节　作品展示与交流

幼儿园科学领域作品展示与交流的方式以设计课堂教学为主。幼儿园科学领域作品展示与交流的学习主要依据面向全体因材施教原则，遵循“三步思考”对科学领域作品展示与交流设计与实践的知识阐述，最终科学地呈现出科学领域课堂教学活动方案。

学习目标

（1）列举组织课堂教学的方法，组织一节科学活动；
（2）充分利用直观教学手段突破教学重点和难点，完成教学任务；
（3）体验科学设计、圆满完成教学任务的快乐。

学习任务

任意选择小、中、大班，试讲一节科学活动。

知识导学

作品展示与交流有多种方法，如“说课”“试讲”“课堂教学”“评课”。本次活动设计为课堂教学。

什么是课堂教学？课堂教学是教师向幼儿传授知识和技能的全过程，它包括教师的“讲”、幼儿的“问答”及教学过程中使用的所有教具。课堂教学也称“班级上课制”。课堂教学设计应依据设计原则，遵循设计思考对课堂教学方法等知识的阐述。教师应认真研读，以便形成艺术的组织课堂教学的能力。

一、设计原则

课堂教学的主要设计原则包括面向全体、因材施教原则。面向全体、因材施教原则是指在课堂教学中要照顾到全体听课幼儿的情绪和情感及幼儿理解、记忆、注意等方面的差异，运用操作、游戏等方法让所有听课幼儿都能在原有水平上得到发展。

二、设计思考

“三步思考”作为组织一节科学活动的标准，需要在组织具体活动中得到落实。

➢ 思考一：对教师的要求

（1）教态自然、亲切、大方，着装符合活动要求。

（2）语言简练，语速适中，能与幼儿互动沟通。

（3）多用鼓励、欣赏的语言帮助幼儿建立课堂常规，及时纠正幼儿打闹、接话等不良习惯。

（4）课前准备充分：①掌握、研究、挖掘教材，示范准确；②教材内容符合幼儿年龄特点；③了解幼儿已有知识；④每位幼儿都有操作的学具。

➢ 思考二：对幼儿表现的要求

（1）集中幼儿注意力使幼儿在语言及行为上能够和教师产生互动。

（2）对学习产生兴趣且都能参与到活动中来。

（3）没有等待现象。

➢ 思考三：课堂组织要求

课堂组织一共分四个部分。第一部分是课前准备，包括场地安排、座位分配；第二部分是开始部分，即导入活动；第三部分是基本部分，即学习的重点和难点内容；第四部分是结束部分。每部分的内容相互联系又相对独立，具体要求如下。

（1）课前准备：准备场地——科学活动需要的操作场地要大，还需要桌椅。

（2）开始部分：导入活动——时间为总课时的 1%左右。

根据课程任务选择律动、情境、故事、提问、演示操作等方法，集中幼儿注意力直接导入活动。

（3）基本部分：时间为总课时的 80%左右。基本部分包括以下内容。

学习内容的展现要求基本执行教案，但当教案与幼儿课堂反应不相符时，可以根据课堂情况进行调解。

课堂提问——课堂提问是完成教学任务的必要手段。提问是对不了解的事情表示质疑，而课堂提问则是教师的明知故问，好的课堂提问由教师精心设计。教师善于提问，幼儿才肯于动脑思考。一个好的问题像一条纽带把师生紧紧联系在一起。教师在设计课堂问题时注意三点。①由简到难。②问题能开阔思路，启迪思维，具体而非笼统。③只有唯一答案的问题不是好问题。例如，幼儿只要回答是不是、好不好等。

课堂氛围——好的课堂氛围应做到有序、活跃、轻松、和谐。

课堂中教师的态度——教师的教态是通过教师的语言、体态语表现出来的。幼儿在学习过程中会存在差异，差异产生的原因是方方面面的：可能是幼儿的接受能力有限，可能是学习内容幼儿不感兴趣，可能是动手操作能力差等。这时考量的就是教师的教学态度。教师在课堂中无论遇到什么样的现象，所展现出来的应该是积极的一面，具体为四点：①表情亲切，面带微笑；②当幼儿不安心听课（打闹、做小动作等），教师可采用目光注视、停顿、趣味激发、设疑引导、表情感染等办法，再次把幼儿注意力吸引回来；③当幼儿在学习中突发思维闪光点时，教师要及时抓住并随机生成新的教学环节；④当幼儿出现学习困难时教师尽量用启发式教学方法而非替代幼儿动作操作或动脑思考。

（4）结束部分：时间为总课时的 1%左右，可进行知识迁移、布置作业、展示学习成果等方式。

互动交流

（1）你选择的活动对象。

（2）你所设计的科学活动名称。

（3）阐述所选的班在《指南》中的目标论述。

（4）写出活动方案（格式见表 1.2.1）。

评价反思

（1）以小组为单位，到幼儿园中实地组织教育活动并录像。

（2）回到学校后观看录像并填写表 5.5.1。

表 5.5.1　听课评价表

<table>
<tr><th>项目</th><th colspan="2">评价内容</th><th>得分</th></tr>
<tr><td rowspan="3">教学设计
（5 分）</td><td colspan="2">目标具体、有操作性、符合年龄特征（2 分）</td><td></td></tr>
<tr><td colspan="2">教具准备充分、实用（1 分）</td><td></td></tr>
<tr><td colspan="2">活动环节完整、交代清楚、过渡自然、层层递进（2 分）</td><td></td></tr>
<tr><td rowspan="7">课堂组织
（5 分）</td><td colspan="2">活动场地准备充分，符合课堂要求（1 分）</td><td></td></tr>
<tr><td colspan="2">导入活动自然，能引起幼儿学习兴趣（0.5 分）</td><td></td></tr>
<tr><td rowspan="5">基本部分</td><td>有情境或游戏任务（0.5 分）</td><td></td></tr>
<tr><td>幼儿注意力集中，课堂控制能力好，能在规定时间结束活动（0.5 分）</td><td></td></tr>
<tr><td>课堂提问设计合理，对幼儿有启发作用（0.5 分）</td><td></td></tr>
<tr><td>教师教态自然、讲课有趣，体现幼儿教师风貌（1 分）</td><td></td></tr>
<tr><td>学具设计合理、达到教学要求（1 分）</td><td></td></tr>
<tr><td>总分</td><td colspan="3"></td></tr>
<tr><td>课堂中的优点</td><td colspan="3"></td></tr>
</table>

（3）观看活动录像后进行师生点评。

拓展提高

教学实践建议：

（1）到幼儿园见习，观摩优秀教师的教育活动。

（2）收集网上教学视频，积累课堂教学经验。

第六章　艺术领域教育活动

艺术活动是幼儿一种精神成长性需要的满足，是非直接功利性的、以活动过程本身为目的的需要的满足。幼儿是祖国未来的建设者和接班人，幼儿园应坚持以美育熏陶幼儿，帮助幼儿发展其个性特征、形成审美情趣、陶冶高尚情操。我们应坚持“以人民为中心”，不断深化幼儿教育改革创新，为提升幼儿艺术素养提供良好生态环境。本章通过学习设计艺术领域活动的基本方法，挖掘艺术自身的特质及艺术活动对幼儿发展的价值，落实《指南》中的艺术领域目标，并围绕目标设计单一领域活动，掌握评课的基本方法，力争从实践层面让学生感悟艺术领域活动的设计策略，从而实现艺术领域的教育实践。

第一节　单一领域美术活动

单一领域美术活动是以绘画活动、手工活动等美术内容为主的教育活动，有助于幼儿发挥自己的想象力与创造力。单一领域美术活动可以直接用手或简单工具对具有可塑性的各种形态（点状、线状、块状）的物质材料进行加工、改造，制造出占有一定空间、可视且可触摸的多种艺术形象的一种教育活动。它为幼儿在各类活动中解决问题奠定基础。

绘画活动

学习目标

（1）会根据《指南》中艺术领域相关目标，选择适宜的绘画内容；

（2）列举绘画活动设计步骤，设计不同年龄段的教育活动；

（3）喜欢参与小组讨论，愿意在讨论中发表自己的设计方案。

学习任务

任意选择小、中、大班，设计一节绘画活动并形成设计方案。

知识导学

绘画教学是落实艺术领域目标的重要活动之一，有助于提升幼儿用色、形、块、意表现生活中的美与创造美的能力。绘画活动设计应依据设计原则，遵循设计思考对绘画活动设计与实践的知识阐述，注意设计提示中提出的问题，将知识导学部分内容作为设计绘画活动的整体思考认真研读，以便形成科学的设计绘画活动方案的能力。

一、设计原则

1. 自由的原则

幼儿绘画不是按照自己看到的画，而是按照自己认识到的并且是感兴趣和关心的事物来作画。教师的简笔画、范画不仅穷尽幼儿想要表达的形象，还会限制幼儿的绘画兴趣与表达技巧，因此设计活动时应多帮助幼儿积累视觉语言而非范画。

2. 神似的原则

成人想要懂幼儿的画，需要幼儿进行讲解，这是因为幼儿用画画的方式表达自己对外部世界的认识与理解，表达自己的情感和意愿，虽然他们画得“形”不似，但听解释后却感到“神”似。这就是儿童画的特点，我们宁要“神”似，也不要千面一人的“形”似。

3. 自然成熟的原则

幼儿的绘画技巧（线条越来越流畅、涂色越来越均匀、构图越来越完整等）不是通过一次“课”教出来的，而是在幼儿大量的练习过程中自然成熟的。因此，建议教师在课上给幼儿充分的练习时间。

二、设计思考

“六步思考”作为设计一节绘画活动的整体，前后照应。六步思考的具体内容如下。

➢ 思考一：确定本次活动对象

本次活动对象为3～4岁、4～5岁、5～6岁的幼儿。

➢ 思考二：选择本次活动内容

本次活动内容包括命题画、意愿画、装饰画。

➢ 思考三：选择本次绘画形式

绘画形式根据幼儿的班级不同而有所区别。小班的绘画形式主要有手指点画、手印画、吹画、添画、棉签画、拓印画、滚画等；中班的绘画形式主要有拓印画、棉签画、刮画、砂纸画、蜡笔画、水彩画；大班的绘画形式主要有水墨画、水彩画、水彩蜡笔画、蜡笔画、喷洒画等。

➢ 思考四：做本次活动前准备

1. 幼儿已有知识经验准备

（1）熟悉和掌握所设计对象在《指南》中的目标论述。

（2）掌握所设计对象在绘画活动中的侧重点。

小班幼儿处于将圆圈、横竖线条赋予意义和故事的阶段。例如，在圆圈上画上点和横线表达人像的头部，但不画耳朵、手脚。教师要允许幼儿使用这种表现形式，耐心并愉快地倾听幼儿的故事。

中班幼儿是通过语言描述画面主题和内容阶段，如在画头部的基础上画出手和脚，形成了所谓的头足人像。教师切勿提醒或教导幼儿改变画法，这样做会打破幼儿认识事物的自然发展过程，也剥夺了幼儿认识事物的乐趣。

大班幼儿渐渐明白了各种事物具有的特征和这些事物之间的关系。幼儿在画中开始使用基底线，构出二维平面世界。大班后期的幼儿喜欢运用“透视画法”，即把汽车里或土壤中看不到的东西也一一画出来。同时，幼儿开始对图案纹饰感兴趣，甚至能将听到的故事用丰富的画面表现出来。

2. 本次活动的物质准备

物质准备主要是指准备本次活动所需要的材料、工具、教具（多媒体课件、电视录像、图书等直观教具）。

➢ 思考五：确定本次活动目标

本次活动目标是将幼儿学习效果用具体、明确的语言做能检测的描述，具体要求有两点。

（1）目标制订要符合幼儿知识、技能和情感需要。

（2）目标开头可用“会”“能”“体验”“乐意”等词语做表述。

例如，命题画“我的妈妈”的活动目标如下：

- 尝试画出妈妈平日里留给自己印象最深时的形象；（知识目标）
- 能用直线、曲线等画出妈妈的发型、脸部、身体等主要特征；（技能目标）
- 愿意理解妈妈的情感并用绘画表现出对妈妈的爱或祝愿。（情感目标）

➢ 思考六：设计本次活动的教学过程

本次活动过程环节设计包括感知与体验、探索与发现、创作与表现、欣赏与评议。

（1）感知与体验环节是教师引导幼儿仔细观察本次绘画对象的真实、自然、具体形象。在此环节，幼儿可通过观看录像、实物、大师及儿童作品或图画书等方法积累视觉语言、符号素材，进而在绘画中表达出来。

（2）探索与发现环节是幼儿探究本次活动所使用的工具、材料、绘画方法、技能等。教师必要时用语言给予总结、提升或推动幼儿作画，避免直接整体示范、讲解或演示。

（3）创作与表现环节是在探索与发现基础之上，幼儿大胆构思、运用已有的知识经验表达创意或情绪情感等的过程。教师重点指导和鼓励幼儿大胆想象和用与众不同的表达方式进行个性化创作。

（4）欣赏与评议环节是幼儿用自述、同伴分享等方式欣赏和评价本次作品的过程。教师重点为幼儿创设展示作品的条件，引导幼儿表达绘画想法，激励幼儿之间相互交流、欣赏，共同提高绘画表现力。

在教学过程中，建议将感知与体验、探索与发现、创作与表现、欣赏与评议四个活动环节，通过一个人物或故事情节或游戏化操作等方法有机串联在一起，形成完整的、有内在关联的、由浅入深的活动过程方案。

例如，意愿画“可爱的大象”活动过程的设计就运用一个人物做线索，将四个活动环节串联在一起，活动过程设计方案如下。

①（教师出示小鸟手偶，用小鸟的口吻说）小朋友们好！森林里要举行动物绘画比赛，我想请你们参加，绘画题目是“可爱的大象”，我寄来了大象的录像带，请你们看完后理解大象可爱在什么地方，并把它画出来。（教师请幼儿观看大象帮助人们做事情的画面，教师介绍大象的头、四肢、长长的鼻子等外形特征并和幼儿讨论大象帮助人做很多事情的感人场面）

②（小鸟说）录像看完了，知道大象可爱在什么地方了吗？你想用什么材料和工具绘画可爱的大象呢？请选择材料和工具。（教师准备彩笔、蜡笔、彩纸、白纸、剪刀、胶水等）

③（小鸟说）参赛作品必须有与众不同的创意，你们想画一幅关于大象什么事情的画呢？（请幼儿充分构思后，再动笔绘画；幼儿绘画时，只有当幼儿请求帮助时，教师才能指导）

④（小鸟说）小朋友们的绘画作品非常好，请每个小朋友讲一讲自己画的内容。

⑤ 幼儿根据小朋友的绘画作品进行评价。（教师带领幼儿赏画、评画）

三、设计提示

设计提示主要体现在命题画、意愿画、装饰画这三种类型上。

命题画是幼儿按照教师提示绘画的主题和要求来完成的绘画。命题画包括物体画和情节画。

意愿画是指由幼儿自己独立确定绘画的具体内容、形式和表现方法，教师作为支持者协助他们完成的绘画。

装饰画是指幼儿运用各种花纹、色彩在各种不同的纸型上按照一定规律进行装饰。

互动交流

（1）你选择的活动对象。

（2）你所设计的绘画活动名称。

（3）阐述所选的班在《指南》中的目标论述。

（4）写出活动方案（格式见表 1.2.1）。

评价反思

（1）你是否对绘画活动设计有了清晰的理解？有人认为“上课时教师必须示范绘画步骤”，这种观点是否正确？为什么？

（2）你是否完全了解了幼儿园的绘画活动及特点？能说说在幼儿园开展绘画活动时，哪些需要设计成教育活动，哪些可以在日常生活中进行？

（3）请你谈谈在设计绘画活动的过程中遇到了哪些困难，你是如何解决的。

拓展提高

正确理解幼儿绘画的意义

绘画对于成人与幼儿的意义有着本质的不同。幼儿绘画不带有任何功利思想，是幼儿自我表现的需要，是表达自己情感的方式。绘画比语言文字更早被幼儿利用来表达思想。教育家廖莫夫说："并非所有的儿童都会写诗和唱歌，然而所有的儿童都会画画。"那么，怎样让绘画永远是幼儿表达思想的语言呢？

1. 心灵是绘画的源泉

在成人绘画中，"大师"和"画匠"的区别在于是否有心灵参与绘画之中，对于幼儿来说，有心灵的参与同样重要。绘画作品应该是幼儿观察、认识、表达客观世界的载体，在绘画活动中，参与绘画的不只是眼和手，更主要的是心灵。例如，《狮王进行曲》中，幼儿手中的画笔随着音乐的旋律和节奏舞动，让线条和音乐的感受结合起来，画出粗细、长短不同的线条，表达自己对《狮王进行曲》的理解。

2. 观察是绘画的前提

幼儿的艺术表现与其直接感知的事物有关。如果没有充分的感知和体验，简单的示范和临摹不会引起幼儿的思想共鸣，只有让幼儿观察事物，幼儿才能对所要表达的事情有完整、清楚、生动地了解。例如，绘画老虎：教师事先请家长带领幼儿到动物园中观看老虎，然后听老师讲老虎的故事，欣赏老虎的图片，猜想老虎与小虎之间的对话，模仿老虎的动作。经过这样一系列的活动，幼儿再绘画出来的老虎不仅有不同的姿态，而且还能展现与众不同的故事。

3. 游戏是绘画的方法

绘画活动离不开技能技巧，从随意涂鸦到体验表达，从表达自己对事物的感受到富有美感的创作，幼儿都有"术"的需求。"术"的给予是教师"教"的艺术。我们教给幼儿的不是技能技巧而是眼光。对幼儿来说，技能技巧需要反复练习，因此，教师要善于把技能技巧融入游戏之中，让幼儿体验学习的快乐。例如，绘画《我爱运动》这幅画时，幼儿有玩各种体育器材的体验，观看过奥运会运动员精彩比赛瞬间的视频，但由于缺乏对运动中人物的技法表达，绘画效果不会理想，这时教师可以提供各种运动中的人物拼图，让幼儿在拼拼摆摆中发现自己需要表达的人物形象并将拼图形象转换成平面绘画形象。这种知识技能的迁移所创造出来的绘画效果，令人叹为观止。

手工活动

学习目标

（1）能根据幼儿学习兴趣选择适合本年龄段特点的手工内容；

（2）能用合作学习的方式完成手工活动的设计任务；

（3）喜欢承担所分担的设计任务，体验合作式学习的快乐。

学习任务

以小组为单位设计手工活动并形成活动设计方案。

知识导学

手工活动是将泥、纸、种子、线、橡皮筋、布、树叶、羽毛、花瓣等具有可塑性的各种形态（点状、面状、线状、块状）的物质材料进行加工、改造，制造出各种具有可视性且可触摸的多种艺术形象的一种教育活动。手工活动是幼儿最喜欢的活动形式之一。手工活动设计应依据设计原则，遵循设计思考对手工活动设计与实践的知识阐述，注意设计提示中提出的问题，将知识导学部分内容作为设计手工活动的整体思考认真研读，以便形成科学的设计手工活动方案的能力。

一、设计原则

1. 自主性原则

手工活动是教师和幼儿共同参与、相互配合才能完成的学习，对技巧与方法有严格要求。尽管如此，在设计活动时还是要以幼儿为主体，在充分重视幼儿主体性的同时教师适时、适宜地通过图例、重点步骤示范等方式指导幼儿完成手工作品。

2. 操作性原则

教师在手工活动设计中要重视幼儿的已有知识经验，学会根据幼儿手工活动特点和规律设计可供幼儿操作、自主探究的手工活动。

二、设计思考

“六步思考”作为设计一节手工活动的整体，前后照应，具体内容如下。

➢ 思考一：确定本次活动对象

本次活动对象为3～4岁、4～5岁、5～6岁的幼儿。

➢ 思考二：选择本次活动内容

本次活动内容主要包括平面手工和立体手工。

➢ 思考三：选择本次手工活动形式

1. 平面手工

平面手工主要有粘贴、剪贴、撕贴几种形式。

粘贴是典型的平面手工活动，是用点状、线状、面状材料粘出或贴出立体浮雕感或平面的画面活动，如粘沙、贴树叶、贴各种果实画等。

剪贴是运用面状材料剪成所需要的物体形象后贴出平面画面效果的手工活动。

撕贴是把手指作为工具，用双手手指配合撕出物体形象贴成平面画面效果的手工活动。

2. 立体手工

立体手工主要包括泥工、剪纸、折纸及废旧纸盒（箱）果蔬等制作几种形式。

泥工是通过双手将泥塑造成立体物体形态的活动。

剪纸是将纸折叠后剪出有对称、均衡感纹样的活动。剪纸可以采用折叠后用目测的方法剪也可以画出轮廓线后再剪。

折纸是利用双手将纸折叠成立体形象的活动。

废旧纸盒（箱）果蔬等制作是指利用水果、蔬菜及旧纸盒等物品，通过联想“因材实艺”地制作立体形象的活动。

➢ 思考四：做本次活动准备

1. 幼儿已有知识经验准备

（1）熟悉和掌握所选对象在《指南》中的目标论述。

（2）掌握所设计的手工活动的侧重点。

小班可以简单地进行折叠、粘贴等手工活动，开始接触剪刀、胶水等工具并结合绘画进行简单的造型。

中班能够较熟练地进行折叠、粘贴、泥塑等手工活动，开始自由地使用剪刀、泥塑工具等，塑造具有一定立体造型的物体形象。

大班能自由选择合适的工具，合理运用纸盒、彩纸、各种植物的种子、树枝等多种材料，塑造具有一定表现力和创造力的立体物体形象。

2. 本次活动的物质准备

物质准备指准备本次活动的操作材料（纸、泥、废旧物品等材料）、工具（剪刀、画笔、胶水等）及本次活动所需要的教具等。

➢ 思考五：确定本次活动目标

本次活动目标是将幼儿学习效果用具体、明确的语言做能检测的描述，具体要求有两点。

（1）目标制订要符合幼儿认知、技能和情感需要。

（2）目标开头可用“初步学习”“养成”“体验”“能”等词语做表述。

例如，小制作“报纸树”的活动目标如下：

• 初步学习用折叠、揉、搓、撕等方法制作报纸树，养成良好的手工活动习惯。
• 体验与同伴协商、分工合作完成制作“报纸树”的过程。

➢ 思考六：设计教学过程

教学过程是完成教学目标的载体，它是由一个个教学环节构成的，其活动过程中的环节设计流程包括感知与体验、探索与发现、创作与表现、欣赏与评议。

1. 感知与体验

感知与体验是指利用成品展示、动画片、故事、提问等生动有趣的情节或有直观形象的成品导入活动，引起幼儿参与活动的意愿。

2. 探索与发现

1）积累视觉语言

积累视觉语言要求选取本次活动对象的作品（实物、图片等），引导幼儿仔细观察，感知活动对象的空间存在形式。例如，泥工小狗，捏泥前观察小狗的头、身体、四肢及整体形态，然后才能用折、剪、塑等方式完成创作。

2）材料接触

教师要为幼儿提供与材料充分接触和使用材料的机会，避免一味地示范，如在欣赏树叶印画后，教师引导幼儿思考："怎样才能在纸上印出树叶图案呢？"

3）示范范例

当幼儿第一次接触操作技法时，教师应直接演示操作方法。比如，示范泥塑小狗的头与身体连接的方法。再如，折纸需要按顺序折叠，教师在教幼儿折纸时需要整体示范或提供折纸图例让幼儿自己掌握折纸顺序。

3. 创作与表现

创作与表现环节主要体现在两个方面。一方面，教师引导幼儿为本次手工对象做艺术构思与设计；另一方面，教师指导幼儿动手制作与装饰手工对象。

教师重点指导幼儿掌握本次活动中所用工具和材料的使用方法，在幼儿创作中允许幼儿从模仿过渡到独立创作。

4. 欣赏与评价

在欣赏与评价环节中需要注意两点。一是要采用幼儿自述、教师引导、同伴欣赏等方式进行；二是评价也要注意到幼儿手工活动习惯、品质等方面是否符合规范要求。

在活动过程设计中，还可以通过人物、故事情节、游戏化操作等活动过程的内在线索，将各个环节串联在一起形成一个整体的活动过程。

三、设计提示

手工活动是一种空间存在形式，幼儿对它的掌握有一定的困难。教师在指导幼儿手工活动时应注意两点。

（1）教师一定要在课前或课的开始部分引导幼儿认真观察和分析本次作品的形象，积累素材语言。

（2）教师在活动中给幼儿足够的时间和材料进行尝试性操作。幼儿小肌肉还不够发达，表现能力有限，教师应以帮助幼儿实现自己的设计意图，以体验手工制作的快乐为落脚点。

互动交流

以小组为单位设计一个手工教育活动。

（1）小组选择的活动对象。
（2）小组所设计的手工活动名称。
（3）阐述所选的班在《指南》中的目标论述。
（4）确定本次活动的活动目标。
（5）所做的活动准备。
（6）写出小组讨论活动过程设计记录，见表 6.1.1。

表 6.1.1　小组活动过程设计记录

小组活动过程设计记录	
感知与体验环节	
探索与发现环节	
创作与表现环节	
欣赏与评价环节	
把人物或情节或游戏化操作作为线索形成完整的活动过程方案：	

评价反思

小组选派代表展示设计方案并完成记录表的填写，见表 6.1.2。

表 6.1.2　活动设计方案评价表

评价内容	赋分	一组	二组	三组	四组
感知与体验设计	2 分				
探索与发现设计	2 分				
创作与表现设计	2 分				
欣赏与评价设计	2 分				
过程整合设计	2 分				
总分					

拓展提高

张淑琼. 幼儿园教育活动设计与实施［M］. 2 版. 北京：北京师范大学出版社，2014.

本节延伸

幼儿园艺术领域活动除本节列举出的绘画活动、手工活动外，在教学实践中还有美术欣赏活动等，视频资源如下。

美术欣赏活动

第二节　美工区域活动

幼儿园艺术领域美工区域活动是幼儿美术工作的一种形式，它是以幼儿获得快乐体验为前提，通过对美术素材的操作和摆弄来实现的。幼儿园艺术领域美工区域活动的学习主要依据多样性原则和自主性原则，遵循“六步思考”对艺术领域美工区域活动设计与实践的知识阐述，进而形成科学系统的艺术领域美工区域活动方案。

学习目标

（1）根据不同年龄，选择美工区域活动内容；
（2）能根据幼儿已有知识技能，设计美工区域操作材料；
（3）分享设计的美工区域活动方案，体验分享学习的快乐。

学习任务

任意选择小、中、大班，设计美工区域活动并形成设计方案。

知识导学

美工区域活动是非常重要的幼儿美工活动形式，是以满足幼儿快乐活动为前提，以操作、摆弄美术材料为途径的自主学习方式。美工区域活动设计应依据设计原则，遵循设计思考对美工区域活动设计与实践的知识阐述，注意设计提示中提出的问题，将知识导学部分内容作为设计美工区域活动设计的整体思考认真研读，以便形成科学的设计美工区域活动方案的能力。

一、设计原则

1. 多样性原则

多样性原则是指美工操作材料、区域内容、教师指导及帮助方法上的多样性以满足不同幼儿的学习需要及个体差异，帮助幼儿通过操作美工材料达到表现美与创造美的目的。

2. 自主性原则

自主性原则是指在美工区中要给幼儿自主选择美工材料、自由操作的权利。由幼儿决定作品的设计、采用的材料、完成作品需要的时间、进区的次数、完成作品的速度等，教师的任务就是帮助幼儿实现设想。

二、设计思考

“六步思考”作为设计一节美工区域活动的整体，前后照应。六步思考的具体内容如下。

➢ 思考一：确定本次活动对象

本次活动对象为3～4岁、4～5岁、5～6岁的幼儿。

➢ 思考二：选择区域活动内容

区域活动内容可以选择绘画活动，折纸、剪纸、小制作等美工活动，各类创意旧物改造活动。

➢ 思考三：做区域活动前准备

1. 环境准备

（1）美工区域在班级区域活动中是幼儿最喜欢的活动之一，每次进区人数较多，因此固定的、大一点的场地设置非常必要。教师应根据班级幼儿人数考虑美工区的规模。

（2）美工区域环境设计要富有美感、艺术性，既要充分利用立体空间又要考虑在区域内摆放幼儿操作材料、作品展示墙或展示柜等。

（3）美工区活动内容一般由三部分组成：绘画区、手工区和旧物创意制作区。区域与区域之间要做单独划分或有明显标志。

（4）绘画区是幼儿专心创作的地方，需要安静明亮的环境，因此一般这个区会设置在班级光线充足的地方，为了让幼儿自由创作，还可以在绘画区内为幼儿提供绘画墙，幼儿自由绘画并可以随时擦换。手工区、旧物创意制作区环境宽敞即可。

2. 材料准备

美术区域幼儿操作材料投放要符合幼儿的年龄特点，保证活动形式丰富多样。在材料投放中应做到四点。

1）丰富的操作材料

幼儿年龄特点决定其兴趣广泛但持续时间短，因此在美术区域活动材料投放上需要有变化，避免单调乏味。提供给幼儿作画的材料包括：绘画用的水彩笔、毛笔、蜡笔、彩铅、颜料、油画棒等；手工工具有剪刀、糨糊、橡皮泥、牙签、抹布及各种辅助材料，如棉签、亮片、各种纸、纸箱、纸板、绳、种子、树叶、布等；废旧材料有吸管、蛋壳、水果网兜、冰糕棍、泡沫板等。

2）有层次的操作材料

教师通过有层次的材料投放让幼儿和材料产生联系。比如，“制作手链”活动中可提供线绳、吸管、钓鱼线，大小不一的珠片、贝壳。幼儿根据自己的操作能力选择材料可以满足不同能力幼儿的学习需求。

3）有目的性的操作材料

教师可以根据季节变化投放操作材料。比如，冬天的雪可以用棉花表现；春天的花可以用皱纹纸折叠；夏天的万物可以用小草编织；秋天的景可以用树叶粘贴等。

4）有主题性的操作材料

结合班级的主题活动，进行有主题的材料投放。例如，在完成“海底世界”主题活动时，幼儿在教师创设的大海背景墙上，利用折、剪、绘画等方法将鱼、虾、螃蟹等作品粘贴在背景中，形成海底世界主题墙。

3. 规则准备

建立美术区域中的幼儿活动规则非常重要，它是幼儿有效进行区域活动的保证。美术区域中的规则一般可有五点。

（1）进区人数。一般进区人数要加以控制，在幼儿园中控制进区人数往往是通过进区卡来完成的。进区卡是指教师自制的进区标志，如规定区域只能进入 5 位幼儿，进区标志就可以制作成 5 个标志牌，当幼儿想进入此区活动时，只有戴上进区标志的幼儿才能进区活动，没有标志的幼儿只有等待。

（2）轻拿轻放不破坏操作材料，如图书、图片、道具等。

（3）幼儿可以轻声交流和谈话，但不能大声喊叫，表演区除外。

（4）用完的物品放还原处。

（5）作品完成后到指定位置展出。

根据上述规则要求，教师结合本班幼儿年龄特点及接受能力自行设计进区规则，但安静、宽松、自由、和谐的美工区环境会使幼儿尽情地表现美和创造美。

➢ 思考四：确定区域活动目标

美工区域活动目标有别于其他区域活动，幼儿进入美工区域活动时会选择不同的操作材料或工具，如有的幼儿选择绘画、有的幼儿选择折纸、有的幼儿选择泥工、有的幼儿选择剪纸、有的幼儿选择粘贴画等，幼儿选择的活动不同目标要求也不尽相同。美工区域活动目标一方面来自教育活动中未完成的目标，另一方面隐藏在所投放的操作材料之中。教师投放区域中的每一样材料都要有目的性，如同样用鸡蛋壳作画，幼儿操作材料的目的会随着教师投放材料的变化而变化。下面的三组活动很好地解释了这一点。

一组：碎蛋壳、糨糊、画纸、彩笔，幼儿用这些材料进行蛋壳贴花。

二组：蛋壳、水彩、纸盒、画纸，幼儿用这些材料进行蛋壳滚画。

三级：蛋壳、水彩笔、彩纸条，幼儿用这些材料进行蛋壳绘画。

三组都是使用蛋壳作为操作材料，但材料和辅助材料的变化使得活动内容随之发生变化。三组活动不同，教师的目标定位也不相同。

➢ 思考五：设计本次活动过程

（1）开始部分是幼儿进入美术区域活动的初始阶段。开始部分一般有两种情况出现。一是教师和幼儿一起确定活动主题后，幼儿根据自己确定的主题、已有的经验选择操作材料，并在区域中完成作品。二是幼儿选择上次未完成的作品继续完成操作。对于低龄幼儿，教师要有提示性的指导，使他们逐步形成对时间、空间、材料的掌控和计划能力，提高低龄幼儿的自我管理。

（2）基本部分是幼儿进入忘我创作的阶段。在美术区域活动中，幼儿是活动的主体，教师是活动的观察者、指导者和参与者。教师在参与和指导幼儿活动时一定注意观察在前、指导在后，只有当幼儿有需要时教师才能介入指导。活动过程允许师幼、幼幼间多种形式的互动。一般幼幼互动有两种形式。一种是参与相同区域的幼儿之间的互动，如同是绘画区的幼儿之间的互动。另一种是参与绘画区与其他区（美术区或语言区等）之间的幼儿的互动，即把制作的美术作品送到其他区域中，如把做好的花送到花店中，为表演区的幼儿制作头饰、道具等。由于幼儿在活动中选择了不同的操作材料和创作形式，在时间允许的情况下，可以让幼儿尝试不同的创作，如同样表现小雨，可以添画、可以手指点画、可以粘贴。

（3）结束部分一般有两个任务。任务一收拾活动区域材料，请幼儿将用过的材料和物品进行整理后送回取放处；任务二是作品分享与展示或师幼做活动小结。

➢ 思考六：美术区域活动观察记录

区域活动是由幼儿自主活动构成的，因此教师的作用更多体现为活动前的准备和活动过程中的观察与记录。教师在美术区域中的观察记录如表 6.2.1 所示。

表 6.2.1 美术区域活动观察记录表

<table>
<tr><td>班级</td><td colspan="2">大、中、小班</td><td>指导教师</td><td></td></tr>
<tr><td>项目</td><td colspan="2">材料</td><td colspan="2">观察与记录</td></tr>
<tr><td rowspan="4">区域环境及材料</td><td>手工区</td><td></td><td colspan="2" rowspan="4">时间：</td></tr>
<tr><td>绘画区</td><td></td></tr>
<tr><td>旧物创意改造区</td><td></td></tr>
<tr><td>备注</td><td></td></tr>
<tr><td>幼儿学习故事</td><td colspan="4">教师反思：</td></tr>
</table>

三、设计提示

美工区域活动的设计提示通常包括以下几点。

（1）在美术区域活动中要充分发挥幼儿的自主性。教师要坚持“幼儿是区域活动的主人”这个理念，把握好自己的角色定位，多观察、多发现，通过环境的创设和材料的投放来引导幼儿。当幼儿需要帮助时，教师以参与者的身份加入活动中。

（2）在美术区域活动中要关注幼儿的个性发展。区域活动主张以个人和小组形式为主，幼儿自选材料、自定创作形式、自主完成作品，允许幼儿创作时彰显个性特点。教师一方面细心观察幼儿的表现及作品，另一方面可根据幼儿创作过程中遇到的问题给予适当的帮助，特别是低龄幼儿的创作经验不足，表现技能也不足，常常需要教师的指导，但教师要把握好指导尺度，不能替代幼儿操作也不能替代幼儿思考。

（3）在美术区域活动中要善于激发幼儿主动操作。在区域活动中材料扮演着重要的角色，不同层次的材料投放会满足不同需要的幼儿操作。例如，命题画《春天来了》，可提供水彩、棉签让幼儿绘画，也可以提供色纸、剪刀让幼儿粘贴，还可以为能力强的幼儿提供春天的图画或真实的情境让幼儿写生。

（4）美术区域活动中的材料可供幼儿自由使用。教师不为了追求环境整洁而把操作材料藏起来，也不为了限制幼儿操作而把材料放到幼儿够不到的地方。

互动交流

（1）你选择的活动对象。

（2）你所设计的美术区域活动名称。

（3）阐述所选的班在《指南》中的目标论述。

（4）写出美术区域活动设计方案。

① 活动前所做的准备工作。

环境准备：

材料准备：

规则准备：

② 设计本次活动过程。

开始部分：

基本部分：

结束部分：

评价反思

（1）通过本节课的学习，你对美工区域材料投放还有什么建议？

（2）你认为哪些活动内容可以放在美工区域内完成？

（3）教师在观察指导美工区域活动中应注意哪些问题？

拓展提高

生活化材料在美工区中的应用

《指南》指出：“艺术是人类感受美、表现美和创造美的重要形式，也是表达自己对周围世界的认识和情绪态度的独特方式。”幼儿对他眼中的世界有独特的认知和表达，幼儿的笔触往往蕴含着丰富的想象和情感，教师要理解幼儿的作品并对其表现出极大的尊重、支持和理解，切不可用成人的眼光看待和评价幼儿的作品，更不能为了追求结果而替代幼儿操作或千篇一律地训练，否则会扼杀幼儿的想象力和创造力。幼儿的美来源于生活，生活化的材料会点亮区域活动。

1. 收集生活化材料

《纲要》中指出：“指导幼儿利用身边的物品或废旧材料制作玩具、手工艺品等来美化自己的生活或开展其他活动。”在美术区域中，教师可以尝试投放生活中的材料和废旧物品，让幼儿依靠自身的能力摆弄、操作、思考，寻找表现形式。例如，秋天到了，满地落叶且落叶的颜色五彩缤纷，可以用有彩色的叶子制作各种贴画。再如，用旧报纸、牛皮纸制作大树，旧毛线、橘子皮制作菊花，还有利用各种材料制作拓印画等。

2. 投放生活化材料

幼儿在生活中会出现不同的兴趣点，教师要善于抓住幼儿的兴趣点并根据幼儿的兴趣点投放生活化材料，鼓励幼儿大胆创作。例如，幼儿参观中餐厅后对制作中餐产生了兴趣，特别是厨师制作的花样面食，为此在活动区中，教师投放了方便面盒、一次性餐具、橡皮泥、塑料水果等，让幼儿利用生活化的材料，制作花样面食，激发幼儿创作热情及表现兴趣。

3. 使用生活化材料

好奇、求异是幼儿的心理特点，一成不变的要求和统一的美术活动形式会让幼儿产生索然无趣的情感。幼儿在接触生活化材料（如水果、蔬菜、生活用品、废旧物品等）、体验不同的美术活动形式（撕贴、拓印、手印等）后，会产生玩一玩、做一做的心理，以此激发他们的创作热情。然而，幼儿的操作有时会背离教师的要求，表现为幼儿的动手能力差异、对美的表现力略显不足。但是，宽松的人文环境是促进幼儿喜欢动手操作的前提。因此，教师要多用鼓励的语言、欣赏的眼光，让幼儿时刻感到自己的做法是对的，鼓励幼儿大胆表现美和创造美。

第三节 单一领域音乐活动

单一领域音乐活动是以歌唱、音乐欣赏、打击乐、韵律活动等音乐内容为主的教育活动，有助于为幼儿在各类活动中解决问题奠定基础。

歌唱活动

学习目标

（1）根据《指南》中艺术领域相关目标，选择适宜的歌曲内容；

（2）列举歌唱活动设计步骤，设计不同年龄段的歌唱活动；

（3）愿意体验不同年龄段歌唱活动的设计，感受创造性劳动的乐趣。

学习任务

任意选择小、中、大班，设计一节歌唱活动并形成设计方案。

知识导学

歌唱教学是落实艺术领域目标的重要活动之一，可以提升幼儿用歌、舞、节奏等表现生活中的美与创造美的能力。歌唱活动设计应依据设计原则，遵循设计思考对歌唱活动设计与实践的知识阐述，注意设计提示中提出的问题，将知识导学部分内容作为设计歌唱活动的整体思考认真研读，以便形成科学的设计歌唱活动方案的能力。

一、设计原则

1. 适宜性原则

适宜性原则是指歌曲内容的选择要符合幼儿年龄特点。幼儿年龄小、音域有限、理解歌词能力不足，不宜采用大喊大叫的形式来唱歌，因此歌曲选择一定要符合幼儿演唱能力。

2. 经常性原则

经常让幼儿歌唱，会使幼儿的演唱技能熟能生巧。教师要善于把歌唱活动贯穿在一日生活当中，让幼儿经常性地复习和练习歌唱是增强幼儿演唱能力的最好办法。

二、设计思考

“六步思考”作为设计一节歌唱活动的整体，前后照应。六步思考的具体内容如下。

➢ 思考一：确定本次活动对象

本次活动对象为3～4岁、4～5岁、5～6岁的幼儿。

➢ 思考二：选择本次活动内容

本次活动内容包括新学歌曲、练习歌唱表演、学习演唱技能。

➢ 思考三：选择本次活动形式

本次活动形式的选择要考虑三个因素。

1. 歌曲选择

歌曲选择主要考虑歌词和曲调。

歌词要选择幼儿能够理解的、生动有趣的、有重复的，多选第一人称的句子；内容一般为动植物、自然现象、节日和日常生活方面的或是无意义的音节、象声词等。

曲调方面不宜唱音域较宽的歌曲，主要旋律应该在幼儿感到舒服的音区内进行。年龄大的幼儿能唱好的歌曲，年龄小的幼儿可适当学唱。小班适合中速歌曲，中、大班可以偏快或稍慢。

2. 唱歌表演形式

唱歌表演形式有独唱、齐唱、接唱、对唱、领唱、轮唱、合唱、歌表演等。

3. 演唱技能

演唱技能包括正确歌唱姿势（站或立唱歌，保持身体和头部的正直、放松）、发声方法（下巴放松、嘴巴自然打开、不喊叫、不克制音量）、呼吸方法（自然吸气，均匀地用气）及默契的合作技能等。

➢ 思考四：做本次活动前准备

1. 幼儿已有知识经验准备

（1）熟悉和掌握所设计对象在《指南》中的目标论述。

（2）掌握所设计对象在唱歌活动中的侧重点。

小班一般能唱 5～6 个音，音色柔嫩、明亮、音量小，清唱音准合格率为 30%左右，对歌词掌握比较好，歌曲节奏简单、中速，有说歌现象，协调一致性较差。

中班会接前奏演唱歌曲，音量增加，音色仍然柔嫩、明亮，歌词掌握得很好，发音正确，节奏感有所发展，音准有较大进步、协调一致能力提高。

大班能掌握多种演唱技能，能独立完成演唱，声音高亢明亮，音准、节奏感较强，能用不同音色塑造歌曲中的人物形象。

2. 本次活动的物质准备

物质准备指准备本次活动需要的 CD 播放器、多媒体课件、电视录像、挂图等直观教具。

➢ 思考五：确定本次活动目标

本次活动目标是将幼儿学习效果用具体、明确的语言做能检测的描述，具体要求有两点。

（1）目标制订要符合幼儿知识、技能和情感需要。

（2）目标开头可用“学习”“尝试”“体验”“感受”等词语做表述。

例如，歌曲《泥娃娃》的活动目标如下：

- 学唱歌曲《泥娃娃》，感受歌曲稚趣、生动的风格；
- 在原有歌曲的基础上，借助多媒体、图片、同伴间的讨论等即兴创编歌曲动作；
- 在创编表演动作和配合演唱中接受挑战，体验乐趣。

➢ 思考六：设计本次活动的教学过程

（1）活动过程设计流程包括介绍歌曲、熟悉记忆歌词、教唱新歌、复习歌曲、活动拓展。

介绍歌曲的目的是使幼儿对歌曲产生兴趣，理解歌曲内容。教师可根据歌曲特点和幼儿认知水平，灵活选择故事语言或出示教具等方法。

熟悉记忆歌词的方法有：请幼儿填充歌词提问法，按歌词内容逻辑提问法，与歌词内容相关的图片、玩具、实物等直观教具提示法，按歌曲的节奏朗诵歌词法，等等。

教唱新歌的方法有整体教唱法、分句教唱法。教唱新歌的技能强调呼吸及音准。

复习歌曲的目的是让幼儿掌握歌曲演唱技能，提高歌唱表现力。复习歌曲的方法有表演唱、分组唱、分句接唱、边唱边打节奏等。

活动拓展可以是幼儿根据自己的理解为歌曲配动作或增编歌词等。

（2）首次学习新歌，为在有效的时间里让幼儿理解并掌握歌词内容，增加学习过程的兴趣性，可根据歌曲内容做如下设计尝试。

当遇到歌词内容简单、重复、直接描述动作的歌曲时，设计从动作开始，如歌曲《拔萝卜》等。

当遇到歌词内容让幼儿可以“一目了然”的情境或事件时，设计哑剧表演、歌舞表演、木偶表演、投影或电视播放等情境表演，如歌曲《妈妈下班回到家》等。

当遇到歌词内容含有相对完整的故事情节，语言结构复杂，难以用动作或表演帮助幼儿理解歌词内容的，可配合看图讲述和用讲故事的方法帮助幼儿理解记忆歌词，如歌曲《摇篮曲》。

当遇到歌词内容节奏感较强，歌词语言更加复杂时，可选择用儿歌教学方法，配合歌曲韵律节奏进行朗读，如歌曲《蜜蜂做工》等。

当遇到歌词内容本身可以在玩游戏过程中自然地学会演唱歌曲，可采用游戏方法进行，如歌曲《丢手绢》等。

三、设计提示

本次活动的设计提示主要表现为处理歌曲的设计。

（1）分析歌曲的主题思想、教育意义、歌曲的基本情绪及歌曲的节拍、节奏、旋律、结构等。

（2）设计歌曲演唱时的速度、力度、音色等。

（3）设计歌曲伴奏时要注意突出旋律艺术性，歌曲前奏的设计要做到固定不随意改变或用呼拍方法指示幼儿唱歌。

互动交流

（1）你选择的活动对象。

（2）你所设计的歌唱活动名称。

（3）阐述所选的班在《指南》中的目标论述。

（4）写出活动方案（格式见表 1.2.1）。

评价反思

（1）通过本节课的学习，你是否对歌唱活动设计有了清晰的理解？有人认为“唱歌不教就会”，这种观点是否正确？为什么？

（2）你是否完全了解幼儿园的歌唱活动及特点，能说一说哪些歌唱活动需要设计？

哪些歌唱活动在日常生活中进行？

（3）请你谈一谈在设计歌曲活动中遇到了哪些困难，你是如何解决的。

拓展提高

一、推荐资料

（1）推荐阅读德国当代著名的作曲家、音乐戏剧家和儿童音乐教育家奥尔夫创造的奥尔夫音乐教学。

（2）推荐阅读匈牙利著名音乐教育家柯达伊的音乐教育。

二、歌唱活动的设计与组织

歌唱活动是幼儿园经常开展的活动，对幼儿审美情趣和幼儿情感发展有着积极的促进作用。

1. 歌唱活动的设计

情境法。教师通过设计情境把幼儿带入到歌曲当中，并使幼儿在活动开始时就进入情境之中。

扮演法。一般歌曲中会出现两种角色或多种角色，这时可请幼儿自由选择角色，通过扮演歌曲中的角色来熟悉歌曲旋律及歌词，后分角色练习对唱。

故事法。故事法是指把歌曲编成故事，把重点、难点放在故事中让幼儿在听故事过程中理解歌曲所要表达的意境，并记住歌词。

游戏法。教师尝试把歌曲内容设计成游戏，使幼儿在游戏过程中学会歌曲。

动作表演法。教师可根据歌曲内容自行编排舞蹈或请幼儿编排舞蹈，用舞蹈形象表现歌曲内容。

2. 歌唱活动的组织实施

选择正确的教学方法是激发幼儿参与歌唱活动的有效策略，常用的方法有两种。

暗示法。幼儿在学习演唱歌曲时经常会出现一些偏差，这时教师以不打断幼儿演唱为目的请幼儿轻声演唱，教师大声演唱，用教师的情感示范带动幼儿的情感，将歌曲内容表现出来。

提示法。教师在组织幼儿学唱歌曲过程中，用游戏法、情境法、扮演法等各种方法提示幼儿学习歌曲。教师方法的选择可以根据歌曲内容的不同而定。

韵律活动

学习目标

（1）会根据《指南》中艺术领域相关目标，选择适宜的韵律活动内容；

（2）列举韵律活动设计步骤，设计不同年龄段韵律活动；

（3）愿意分享设计方案，体验分享学习成果的快乐。

学习任务

任意选择小、中、大班，设计一节韵律活动并形成设计方案。

知识导学

韵律活动是在音乐伴奏下根据音乐性质、节奏、速度、力度等，做有感情、有规律、有间隔地重复进行某一动作或某一组动作的活动。韵律活动设计应依据设计原则，遵循设计思考对韵律活动设计与实践的知识阐述，注意设计提示中提出的问题，将知识导学部分内容作为设计韵律活动的整体思考认真研读，以便形成科学的设计韵律活动方案的能力。

一、设计原则

1. 适宜性原则

幼儿韵律活动应以基本动作为主，防止专门化的训练。幼儿园韵律活动的目的是培养幼儿的音乐兴趣，因此韵律活动的动作设计应符合幼儿年龄特点，动作不易过难。

2. 安全性原则

幼儿动作协调性及运动经验不足，其动作发展需要不断完善。因此，教师在设计韵律活动时要关注幼儿的安全问题，注意动作本身是否符合幼儿的动作能力，还要考虑动作是否会对幼儿身体造成伤害。

二、设计思考

“五步思考”作为设计一节韵律活动的整体，前后照应。五步思考的具体内容如下。

➢ 思考一：确定本次活动对象

活动对象为3～4岁、4～5岁、5～6岁的幼儿。

➢ 思考二：选择本次活动内容

韵律活动内容主要包括律动、儿歌表演、集体舞、表演舞、即兴舞蹈、双人舞、邀请舞、自编舞等。

➢ 思考三：做本次活动前准备

1. 幼儿已有知识经验准备

（1）熟悉和掌握所设计对象在《指南》中的目标论述。

（2）掌握所设计对象在韵律活动中的侧重点。

小班能按音乐节奏做上肢与下肢简单的基本动作和模仿动作。小班最感兴趣的是模仿熟悉事物的动作，如开枪放炮、洗脸梳头、交通工具、自然现象等。此外，小班还要学会一些简单的集体舞，初步体验用动作、表情、姿态来与他人沟通的方法和乐趣。

中班能按音乐节奏做上肢与下肢简单的联合动作、模仿动作、舞蹈动作，开始对动作的形式美产生兴趣。因此，中班可适当增加舞蹈动作和简单的移动动作，并且会随音乐的改变而改变动作的力度、速度等，学会一些改变熟悉节奏型的方法，初步掌握创编韵律活动组合的规律。

大班能够按照比较准确的音乐节奏做比较复杂的基本动作、模仿动作、舞蹈动作组合，如手腕、手指、眼睛、肩膀、膝盖等部位比较精细的动作；进一步丰富舞蹈动作词汇，了解创编韵律动作组合的规律；学会一些具有创造性成分的稍复杂的集体舞；能够使用已掌握的空间知识创造性地进行动作表演，并喜欢为不同的韵律活动选择不同的道具。

2. *本次活动的物质准备*

本次活动的物质准备包括音乐或歌曲、道具（小型道具如头饰、手绢、服装，大型的布景等）、播放器。

➢ 思考四：确定本次活动目标

本次活动目标是将幼儿学习效果用具体、明确的语言做能检测的描述，具体要求有两点。

（1）目标制订要符合幼儿知识、技能和情感需要。

（2）目标开头可用“初步学习”“能”“体验”“乐意”等词语做表述。

例如，小班歌曲《丢手绢》的活动目标如下：

- 初步学习游戏，并尝试与同伴合作完成游戏内容；
- 能根据动作和语言提示在游戏情节中记忆动作；
- 乐意参与集体游戏，喜欢和同伴一起玩。

➢ 思考五：设计本次活动的教学过程

（1）第一种流程包括倾听音乐、示范动作、模仿练习。

倾听音乐是让幼儿充分感受律动、音乐游戏、舞蹈等音乐内容。

示范动作是指介绍动作内容。教师教动作的具体指导方法有镜面示范、正面示范、侧面示范。

模仿练习是教师用缓慢的速度带领幼儿做动作组合。在练习复杂的动作时可分解舞蹈动作，进行一对一的指导和纠正，将口令和动作提示结合在一起。在指导舞蹈队形时，教师首先应通过多媒体课件或录像给幼儿示范完整的舞蹈队形，然后讲解与小组示范，最后教师变化舞蹈队形并用“变三角队形”等语言在队形变换前加以提示。

（2）第二种流程包括倾听音乐、引导探索、幼儿自发创编、即兴表演。

倾听音乐即教师组织幼儿倾听、分析、体验音乐。

引导探索即教师尝试将幼儿创编的动作要领及动作表现的要领与音乐结合。

幼儿自发创编是指幼儿通过观摩同伴创编的舞蹈动作，结合音乐完成自己的创编工作。

即兴表演指当幼儿能够配合音乐完整表演动作时，请幼儿听音乐做自编韵律动作表演。

（3）第三种流程包括音乐游戏、说明游戏玩法和游戏规则、分配游戏角色、示范性小组练习。

三、设计提示

1. 幼儿基本舞步

幼儿的基本舞步包括走步、小碎步、小跑步、后踢步、踵止步、踏踮步、跑跳步、蹦跳步、踏跳步、踏踢步、前踢步、点步、娃娃步、交替步、滑步、十字步。

2. 队形变换

队形变换的形式包括横线、竖线、斜线、圆圈、半圆、八字、正方、三角。

3. 韵律活动的材料选择

（1）音乐的选择——节奏清晰，结构工整；旋律优美，音乐形象鲜明。

（2）动作的选择——动作表现熟悉的事物；考虑幼儿动作的发展水平。

（3）道具的选择——道具形象美观、操作简单，有助于幼儿的动作表现，增强韵律活动的趣味性。

互动交流

（1）你选择的活动对象。

（2）你所设计的韵律活动名称。

（3）阐述所选的班在《指南》中的目标论述。

（4）写出活动方案（格式见表 1.2.1）。

评价反思

（1）通过本节课的学习，你是否对韵律活动设计有了清晰的理解？在知识导学中“活动过程”为什么提供了三种设计方式？说明理由。

（2）你是否完全了解了幼儿园韵律活动的特点，能说出哪些韵律活动可以在日常生活中进行？哪些韵律活动需要通过教育活动学习？

拓展提高

韵律活动设计与组织

1. 材料的选择

一个好的音乐教材是决定活动成功的必要条件，什么是好的音乐教材呢？好的音乐主要符合以下两点特征。

符合幼儿的年龄特点。幼儿具体形象思维的特点体现在他们更多地依赖于鲜明生动的形象去认识和理解事物，那些旋律动听、节奏鲜明、形象生动、特点突出的音乐作品更能唤起幼儿的学习兴趣。例如，《拔萝卜》歌曲中人物形象生动鲜明，个性特点突出，且在生活中能够看到他们的形象，如果教师用这个音乐作品编成韵律舞蹈，小班幼儿很容易记忆和表现。再如，动画片主题曲《一休哥》，先有动画形象，而后配以欢快的音乐，如果教师用这个音乐作品编成律动舞蹈，中班幼儿一定喜欢。

音乐作品的特点鲜明。韵律活动教材在音乐上要求动听、活泼，情绪、速度、力度要与动作的情绪、节奏、内容相吻合。例如，歌曲《泡泡糖》的歌词形象有趣、音乐活泼欢快，是幼儿非常喜欢的音乐作品。再如，《茉莉花》的音乐优美动听，很容易让人一听到音乐就想跳舞，因此这首歌曲也非常适合编成舞蹈，请幼儿表演。

2. 方法的选择与运用

语言提示法。语言的作用是毋庸置疑的，它可以在初学韵律活动中起到提示线索、渲染艺术气氛的作用，还可以通过提问，使语言更具指导性。

示范法。教师通过姿态、动作、面部表情、目光等身体“语言”，让幼儿深深感受到韵律活动所表达的情感。教师的示范有整体示范和分步骤重点示范，值得一提的是幼儿也可以充当示范者。

演示法。教师用多媒体课件、电视录像、直观教具等演示达到教学目的。

角色转换法。教师直接参与幼儿的每次表演，成为幼儿的直接模仿对象。还可以转换成“退出表演”的方法，弱化对幼儿动作的控制。

打击乐演奏活动

学习目标

（1）运用《指南》中艺术领域相关目标，选择适宜演奏的材料；

（2）列举打击乐演奏活动设计步骤，设计不同年龄段活动方案；

（3）体验通过研讨提升设计能力的快乐。

学习任务

任意选择小、中、大班，设计一节打击乐演奏活动并形成设计方案。

知识导学

打击乐教学是音乐活动的一种形式，强调节奏、音色感与整体音乐形象的艺术配合。在敲敲打打的尝试中感受音乐美的同时，通过集体表演学习合作，打击乐演奏是幼儿合作才能完成艺术作品的教育活动。打击乐演奏活动设计应依据设计原则，遵循设计思考对打击乐演奏活动设计与实践的知识阐述，注意设计提示中提出的问题，将知识导学部分内容作为设计打击乐演奏活动的整体思考认真研读，以便形成科学的设计打击乐演奏活动方案的能力。

一、设计原则

1. 渐进性原则

打击乐演奏需要一定的技能、技巧和看指挥、集体合作演奏的能力。因此，在设计打击乐演奏图谱时需由易到难。年龄越小的幼儿演奏图谱的节奏和乐器变化应该越少，当幼儿完全掌握节奏和乐器性能之后，再逐步增加演奏难度。

2. 多样性原则

多样性原则是指在打击乐演奏中灵活运用多种形式和多种方法进行演奏。在乐器运用上，可以用现成的打击乐器，还可以自制乐器；在演奏形式上，可以用齐奏、轮奏等，还可以将拍手、跺脚等方式加入演奏中。

二、设计思考

“五步思考”作为设计一节打击乐演奏活动的整体，前后照应。五步思考的具体内容如下。

➢　思考一：确定本次活动对象

本次活动对象为 3～4 岁、4～5 岁、5～6 岁的幼儿。

➢　思考二：选择本次活动内容

本次活动内容包括为歌曲或音乐配器、掌握乐器及演奏知识技能、建立乐器演奏常规。

➢　思考三：做本次活动前准备

1. 幼儿已有知识经验准备

（1）熟悉和掌握所设计对象在《指南》中的目标论述。

（2）掌握所设计对象在打击乐演奏活动中的侧重点。

打击乐演奏乐曲。小班适合熟悉的乐曲或结构短小、节奏简单的乐曲。中、大班适合稍复杂，乐曲结构可以是二段式体或三段式体，且段落的旋律带有明显的对比性，适合引导幼儿用不同音色、音量的乐器和节奏型进行演奏。

乐器选择。根据不同年龄幼儿演奏能力或不同年龄幼儿运动能力的发展，选择大小与重量不同的乐器。①小班：铃鼓、串铃、沙球、碰铃等。②中班：木鱼、蛙鸣板、小钹、小锣等。③大班：双响筒、三角铁、捏奏圆舞板、擦奏小钹等。

配器方案。小班节奏变化相对简单，因乐曲短且考虑到小班幼儿对乐器、节奏变化的掌握能力，设计活动时，只要幼儿能体现音乐的强弱拍对比、节奏型简单即可。教学重点应以培养幼儿演奏兴趣、了解乐器或建立演奏常规为主。中、大班可考虑根据乐曲要求体现音色、节奏、力度的对比，更好地利用打击乐的音色、节奏、力度等变化表现音乐的艺术美，同时还要学会看指挥演奏乐曲。

演奏常规的建立。乐器容易发出声音，为了保持集体演奏良好的秩序，需要建立如下常规。活动开始和结束的常规——听信号整齐取放乐器，乐器拿出后演奏前不发出声音；看指挥整齐拿起乐器做好演奏姿势，演奏结束后看指挥手势收起乐器。活动进行时的常规——演奏时眼睛注视指挥，倾听音乐及他人演奏，不做与演奏无关的事，交换乐器时会避让并迅速找到乐器回到座位。

2. 本次活动的物质准备

本次活动需要准备的物质包括乐曲、乐器、节奏图谱、播放器等。

➢ 思考四：确定本次活动目标

本次活动目标是用具体、明确的语言，将幼儿学习效果做能检测的描述，具体要求有两点。

（1）目标制订要符合幼儿知识、技能和情感需要。

（2）目标开头可用“初步”“学看”“体会”“学习”等词语做表述。

例如，打击乐演奏活动“森林狂想曲”的活动目标如下：

- 初步感受音乐，熟悉音乐结构，能根据图形谱拍出节奏；
- 根据已有节奏型为乐曲设计打击乐器演奏方案并演奏；
- 学看指挥，尝试小组合作，会分声部演奏乐器。

➢ 思考五：设计本次活动的教学过程

活动过程设计流程有三种选择。

（1）第一种选择为导入、感知、模仿、练习。

导入的方法有故事导入、韵律导入、歌唱导入、图谱导入、音乐欣赏导入等。

感知是指感知音乐主旋律的情绪、风格和基本节拍。

模仿是指幼儿模仿教师设计好的作品、节奏、总谱和配器。

练习要求在实际演奏之前进行徒手练习，在实际演奏中教师要指导个别幼儿练习，当幼儿掌握节奏后听音乐进行集体练习；当幼儿与音乐、节奏、同伴配合没有问题后再加上乐器练习演奏。

（2）第二种选择为感知、讨论、尝试、学看指挥、练习演奏。

感知即感知音乐主旋律的情绪、风格和基本拍子，并用身体动作表现节奏。

讨论是指师生共同讨论获得作品节奏、乐器配置的整体方案，并写出总谱。

尝试是指幼儿看着总谱尝试用乐器为音乐配伴奏。

学看指挥是指引导幼儿学看指挥，教师的指挥动作最初应该和乐器的演奏动作相同，待熟练后教师可改用拍手或直接用语言提示指挥幼儿演奏。

练习演奏要求熟练掌握总谱、分声部徒手练习；学看指挥合奏练习；加入乐器看指挥进行演奏。

（3）第三种选择为欣赏、设计、讨论、演奏。

欣赏即分析音乐作品的性质、情绪和风格，启发幼儿理解乐曲的内容和情绪。

设计是指引导幼儿自编乐曲节奏型及挑选乐器。

讨论是指引导幼儿演示自编节奏总谱，讨论最适合的节奏型并检验、校正、增添。

演奏是指整理幼儿讨论结果，配合音乐进行整体演奏。

三、设计提示

总谱在打击乐演奏活动中应用非常广泛，幼儿园中常用的总谱有三种。

（1）动作总谱是指在乐曲下用拍手、点头等身体动作标注出表现节奏、音色、速度、力度的变化及其结构，并把动作与具体使用的乐器建立起联系。

（2）语言总谱是指在乐曲下面用走、滴等嗓音标注出配器方案，注意可用有意义的字、词、象声词、无意义音节来作乐谱材料，并把声音与具体使用的乐器建立起联系。

（3）图形总谱是指用不同图形和色彩来表现配器的总体布局，并把图形与具体使用的乐器联系起来。

互动交流

（1）你选择的活动对象。

（2）你所设计的打击乐演奏活动名称。

（3）阐述所选的班在《指南》中的目标论述。

（4）写出活动方案（格式见表 1.2.1）。

评价反思

请同学演示所设计的打击乐演奏活动方案。

拓展提高

一、推荐阅读

许卓娅．打击乐器演奏活动［M］．2 版．南京：南京师范大学出版社，2015.

二、打击乐活动的设计与组织

德国作曲家、音乐教育家卡尔·奥尔夫认为，打击乐器是最早为人类所掌握的乐器之一，也是现代社会中儿童最容易掌握的乐器，幼儿从中易获得音乐享受。打击乐作为幼儿园音乐教育活动的一种形式，对幼儿发展起着非常重要的作用。

（一）打击乐活动设计

1．激发兴趣

兴趣是人积极探求某种事物的意识及行为倾向。打击乐有激发幼儿学习音乐的兴趣的作用，当幼儿对音乐进行感知时，往往是从节奏开始的。打击乐正好能满足幼儿的探索心理，因为当打击乐成为音乐活动主体时，幼儿会重复地感知音乐作品，在深入感知乐曲的曲风、旋律、节奏、音色等方面后再用节奏乐表现出来，这个学习过程是动手动脑的过程，幼儿会兴趣盎然。

2．提高节奏感

节奏是音乐的灵魂。幼儿在音乐活动中往往会出现无视节奏的问题，如歌曲会越唱越快等，而打击乐活动正好要求幼儿节奏准确，敲击乐器的力度等都要与其他幼儿保持一致。这就要求幼儿在进行打击乐活动时注意力高度集中，因为他们不但要打好自己的乐器节奏还要配合同伴乐器的演奏。在这个过程中，幼儿需要在节奏的控制上做很大的努力，而长时间的学习就会提高幼儿的节奏感。

3. 提高对音乐的理解

打击乐不但可以培养幼儿对节奏的感知，而且对乐曲的理解方面也有其独到的作用。不同的曲风、情感、意境所表现出来的乐曲形象是不同的，因此幼儿利用手中的打击乐器配合乐曲所表现出来的各声部、跳跃的音节、立体的和声都体现出幼儿对乐曲的理解和表现。

（二）打击乐活动组织

教师在组织打击乐活动之前，要熟悉乐曲并认真分析音乐作品的特点。教师要掌握乐曲的风格、旋律、节奏，并设计如何引导幼儿分析乐曲，而后让幼儿尝试为乐曲配乐器并进行合奏。在分析音乐作品时教师要对音乐的快慢部分、节奏快慢变化了然于胸，并设计成节奏图谱。教师全面、细致的考虑是活动成功的前提。

在组织打击乐活动中，教师出示的图谱要讲求艺术性，因为好的图谱设计能更好地帮助幼儿掌握节奏、表现音乐内容。图谱的设计可以用生动形象的图形符号，如三角形、正方形等；也可以用实物，如苹果、橘子等；还可以用节奏型来表现。

（三）演奏活动中的注意事项

打击乐有很强的操作性，它比舞蹈、歌唱等活动更难组织，因此在教学中建立良好的常规就显得尤为重要。常见规则有徒手模仿各种乐器规则、看手势拿放乐器规则、交换乐器规则、演奏乐器规则、倾听和看指挥规则等。

音乐欣赏活动

学习目标

（1）根据《指南》中艺术领域相关目标，选择适宜的活动内容；

（2）列举音乐欣赏活动设计步骤，设计不同年龄段活动方案；

（3）喜欢参与小组讨论，体验同学合作学习的快乐。

学习任务

以小组为单位任意选择小、中、大班，设计一节音乐欣赏活动并形成活动方案。

知识导学

音乐欣赏是以音乐作品为欣赏对象，在聆听的基础上通过其他辅助手段来体验和领悟音乐的真谛，从而得到精神愉悦的一种审美活动。音乐欣赏活动设计应依据设计原则，遵循设计思考对音乐欣赏活动设计与实践的知识阐述，注意设计提示中提出的问题，将知识导学部分内容作为设计音乐欣赏活动的整体思考认真研读，以便形成科学的设计音乐欣赏活动方案的能力。

一、设计原则

1. 因材施教原则

幼儿是音乐欣赏活动的主角，但幼儿在欣赏和理解音乐方面有差异。因此，教师在设计音乐欣赏活动时应采用整体教育与个别教育相结合的原则，因材施教，促进和提高幼儿鉴赏音乐的能力。

2. 激励性原则

对于同一首音乐，教师有自己的欣赏思路，幼儿也有自己对音乐的理解，教师切忌否定幼儿的欣赏思路。欣赏活动中，教师应当鼓励幼儿大胆地表达自己对音乐的感受和想法以求师生互动、产生共鸣。

二、设计思考

"五步思考"作为设计一节音乐欣赏活动的整体，前后照应。五步思考的具体内容如下。

➢ 思考一：确定本次活动对象

本次活动对象为3～4岁、4～5岁、5～6岁的幼儿。

➢ 思考二：选择本次活动内容

选择音乐作品时要考虑到作品的内容、形式、风格、结构等方面，更要考虑到幼儿感知、理解音乐的实际能力与水平。

（1）欣赏歌曲需要考虑歌曲的内容、形象、情绪是幼儿喜欢和熟悉的。

（2）欣赏节选或改编的乐曲包括两点。第一，截取作品中相对独立的片段进行欣赏，如民族乐曲《瑶族舞曲》中第一乐段。第二，压缩结构进行欣赏，即将复杂结构变成单纯而清晰、长度较为适中、幼儿易于接受的乐曲，如将引子——A——B——A——引子——A——B——A——中重复部分去掉，变成引子——A——B——A的新结构。

➢ 思考三：做本次活动前准备

1. 幼儿已有知识经验准备

（1）熟悉和掌握所设计对象在《指南》中的目标论述。

（2）掌握所设计对象在音乐欣赏活动中的侧重点。

小班能理解音乐内容简单、形象鲜明的乐曲；会区分作品的性质；有较强的用动作表达对音乐感受的能力；不易理解作品的感情性质。

中班能理解欣赏内容较广泛、性质及风格多样的音乐作品；能区别明显的力度和速度的变化及不同的表情作品；用动作创造性地表达或用语言表达作品能力增强。

大班能理解、辨认熟悉的音乐作品中的情绪、性质；感知细节部分；区别不同类型的作品并能初步理解音乐手段的运用；语言表达作品能力进一步发展。

2. 辅助材料准备

除准备音乐、播放器外，辅助材料还应准备感受理解音乐作品的直观辅助材料。

（1）动作材料可以是请幼儿做与音乐节奏、旋律、结构、内容、情感等一致的动作。

（2）语言材料可以是给欣赏的乐曲配上适合的故事、民谣、诗歌、散文等，要求语言材料与音乐欣赏的要求相一致。

（3）视觉材料可以是图画、雕塑、操作教具等，视觉材料的线条、构造等都与音乐一致。

➢ 思考四：确定本次活动目标

本次活动目标是将幼儿学习效果用具体、明确的语言做能检测的描述，具体要求有两点。

（1）目标制订要符合幼儿知识、技能和情感需要。

（2）目标开头可用“了解”“能用”“体验”“乐意”等词语做表述。

例如，音乐欣赏《钟表店》的活动目标如下：

- 了解钟表店里有许多的钟表且会发出嘀嘀嗒嗒的好听的声音；
- 能用各种打击乐器表达时钟走动时的节奏并用其快慢表达对音乐的理解；
- 乐意尝试用语言、动作表演、节奏乐等多种形式表达音乐。

➢ 思考五：设计本次活动的教学过程

本次活动过程设计流程为初步欣赏作品、重复深入欣赏、检验音乐欣赏效果。

（1）初步欣赏作品，完整地听1～2遍后教师可以引导幼儿欣赏作品：①进行引导性谈话，运用讲解、说明、提示等语言引导；②运用直观教具，包括实物、玩具、图片和幻灯片等帮助幼儿理解音乐作品；③用故事向幼儿介绍作品，引导幼儿欣赏。

（2）重复欣赏音乐作品，深化审美的效果。在此阶段，教师可以提出新的欣赏要求，如感知乐曲结构变化、音乐速度和力度等；可以唤起幼儿已有知识和生活经验；还可以引导幼儿用动作、绘画等语言表达对音乐作品的情感、经验、联想或说出音乐作品中的乐器等。

（3）感知检验音乐欣赏的效果。教师可以通过多种途径检验幼儿欣赏音乐的效果：①听熟悉的音乐作品，教师通过观察幼儿反应了解幼儿对欣赏作品的熟悉情况并检查幼儿是否能说出作品名称、内容及主要表现手段等；②辨认作品片段，表述作品题目、内容和情绪；③欣赏体裁、风格相似的新作品，表述作品风格。

三、设计提示

1. 作品选择

教师可以选择自然中的音响、名曲作为音乐欣赏活动的素材。

（1）听自然中的音响是指听自然界和社会生活中的各种声音，包括各种动物的叫声、各种物体发出的声音及人们语言的声调、民歌等许多模拟自然界声音成分的音乐，如乐曲《钟表店》。

（2）听名曲包括中外优秀幼儿歌曲、童谣、民歌等，如《铃儿响叮当》等；由歌曲改编的器乐曲，如《茉莉花》等；专门为幼儿创作的器乐曲，如《打字小姐》等；专门为幼儿创作的音乐童话片段，如《狮王》等。

2. 学习简单音乐欣赏的知识与技能

幼儿要学习简单音乐欣赏的知识与技能有：①初步了解音乐作品的名称、主要内容和表演形式；②会辨别乐器的音色从而知道乐曲中的常见乐器名称；③乐曲主要表达的情绪、内容、形象及作品的结构；④能根据音乐作品展开联想、想象并通过绘画、讲述、表演等方式表达对音乐的感受。

互动交流

（1）小组选择的活动对象。

（2）小组所设计的音乐欣赏活动名称。

（3）阐述所选的班在《指南》中的目标论述。

（4）写出活动方案（格式见表 1.2.1）。

评价反思

以小组为单位自选活动对象设计音乐欣赏活动并完成表 6.3.1。

表 6.3.1　音乐欣赏活动评价表

评价内容	赋分	一组	二组	三组	四组
初步欣赏作品设计	3 分				
重复深入欣赏设计	4 分				
检验音乐欣赏效果设计	3 分				
总分					

拓展提高

音乐欣赏活动设计与组织

音乐欣赏是幼儿园音乐活动的重要组成部分，主要通过优秀的音乐作品来帮助幼儿提高感受和理解音乐的能力，积累优秀音乐作品及音乐词汇，享受参与赏析音乐活动过程中的快乐，培养幼儿对音乐作品探究的能力。音乐欣赏活动是通过听来完成的，幼儿的行为表现不如歌唱、舞蹈、演奏乐器时外显，欣赏音乐作品的情绪体验、联想想象、思维理解等多为幼儿内心活动。

一、音乐材料的选择

音乐欣赏材料有音乐作品及辅助材料两个方面。

（1）音乐作品的选择。音乐作品有声音作品和器乐作品之分，也有不同题材、内容、形式和风格之分。因此，教师在选择音乐欣赏作品时要考虑幼儿的年龄特点、欣赏能力、理解作品的实际能力，还要考虑所欣赏的音乐作品是否具有艺术性及多样性特点。无论是歌曲还是器乐曲，音乐作品要求结构单纯、形式简单、长度适中，并且所表达的内容是幼儿能理解和接受的。

（2）辅助材料的选择。由于幼儿受直觉形象思维影响，在赏析音乐作品时，需要一些辅助材料来帮助幼儿理解音乐作品。

① 动作材料是指幼儿用能符合音乐性质，反映出音乐节奏、旋律、情感等的身体动作，它可能是节奏动作、模仿动作、舞蹈动作等。

② 视觉材料是指能反映音乐性质的节奏、旋律、情感、结构等可视性材料，如多媒体课件、录像、幻灯片等。

③ 语言材料是指音乐所表达意境的形象性有声文学材料，如诗歌、故事、散文等。

二、欣赏步骤设计

音乐欣赏活动一般由两个主要部分组成。

1. 初步欣赏作品

初步欣赏任务是教师介绍音乐作品，使幼儿获得对音乐初步印象，了解音乐作品的主要内容，辅助的方法有三种。

（1）谈话法。教师通过引导性谈话有效集中幼儿注意力。谈话形式多种多样，通过谈话使幼儿了解和掌握音乐作品的名称、作品、所表现的内容及总的情绪特点。谈话法还可以引导幼儿进行有关的联想，帮助幼儿正确感受音乐。

（2）演示法。教师可以根据音乐的性质选择游戏、舞蹈等形式来演示，帮助幼儿很快地掌握音乐作品内容及情绪。例如，欣赏少数民族音乐作品，教师通过穿上民族服装、跳起民族舞蹈或拉起民族乐器，让幼儿通过视觉、听觉等感受音乐作品。

（3）其他方法，如配合欣赏动画片的主题曲、讲故事、绘画等都可能给幼儿除听觉以外的感受，幼儿也能更好地理解和欣赏音乐作品。

2. 重复深入欣赏

欣赏任务是掌握音乐作品内容、情绪，感受和理解音乐作品的表现手段。重复欣赏可以全面、细致、深入地感知音乐作品，识别音调和风格特点，辅助方法有四种。

（1）教师在欣赏前对幼儿提出欣赏要求。

（2）教师要利用一切可以利用的因素，帮助幼儿理解音乐作品。

（3）帮助幼儿区分音乐作品的不同性质、情绪，教师可采用对比的方式让幼儿理解音乐作品的体裁、风格，达到对某一类作品的认知。

（4）教师在引导幼儿欣赏音乐作品时，要区分部分与整体的表现风格的变化，而不仅仅是表面化的表达。

三、欣赏活动的组织

（1）听前提问即在幼儿听音乐作品之前，教师有目的地提一些带有启发性的问题，引导幼儿积极参与到活动中来。

（2）多种感官参与欣赏。幼儿多种感官参与活动能起到帮助幼儿理解作品的目的，根据音乐做动作的方式是幼儿感知音乐的最好方式。

（3）多种手段参与欣赏。对幼儿来说只用听这种手段还不能完全理解音乐，必须借助多种手段才能达到欣赏音乐作品的目的。在音乐欣赏中，教师可借用舞蹈、美术、图形谱、活动教具、游戏、故事等形式，帮助幼儿形象地感受音乐。

（4）培养幼儿自主欣赏。在欣赏活动中教师要创设宽松的学习环境，不用成人的欣赏标准要求幼儿，支持幼儿的想象与创造，使幼儿获得精神上的愉悦。

第四节　音乐区域活动

幼儿园艺术领域音乐区域活动是幼儿通过唱歌、舞蹈、节奏律动等方式感受和表达音乐，从而获得轻松愉悦的情绪情感体验的过程。幼儿园艺术领域音乐区域活动的学习主要依据探索性原则和兴趣性原则两个方面，遵循“六步思考”对艺术领域音乐区域活动设计与实践的知识阐述，进而形成科学系统的艺术领域音乐区域活动方案。

学习目标

（1）根据年龄特点，选择音乐区域活动内容；
（2）能根据幼儿已有知识技能，设计音乐区域中的操作材料；
（3）分享设计的音乐区域活动方案，体验分享学习的快乐。

学习任务

任意选择小、中、大班，设计音乐区域活动并形成设计方案。

知识导学

音乐区域活动是幼儿园区域活动的组成部分，是幼儿自主感受、体验、表达音乐感受的小空间，幼儿在其中可以自由地开展敲打节奏、歌唱、舞蹈、律动、音乐游戏等活动。音乐区域活动设计应依据设计原则，遵循设计思考对音乐区域活动设计与实践的知识阐述，注意设计提示中提出的问题，将知识导学部分内容作为设计音乐区域活动设计的整体思考认真研读，以便形成科学的设计音乐区域活动方案的能力。

一、设计原则

1. 探索性原则

根据幼儿好奇、好动心理，音乐区域的环境和内容应该富有探索性，能够引起幼儿的音乐联想和思索，幼儿在与音乐区域材料互动中和在教师的启发引导下，自己操作、探索、思考和解决音乐活动中出现的问题。

2. 兴趣性原则

音乐区域的环境创设、材料投放都应符合幼儿的年龄特点，使幼儿对材料产生兴趣从而引发其积极主动参与音乐区域活动。

二、设计思考

“六步思考”作为设计一节音乐区域活动的整体，前后照应。六步思考的具体内容如下。

➢ 思考一：确定本次活动对象

本次活动对象为3～4岁、4～5岁、5～6岁的幼儿。

➢ 思考二：选择区域活动内容

音乐区域活动内容包括节奏演奏区、歌唱区、韵律表演区和音乐欣赏区。

➢ 思考三：做区域活动前准备

1. 环境准备

蒙台梭利提出，教育者要为幼儿提供“有准备的环境”。在区域活动中，幼儿主要是和区域环境与材料互动，区域环境与材料直接影响幼儿区域活动的效果和对音乐活动的喜爱。在创设音乐区域环境时，应从以下两方面进行思考。

1）位置选择

音乐区域活动是幼儿听觉感知的艺术活动，是幼儿比较活跃地敲击、演唱等形式的活动，所以发出的声音较大会影响到其他区域的活动。因此，在班级区域设置时教师要考虑到音乐区域的特殊性，保证其他区域的活动不受影响。音乐区域应设置在活动室的角落或走廊，也可以设置在阳台上，要特别注意与阅读区等比较安静的区域分开。

2）空间布置

空间布置要考虑环境的安全性、整洁舒适性。

（1）营造安全的环境。由于音乐区域远离班级的中心位置且道具、乐器、服装上的装饰都存在不安全因素，所以教师要经常检查区域内是否有脱落和坏损的东西，还要注意电脑、录音机的电插座是否安全。

（2）营造整洁、舒适的环境。音乐区域物品比较多，所有材料根据需要投放和更新，为了让幼儿取放材料方便、自由，需要营造整洁、舒服的环境。例如，服装道具有序摆放，乐器、磁带等可用柜装好。

2. 材料准备

音乐区域活动中的材料投放要符合幼儿的年龄特点，保证活动形式丰富多样。在材料投放中应做到以下三点。

（1）种类多样的演奏乐。节奏演奏区可以投放打击乐器，如手鼓、木鱼、三角铁、蛙鸣板、双响板、木琴等；吹奏乐器，如口琴等；生活用品，如碗、罐子、杯子、盘子、筷子等；利旧利废制作的打击乐器，如易拉罐、奶粉罐、木块等。

（2）提供表演用的服装道具。服装道具的提供可结合音乐集中活动，如歌表演《拔萝卜》《纱巾舞》《新疆舞》等，都可以在区域中通过道具、服装、头饰等让幼儿进行表演。

（3）在音乐欣赏和歌唱区还可以投放电脑、录音机、音乐图书、麦克风等供幼儿使用。

3. 规则准备

建立音乐区域中的活动规则非常重要，它是幼儿有效进行区域活动的保证。音乐区域中的规则一般有四点。

（1）进区人数要加以控制，在幼儿园中控制进区人数往往是通过进区卡来完成的。进区卡是指教师自制的进区标志，如规则区域只能进入 5 位幼儿，进区标志就制作成 5 个标志牌，只有戴上进区标志的幼儿才能进区活动，没有戴标志的幼儿不能进入此区活动。

（2）轻拿轻放不破坏操作材料。例如，乐器、道具、服装等。

（3）幼儿可以尽情的演唱、表演，教师对声音等不做要求。

（4）用完的物品归还原处。

根据上述规则，教师可根据幼儿年龄班特点自行安排，但一个安静、宽松、自由、和谐的音乐环境会使幼儿更乐于参加音乐活动。

➢　思考四：确定区域活动目标

音乐区域活动目标虽然有别于其他区域活动，也不如集体教育活动目标那样具体、可操作，但音乐区域活动仍然要求教师心中有目标。

（1）目标一般隐含在操作材料之中。首先，操作材料投放要有目的性。在材料选择、投放上教师应该根据幼儿年龄、兴趣、能力等要求进行选择与投放。其次，目标隐含在幼儿习惯养成上，如操作习惯（不玩打击乐器、自制表演道具等），真心赞扬别人，合作做事情等。最后，目标隐含在幼儿学习和运用音乐技能上。总之，只有教师心中有目标，区域活动的价值才能显现出来。

（2）目标定位符合幼儿的年龄特点，即根据集体教育目标来指导和投入区域操作材料。

➢　思考五：设计本次活动过程

（1）开始部分以幼儿为主体选择活动内容和材料。①音乐区域活动有延伸集体教育活动的作用但并非集体教育活动都可以在区域中开展。因此，在内容选择上以幼儿为主体，教师不对幼儿进行限制。例如，教师可以将一段时期内的集体教育活动的名称提供给幼儿，供幼儿自己选择活动内容。②以幼儿现有水平为标准投放相关的活动材料，如在歌唱区教师通过提供麦克风使得幼儿可以自由演唱歌曲。

（2）基本部分主要包括两方面的内容。①幼儿在区域活动中教师的角色定位是幼儿活动的观察者、支持者、合作者。教师不再是活动的主体而是幼儿学习时的观察者，满足幼儿自主选择的活动提供者。②把握教师介入幼儿活动的时机。幼儿在音乐区域活动中的自主、自由的特点决定了教师在活动指导过程中要以间接的、启发式的指导为主或用游戏者的身份加入活动中。例如，幼儿表演《小兔乖乖》音乐剧，由于小班幼儿喜欢模仿，但他们理解剧本和角色之间的配合还有问题，因此他们把音乐剧表演变成了游戏，两者的区别在于游戏是重复角色之间的对话而非唱段和表演，这时教师可以扮演成小兔妈妈加入表演，逐步用妈妈的身份提出要求，让幼儿从游戏中转移到音乐表演中。再如节奏表演区，幼儿拿着乐器可能不是按照音乐的要求击打，而是拿着乐器玩角色游戏去了，此时教师也要以观众的角色参与到活动中，给幼儿提出要求。

（3）结束部分可以开展多主体的评价活动。分享活动非常重要，教师可以用照片、录像等方式分享幼儿在各区域里的活动。一方面，幼儿的活动兴趣、活动经验很容易引起其他幼儿的重视和传播，能够引导其他幼儿参与到活动中来；另一方面，师生共同研究解决幼儿在自由活动中产生的矛盾、问题，促使幼儿在这个过程中学会合作、商量和服从。

➢ 思考六：美术区域活动观察记录

区域活动是由幼儿自主活动构成的，因此教师的作用更多体现在活动前的准备和活动过程中的观察与记录。教师在音乐区域中的观察记录如表 6.4.1 所示。

表 6.4.1 音乐区域活动观察记录表

<table>
<tr><td>班级</td><td colspan="2">大、中、小班</td><td>指导教师</td><td></td></tr>
<tr><td>项目</td><td colspan="2">材料</td><td colspan="2">观察与记录</td></tr>
<tr><td rowspan="6">区域环境及材料</td><td>节奏演奏区</td><td></td><td rowspan="6" colspan="2">时间：</td></tr>
<tr><td>歌唱区</td><td></td></tr>
<tr><td>音乐剧表演区</td><td></td></tr>
<tr><td>音乐欣赏区</td><td></td></tr>
<tr><td>韵律舞蹈区</td><td></td></tr>
<tr><td>备注</td><td></td></tr>
<tr><td>幼儿学习故事</td><td colspan="4">教师反思：</td></tr>
</table>

三、设计提示

音乐区域活动是幼儿自主、自由的活动，是幼儿按照自己的意愿进行的一种带有学习性质的活动。在区域活动中幼儿之所以感到轻松、自由，是因为幼儿不把在区域里的活动当成是有要求的学习而是游戏。所以教师在设计音乐区域活动时，也应着重考虑游戏在音乐区域中的作用。

1. 音乐欣赏游戏

根据幼儿的年龄特点，选择适宜游戏的音乐欣赏内容是保证游戏的前提，这里的适宜是指符合幼儿认知特点，如《小鸟飞》《小兔和狼》《狮王进行曲》等。

2. 韵律活动

韵律活动是各年龄段幼儿最喜欢的活动之一。我们常常看见幼儿听着音乐就不自觉地进行韵律活动，但大多数幼儿进行的是无目的的即兴舞蹈，这样的活动脱离了目标要求。教师这时可以通过操作材料——舞蹈图例（跳舞小人）来控制幼儿的即兴活动。教师可以投放做各种动作的舞蹈小人，请幼儿自行编排到歌曲中。这样幼儿会根据自己的编排，使无规则的动作变成有规则的舞蹈。

3. 节奏游戏

在节奏演奏区域怎样让幼儿玩起来是教师需要思考的问题。由于幼儿已经非常熟悉现成的节奏乐器且节奏敲击变化非常少，一段时间后幼儿会感到无趣，而自制节奏乐器的加入，会马上让幼儿进入敲击节奏之中进而激发幼儿的兴趣。自制节奏乐器会给幼儿带来无限的想象空间，教师可以根据这一特点请幼儿收集家中的一些能敲响的物品带到幼儿园，教师与幼儿先一起自制节奏乐器，然后请幼儿表演，这样，幼儿就会进入到节奏游戏当中来。

互动交流

（1）你选择的活动对象。

（2）你所设计的音乐区域活动名称。

（3）阐述所选的班在《指南》中的目标论述。

（4）写出音乐区域活动设计方案。

① 活动前所做的准备工作。

环境准备：

材料准备：

规则准备：

② 设计本次活动过程。

开始部分：

结束部分：

评价反思

（1）通过本节课的学习，你认为音乐活动区域有哪些内容？

（2）你认为在音乐区域内幼儿可以做什么样的音乐活动？

（3）教师在观察指导音乐区域活动中应注意哪些问题？

拓展提高

整合理念下的音乐区域建设

音乐区域建设一般为了材料好管理、幼儿活动好组织，经常就音乐区域本身划分为节奏演奏区、歌唱区、韵律表演区、音乐欣赏区等，但实际上教师只要在活动中给幼儿提供综合活动要素，幼儿就会将音乐知识、技能整合起来，并融会贯通地表现出来。

（1）将节奏、歌唱、韵律表演等音乐要素加以整合，让幼儿综合表现出来。比如，在区域材料投放上可以制作音乐棋，在棋盘中通过掷骰子来选择音乐活动形式：当棋子停止处的要求是歌唱时，幼儿表演歌曲；当棋子停止处的要求是节奏表演时，幼儿就用身体表现节奏。类推，这样的游戏会提高幼儿音乐综合能力。

（2）与其他各领域进行整合，使区域材料更具丰富性。①与语言领域的整合。语言与音乐有很多相通之处，都有重音、节拍、节奏，有声调的轻重、快慢、高低变化，因此可以将语言与音乐进行整合，在说歌词上做节奏、节拍、轻重、快慢等训练。②与数学领域的整合。把枯燥无味的数学知识整合到音乐区域活动中，通过唱唱跳跳变得具体而有趣。例如，听音乐点数，教师请幼儿在白纸上以 8 拍为一乐句，画上有趣的 8 个物体，幼儿边听着音乐边点数画的物体。再如，通过绘画舞蹈小人来编排舞蹈队形，以这种形式整合数学领域活动，不但可以进行数与量的练习，而且把数学知识应用到舞蹈队形中来。③与其他领域的整合，如听音乐按节奏撕纸、在音乐欣赏中把自己的感受画出来等，都会很好地激发幼儿对音乐的兴趣和提高幼儿运用音乐的能力。

第五节　作品展示与交流

幼儿园艺术领域作品展示与交流的方式以设计评课为主，评课是对课堂教学成败得失及其原因作出中肯的分析和评估。幼儿园艺术领域作品展示与交流的学习主要依据标准化原则，遵循“三步思考”对艺术领域作品展示与交流设计与实践的知识阐述，最终科学地呈现出艺术领域说课活动方案。

学习目标

（1）解释说明艺术活动的要素并运用到评价中；

（2）根据评课步骤，设计评课表格；

（3）积极参与评课活动，认真记录讨论结果并给出评价结论。

学习任务

任选小、中、大班，模拟试讲、评价一节艺术活动。

知识导学

作品展示与交流有多种方法，如“说课”“试讲”“课堂教学”“评课”。本次活动设计以“评课”为主。

什么是评课？评课即评价课堂教学，是在听课活动结束后对其执教教师课堂教学的得失、成败进行评议的活动。评课活动是加强常规教学管理、教育科研、深化课堂教学改革，促进幼儿发展，推进教师专业水平发展等的一种手段。评课的设计应依据设计原则，遵循设计思考对评课的标准等知识的阐述。教师应认真研读，以便形成评课能力。

一、设计原则

评课的设计主要遵循标准化原则。标准化是指教师应该遵循所授科目的课堂评价内容及教学要求来制订评价标准，做统一的评价表，并让所有参与评价的教师掌握评价标准，以此保证评价真实有效。

二、设计思考

“三步思考”作为评价一节艺术活动的标准需要在评价具体活动中得以落实。

➢ 思考一：听课记什么

教师在听课的过程中要真实记录每个教学环节的时间节点，教师与幼儿的行为，研究的问题和教学目标的完成情况，活动中的闪光点，活动中的不足，自己的思考等。

➢ 思考二：评课前拟好评课提纲，具体评价内容

评课的具体评价内容可以从四个方面进行。

1. 从内容选择的价值点来评价

活动内容选择要有教育意义，符合幼儿年龄特征，具有集体教学活动的价值。

2. 从教育目标制订的达成来评价

目标制订要符合先进教学理念，目标具体、明确，体现可测性，符合幼儿年龄实际和学习规律，难易适度。

3. 从活动设计来评价

活动设计评价主要看目标是否明确体现在每一个教学环节上；看教学手段是否围绕目标，突出重点、突破难点、抓住关键，是否有效达成目标。

4. 从课堂实施来评价

课堂实施评价主要包括四点。①教师教态、语言、语速、表达；②幼儿学习是否投入、师幼的互动情况；③是否在规定时间内完成教学任务；④教学结构是否完整，各教

学环节任务分配、衔接、示范等是否合理。

➢ 思考三：根据评课侧重点进行评分

评课活动从内容选择、教育目标制订、活动设计和课堂实施四个方面进行评分。

互动交流

以小组为单位推荐一名执教者到幼儿园执教，其他成员现场观摩执教教师的艺术活动，边看活动边做听课记录（表 6.5.1）。

表 6.5.1　听课记录表

<table>
<tr><td>活动名称</td><td colspan="2"></td><td>班级</td><td></td></tr>
<tr><td>教学目标</td><td colspan="4">知识目标：
技能目标：
情感目标：</td></tr>
<tr><td>教学准备</td><td colspan="4"></td></tr>
<tr><td colspan="2">教学过程</td><td colspan="3">活动中闪光点、不足、自己建议</td></tr>
<tr><td colspan="2"></td><td colspan="3"></td></tr>
<tr><td colspan="5">综合评价：</td></tr>
</table>

评价反思

评价反思主要是在听课活动结束后，听课教师对执教者的课堂效果进行评价（表 6.5.2）。

表 6.5.2　模拟试讲听课评价表

<table>
<tr><td>评价项目</td><td>评价内容</td><td>得分</td></tr>
<tr><td rowspan="3">活动设计
（4 分）</td><td>教学内容选择情况（价值、年龄特点、教育意义）（1 分）</td><td></td></tr>
<tr><td>教学目标具体、难易适中、体现活动特质等（2 分）</td><td></td></tr>
<tr><td>环境创设合理，工具、材料方便适合（1 分）</td><td></td></tr>
<tr><td rowspan="5">课堂实施
（6 分）</td><td>引导幼儿运用多种感官参与美术活动，活动中得到审美，表现自己的感知，理解和创造美（2 分）</td><td></td></tr>
<tr><td>教学过程完整，教学环节合理，衔接、示范得当（1 分）</td><td></td></tr>
<tr><td>幼儿学习兴趣高，师生互动好（1 分）</td><td></td></tr>
<tr><td>教师教态好，语言规范、生动具有感召力、逻辑清晰、教学氛围平等、愉快、有序、激励（1 分）</td><td></td></tr>
<tr><td>课堂时间控制恰当，能在规定时间完成教学任务（1 分）</td><td></td></tr>
<tr><td>总分</td><td colspan="2"></td></tr>
</table>

拓展提高

.（1）通过中国学前教育网或相关书籍，收集关于“评课”方面的知识与技巧案例。

（2）教学实践——建议到幼儿园参加听评课活动。

主要参考文献

成军，张淑琼，2016．幼儿园教育活动设计与实施［M］．北京：高等教育出版社．

何小琴，2014．幼儿园生活活动组织［M］．北京：科学出版社．

黄瑾，2021．幼儿园教育活动设计与指导［M］．3 版．上海：华东师范大学出版社．

吉兆麟，夏如波，2017．幼儿园课程［M］．2 版．南京：南京大学出版社．

廖莉，吴舒莹，袁爱玲，2014．幼儿园生活活动指导［M］．福州：福建教育出版社．

倪志明，2021．幼儿园教育活动设计与指导［M］．2 版．上海：华东师范大学出版社．

唐燕，2022．幼儿园教育活动设计与实施［M］．2 版．上海：华东师范大学出版社．

许卓娅，2015．打击乐器演奏活动［M］．2 版．南京：南京师范大学出版社．

张春炬，2012．幼儿园一日活动指导［M］．保定：河北大学出版社．

张晗，王萍，2015．幼儿园教育活动设计与指导［M］．北京：科学出版社．

朱家雄，2015．幼儿园教育活动设计与实施［M］．2 版．北京：高等教育出版社．

KOETZSCH R E，2005．学习自由的国度：另类理念学校在美国的实践［M］．薛晓华，译．上海：华东师范大学出版社．

OLDFEID L，2006．自由的学习［M］．李泽武，译．北京：人民文学出版社．